民航服务专业新形态系列教材

航空安保概论

邱珂 宋丽 主编

清华大学出版社

北京

内 容 简 介

安全是民航业的生命线。本书向读者详细介绍了航空安保理论的框架体系和主要内容。本书共分 11 章,包括导论,航空安保事件发生和管理的基础理论,航空安保的组织与监管,航空安保相关人员的选拔和培训,机场区域的安保,航空旅客运输的安保,货邮及配餐、机供品的安保,航空安保应急管理,危害空防安全的行为,航空安保的发展及恐怖主义威胁,航空安保面临的其他问题和挑战。

本书内容翔实、结构合理、知识体系完整、表述通俗易懂,既适合作为高等院校民航及相关专业的教材,也可供民航从业人员作为参考用书。

图书在版编目(CIP)数据

航空安保概论/邱珂,宋丽主编. —北京:清华大学出版社,2022.7(2024.7 重印)
民航服务专业新形态系列教材
ISBN 978-7-302-60616-1

Ⅰ.①航… Ⅱ.①邱… ②宋… Ⅲ.①民用航空—航空安全—安全管理—教材 Ⅳ.①F560.69

中国版本图书馆 CIP 数据核字(2022)第 064499 号

责任编辑:聂军来
封面设计:常雪影
责任校对:刘 静
责任印制:杨 艳

出版发行:清华大学出版社
    网   址:https://www.tup.com.cn,https://www.wqxuetang.com
    地   址:北京清华大学学研大厦 A 座   邮 编:100084
    社 总 机:010-83470000   邮 购:010-62786544
    投稿与读者服务:010-62776969,c-service@tup.tsinghua.edu.cn
    质量反馈:010-62772015,zhiliang@tup.tsinghua.edu.cn
    课件下载:https://www.tup.com.cn,010-83470410
印 装 者:北京嘉实印刷有限公司
经 销:全国新华书店
开 本:185mm×260mm   印 张:13   字 数:311 千字
版 次:2022 年 7 月第 1 版   印 次:2024 年 7 月第 3 次印刷
定 价:43.90 元

产品编号:097300-02

前　言

21世纪以来,我国民航业取得了飞速的发展。我国从2004年起已连续七次连任为国际民航组织一类理事国。截至2022年底,我国已有境内运输机场(不含我国香港、澳门和台湾地区)254个,运输航空公司66家,民航全行业运输飞机期末在册架数4165架。依据我国"十四五"民用航空发展规划,预计到2025年,我国民用运输机场将升至270个,年旅客运输量将达到9.3亿人次。

2018年9月8日,习近平总书记在《关于民航安全工作有关情况的报告》上作出重要批示,指出"安全是民航业的生命线",强调了航空安全的重要性。同时,党的二十大报告指出:"必须坚定不移贯彻总体国家安全观,把维护国家安全贯穿党和国家工作各方面全过程,确保国家安全和社会稳定。"包括空防安全在内的航空安全是国家战略和国家安全的重要组成部分。我国民航的高速发展助力了国民经济的发展,也给航空安保工作带来了新问题和新挑战。过去的成绩固然可喜,但我们也应该清醒地认识到,在谱写交通强国民航新篇章的过程中,航空安保风险仍会存在,并还将持续给空防安全带来压力。

党的二十大报告还指出,在开辟马克思主义中国化时代化新境界的过程中,我们必须"坚持人民至上、坚持自信自立、坚持守正创新、坚持问题导向、坚持系统观念、坚持胸怀天下"。航空安保问题是国际社会的普遍问题,但在特定国家又必然具有一定的特殊性。我们只有明确航空安保维护人民生命财产、维护国家安全的基本目标,基于我国自身的特点,坚持问题导向,建立科学有效的航空安保体系,在借鉴外界优秀成果和经验的基础上,坚持自信自立,保持战略定力,提出符合我国国情的航空安保工作的思路和办法,才能真正实现空防安全,进而维护国家安全。

随着民航业的发展,我国航空从业人员的数量也在不断攀升,航空安保工作作为航空安全的重要保障,涉及的安保人员和非安保人员数量也在增加,对相关人员的航空安保教学和培训越来越重要。目前,市场上有关航空安保基础理论的教材相对较少,适合用

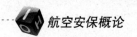

于教学、培训或者作为航空安保阅读材料的书籍也并不多见。为此，我们编写了本书，以期能深入浅出、相对完整地介绍航空安保理论的框架体系和主要内容。

本书主要具有以下五个特点：一是尽量从多维度对航空安保的发展历史作出完整的阐述；二是基于现代安全管理理论，介绍航空安保管理体系的整体架构和主要内容；三是努力结合航空安保最新的发展，介绍最新的公约、法律、法规、规章和规范性文件的内容，同时，将近年来以及未来行业关注的陆侧安保、航空安保文化建设、无人机、网络安保和多式联运的安保等热点问题纳入本书；四是在收集大量一手资料的基础上，对其进行提炼和总结，形成本书自己的观点；五是在进行理论和观点阐述的同时，在书中插入相关的扩展阅读材料，以拓宽读者的视野，加强对航空安保相关知识的理解和运用。

本书共包括 11 章，整体框架由上海民航职业技术学院邱珂老师和中国民航管理干部学院宋丽老师共同拟定，全书统稿由邱珂完成，具体分工为：邱珂负责编写第一章、第二章、第四章、第五章第三节、第六章第五节、第九章、第十章、第十一章；宋丽负责编写第三章、第五章第一、二节、第六章第一至第四节、第七章和第八章。

由于编者水平有限，本书必然存在着许多不足和疏漏之处，恳请各位读者予以批评和指正。

编　者

2023 年 7 月

目 录

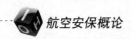

第一章

导　论

学习目标：通过本章的学习，使学生了解人类航空发展的简要历程，帮助学生理解航空安保的概念，厘清航空安保和其他相关概念的关系，使学生掌握航空安保的界定，明确航空安保的地位和作用，理解航空安保的内在价值目标并应用于将来的岗位工作中。此外，通过学习，增进学生对民航行业及安保工作的理解，为学生职业精神的培养奠定基础。

航空安保全称航空安全保卫。在日常生活中，大多数人听得更多的词恐怕不是"航空安保"，而是"航空安全"。在人类航空活动发展的整个过程中，安全从来都是首要问题。然而，"航空安全"从航空发展伊始至今，其内涵发生过变化吗？是否"航空安全"就等同于"航空安保"呢？"航空安保"和"航空安全"究竟有何差异呢？如果我们不能厘清这两个概念之间的区别和联系，就无法有效地区别民航主管部门发布的政策法规和各航空公司采取的措施所针对的事项，且也容易对各岗位的职责产生混淆和误解。导论将在简单介绍人类航空发展的过程后，对相关概念进行界定，并对航空安保涉及的一些内容进行介绍。

第一节　人类航空发展简介

一、飞行的初级阶段

自古以来，人类就有一个飞天梦想。这种对未知世界的探索和渴望既体现在嫦娥奔月和太阳神之子法厄同驾战车飞行等中外神话传说中，也体现在实实在在的人类对飞行技术一次又一次的研究和尝试之中，其中包含中国的竹蜻蜓、孔明灯和达·芬奇在五百多年前绘制的扑翼机设计草图等。

真正首次实现人类升空飞行的是法国的蒙哥尔费兄弟。他们在观察壁炉火焰的时候发现，很多火星和灰尘被热量驱动上升进入烟囱，于是，他们利用这个原理进行了多次实验。1783年6月4日，他们先是在家乡小镇广场上成功放飞了不载人的热气球。同年9月19日，在当时法国国王路易十六的邀请下，蒙哥尔费兄弟来到凡尔赛宫中央广场，把一只山羊、一只公鸡和一只鸭子送到了518米的高空，飞行8分钟后，成功降落在距离起飞地3.2千米的农田中。1783年11月21日，人类第一次载人热气球飞行正式实施。该热气球直径15

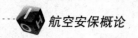

米,高 23 米,升到 150 米高,飞行了 20 分钟后平安降落。

自此之后,人类对飞行的热情愈发高涨。1849 年,英国人乔治·凯利造出了世界上第一架不可操纵的滑翔机。1852 年,法国人吉法尔发明了世界第一艘软式飞艇。1891 年,德国人李林达尔造出了世界上第一架可操纵的滑翔机。1900 年,德国人齐柏林造出了第一艘硬式飞艇——齐柏林飞艇 LZ-1。人类在这条路上继续艰难地迈进,有人终其一生研究航空器,也有人在飞行或试验中不幸遇难。正是有了这么多人的前赴后继,航空技术才能不断取得进步。

二、固定翼飞机的出现和航空业的发展

1903 年 12 月 17 日,这是一个划时代的日子。这一天,美国北卡罗来纳州的莱特兄弟研制的"飞行者"1 号成功首飞,尽管飞行时间只有 12 秒,高度只有 1 米左右,飞行距离也只有 36.68 米,但这次飞行却是人类历史上飞机的第一次成功飞行。

尽管热气球、飞艇甚至飞机在发明不久就被尝试投入人员、货物和邮件的运送,但动力一直是航空活动最大的掣肘。1937 年,德国的亨克尔和英国的惠特尔分别在两地发明了喷气式发动机,随后在较短的时间内,人类航空就进入了喷气时代。也正是由于第二次世界大战期间航空技术的大发展,商业航空在战后进入全面高速发展的时代。尽管人类还在进行着新一代超音速飞行等技术的研究和尝试,但航空业早已深刻地改变了人们的生活。

第二节　安全的概念

从现代汉语的解释来看,"安全"指的是没有危险、不受威胁和没有事故,它表明的是一种状态。在英语中,表示安全的词主要有两个:一是 safety;二是 security,但两者在使用中却存在着一定的差别。依据牛津词典[①],safety 意为 the state of not being dangerous,而 security 则表示 the activities involved in protecting a country, building or person against attack, danger, etc.依据以上两个释义,我们可以看出:safety 强调的是人、物、环境等本身处于一种安全的状态,而 security 侧重于描述为了保证国家、建筑和人员等免受攻击而采取的行动,强调的是避免来自外在攻击行为的干扰。简而言之,前者表示人、物、环境等内在的安全性,是能够抵御外在风险的一种状态;后者主要表示防范人为的攻击和非法干扰的活动。

在国际民航组织的文件中,两者在使用中存在上述区别,例如:*Global Aviation Safety Plan*(Doc.10004)中文版名称为《全球航空安全计划》,其主要目标是通过全球合作降低民用航空活动本身的运行风险;*Global Aviation Security Plan*(Doc.10118)的中文版名称为《全球航空安保计划》,其主要目标是通过合作降低对民用航空的非法干扰风险。

---

① 参见 https://www.oxfordlearnersdictionaries.com 网页的牛津在线词典查询。

第三节　航空安全的内涵

在汉语中，"安全"包含了 safety 和 security 两个词的含义。因此，"航空安全"是指航空活动处于无危险、无威胁且不发生事故受损的状态。在我国民航行业内，通常认为航空安全包括两大块内容：一是飞行安全；二是空防安全。

一、飞行安全

"飞行安全"在英语中的表述为 aviation safety，其强调的是航空活动的运行安全，涉及的多是非人为且故意对航空活动产生干扰和破坏的因素，例如，航空器本身在设计和制造过程中所需要达到的标准和应该实现的性能，航空活动所需要的航空通信和导航等设施、设备的有效性和稳定性，航空活动进行中可能遇到的雷电、风切变等气象因素，从事航空活动的相关人员的入职、培训和管理以及应急事件的演练和处置等问题，其主要目的是避免航空事故的发生。

二、空防安全

"空防安全"一词的产生具有鲜明的时代特色和历史背景，是我国民航特有的一种表述，从实际代表的工作内容和目标看，其基本等同于英语中的 aviation security。

众所周知，1949 年 11 月 9 日，在中国共产党的领导下，原中国航空公司和原中央航空公司的爱国员工在我国香港宣布起义，原中国航空公司 10 架、原中央航空公司 2 架共计 12 架飞机北飞至北京和天津。在新中国成立初期，这 12 架飞机和后来修复的国民党败退时遗留在祖国大陆的 16 架飞机奠定了新中国民航机队的基本构架，在起义中回归的原"两航"人员成为新中国民航的中坚力量。正如有人描述的那样："'两航'起义的胜利，不仅为粉碎国民党妄图占据西南、负隅顽抗的阴谋创造了条件，也为成立新中国的民航事业奠定了基础，新中国的民航事业，正是依靠'两航起义'的飞机和技术业务骨干组建起来的。"[1]

中华人民共和国成立以后，民航局下设于人民革命军事委员会，受空军指导。这种军队领导为主、政企合一和半军事化的状态直到 1980 年才被打破。因此，在当时的形势下，面对国民党反动派的破坏，民航提出了要建立"空中防线"的安全保卫工作目标。"空防"即是"空中防线"的简称。在民航局党委制定的《关于空中防线工作的措施和规定》中，明确提出保卫空中防线安全是民航政治工作的一项重要任务。"空中防线安全"在民航诞生后的很长一段时期内，成为民航安全保卫工作的标准和方向。[2]

虽然"空防安全"的提法产生在当时比较特殊的时代背景和国际形势之下，但这个词却沿用至今，尽管其与"航空安保"存在着一定的区别，行业内仍然在很多场合下将其和"航空安保"等同起来，并在一定程度上进行混用。

值得一提的是，国内学者根据词义和词性的分析，结合对航空安保工作手段和目的的分

---

① 李显臣.试述空防安全的概念[J].中国民用航空，2000(4)：20-21.

② 参见百度百科："空防安全"，载于 https://baike.baidu.com，最近一次访问在 2021 年 9 月 12 日。

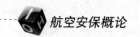

析,认为航空安保(原文为"航空保安")是手段,空防安全是航空安保工作所要实现的目的,因此主张保留空防安全的概念。[①] 在找不到更合适的词的前提下,就此角度而言,按照使用习惯,结合现在新的内涵和外延,编者认为也未尝不可。

第四节　航空安保的界定

一、"航空安保"的提出

据考证,国际社会最早提出 security 一词是在国际民航组织(International Civil Aviation Organization,ICAO)的前身——临时国际民航组织的临时决议当中。[②] 随着时代的发展和民航客货运输量的不断攀升,我国民航和国际民航的交流与合作不断增加,航空活动天然具有的国际性也要求我们在一些概念和标准上进行统一。此外,国内航空活动越来越频繁地遭到劫持航空器等犯罪行为和扰乱客舱秩序等违法行为的干扰。受以上因素的影响,我国逐步提出了"航空保安"这一概念。近年来,出于规范和统一等方面的考虑,这一用词又逐步转变为"航空安保",例如,2020 年 3 月的第 11 版《国际民用航空公约》附件 17 的中文版中就将其标题 security 翻译成了"安保",而在此之前,我们一直将其译为"保安"。在民航局制定、发布的规章和文件中,"安保"也多次被使用。当然,不论我们的措辞如何变化,英语中指代航空安保的始终是 aviation security。

二、对"航空"的理解

航空本意是指利用航空器在空气、空间内进行的活动。若从航空涉及的领域看,其可以包括航空器的设计和制造、航空器的运营、政府的监管和国防军事等诸多方面。在航空安保这一概念中,作为安全保卫对象的航空活动仅指民用航空活动,包括公共航空运输和通用航空活动,具体含定期或不定期的航空客、货运输和作业等活动。需要明确的是,航空安保的对象一般不包括国家航空器。所谓国家航空器,是指用于军事、海关和警察部门的航空器。[③]

三、航空安保的概念

通过分析,我们可以认为,航空安保是指为了保障民用航空活动正常、有序进行,防范和制止对民用航空的非法干扰和扰乱行为,保护航空活动涉及的场所、设施设备、航空器及其所载的人或物,以及其他人员等的安全和航空运输秩序而进行的系统性的、有组织的活动。从安保活动的内容看,既包括对各类非法行为具体的预防和处置措施,也包括航空安保的组织和管理、航空安保文化的建设、国家和部门的立法以及各项新型安保技术手段的研发和应用等。

---

　　① 贺元骅.航空保安原理[M].北京:中国民航出版社,2009:5.

　　② 参见 Abeyratne,R.I.R.,Aviation Security:legal and regulatory aspects,Ashgate Publishing Limited 1998,p.48. 转引自:王怀玉,等.航空保安法导论[M].北京:中国民航出版社,2008:3.

　　③ 参见《国际民航公约》第三条第 2 款。

4

四、航空安保的地位和作用

（一）航空安保的地位

航空安保属于国家安全[①]体系下社会安全中不可或缺的一部分，是国内和国际反恐工作体系当中的重要一环，也是维护航空运输秩序，确保人民生命财产安全和社会经济稳定发展的重要保障。

航空安保在航空活动本身中所处的地位是不言自明的，其在反恐和国家安全工作中的地位也有法律予以直接或间接明确。

我国《中华人民共和国反恐怖主义法》以下简称《反恐怖主义法》第三十一条规定："公安机关应当会同有关部门，将遭受恐怖袭击的可能性较大以及遭受恐怖袭击可能造成重大的人身伤亡、财产损失或者社会影响的单位、场所、活动、设施等确定为防范恐怖袭击的重点目标，报本级反恐怖主义工作领导机构备案。"第三十三条规定："重点目标的管理单位应当对重要岗位人员进行安全背景审查。对有不适合情形的人员，应当调整工作岗位，并将有关情况通报公安机关。"第三十五条规定："对航空器、列车、船舶、城市轨道车辆、公共电汽车等公共交通运输工具，营运单位应当依照规定配备安保人员和相应设备、设施，加强安全检查和保卫工作。"航空运输系统显然具有上述防范恐袭的重点目标的特征，无论是航空从业人员的背景调查还是航空器上安保人员的配备一直以来都是航空安保工作的内容。从过往发生过的事件来看，航空业都是恐怖袭击的主要目标之一。因此，航空安保是反恐工作不可回避且极其重要的一环。

此外，我国《中华人民共和国国家安全法》（以下简称《国家安全法》）第二十八条规定："国家反对一切形式的恐怖主义和极端主义，加强防范和处置恐怖主义的能力建设，依法开展情报、调查、防范、处置以及资金监管等工作，依法取缔恐怖活动组织和严厉惩治暴力恐怖活动。"第二十九条规定："国家健全有效预防和化解社会矛盾的体制机制，健全公共安全体系，积极预防、减少和化解社会矛盾，妥善处置公共卫生、社会安全等影响国家安全和社会稳定的突发事件，促进社会和谐，维护公共安全和社会安定。"航空安保工作的内容既包括防范和制止恐怖袭击，也包括对非恐袭类危害公共安全的暴力犯罪的预防和处置。因此，航空安保工作也就成了国家安全的重要组成部分。美国政府之所以在2001年9月11日恐怖袭击之后成立交通运输安全局并划归其国土安全部管理，便是出于航空运输安全已经在某种程度上上升到国家安全的考虑。我国在2015年1月的空防安全工作会议上，时任民航局局长李家祥也曾明确指出："包括空防安全在内的航空安全是国家战略和国家安全的重要组成部分。"

（二）航空安保的作用

航空安保的直接和间接作用主要包括以下几个方面。

首先，有助于国际反恐工作的完善和实现。由于恐怖主义在全球的快速蔓延，反恐早已

[①] 2014年4月15日，习近平总书记在中央国家安全委员会第一次会议中，提出了11种国家安全：政治安全、国土安全、军事安全、经济安全、文化安全、社会安全、科技安全、信息安全、生态安全、资源安全和核安全。2021年1月，经国务院学位委员会批准，决定设置"交叉学科"门类（门类代码为"14"），其中，"国家安全学"成为一级学科（学科代码为"1402"）。

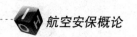

不是一国国内事务。此外,航空活动的国际性也决定了航空安保的国际性,没有各国之间的协调和配合,跨国航班的航空安保工作将很难开展。因此,反恐工作和航空活动的国际性都决定了航空安保在国际反恐合作中也处于重要的地位。20世纪60年代至70年代初制定的《关于在航空器内的犯罪和犯有某些其他行为的公约》(下文称《东京公约》)、《关于制止非法劫持航空器的公约》(下文称《海牙公约》)以及《关于制止危害民用航空安全的非法行为的公约》(下文称《蒙特利尔公约》)既是航空安保公约,从某种程度上来说也是国际反恐公约体系的一部分。

其次,有助于维护正常的航空运输秩序。航空安保一方面在反恐工作中发挥着巨大的作用;另一方面在维护航空运输的正常秩序方面担负着重要职责,甚至可以说这是日常航空运输活动得以保持稳定、高效和安全的最主要的依靠。就航空安保而言,对于航空安全的威胁除了恐怖袭击等严重犯罪以外,还有大量的扰乱航空运输秩序、进而可能危及航空安全的事件。事实上,这些扰乱行为是航空安保工作人员最常面对的挑战。总之,无论是对犯罪还是一般违法行为的防范和打击,都是航空活动正常运行的重要保障。

再次,有助于社会经济的稳定发展和社会运行效率的提升。曾有学者提到,安全活动既是一种消费活动,以生命与健康安全为目的;也是一种投资活动,以保障经济生产和社会发展为目的。航空业是一国国民经济的重要组成部分,其在国民经济中的投入产出比约为1∶8。从全产业链的角度看,航空业上下游产业贯穿了投资、生产、流通和消费等环节,涉及制造、维修、营销、服务等多个领域。根据我国民航局发布的2019年和2020年民航行业发展统计公报,截至2019年年底,全行业完成旅客运输量65993.42万人次,完成货邮运输量753.14万吨。截至2020年年底,我国共有运输航空公司64家,机队规模达到3903架。航空业不仅助力高附加值和生鲜、易腐等产品的运输,促进了现代服务业的发展,同时,由于全产业链的作用显现,也促进了区域经济的发展,改善了地区间的不平衡,催生了科技创新。随着我国航空业的发展以及航空人口的增加,其将在国民经济中占有越来越重要的地位。而这些,都是以航空业的安全、有序发展为前提的。因此,就此而言,航空安保间接保障了国民经济的健康有序发展和社会运行效率的提升。

最后,有助于促进国家和地区间的经济、文化交流。在全球化进程几乎不可逆转的今天,航空业承担了大量的国际客货运输任务,对外贸易货物价值中航空运输所占的比重逐年升高。此外,在对外合作和交往中,航空业也成为发展双边或多边关系的纽带。各国政府有时利用飞机的采购、航线的开辟、机场的开放等,加强彼此间的政治互信和经贸联系。在开展和"一带一路"沿线国家的合作中,航空运输也始终是一个绕不过去的话题。在文化交流方面,航空运输以高效的方式实现了文化之间的相互了解和认同,促进了人员在世界范围内的流动和文化的传播与互动。然而,以上所有目标的实现都有赖于航空安全的保证,而航空安保又是其中重要的保障手段。我国在早期民航发展中,机场并未实施有效的安检措施,20世纪70年代,在国际空防安全形势恶化,航空安保压力持续加大的情况下,为了保证飞行正常,保障与其他国家和地区的交往,也是为了回应国际社会的要求,我国于1981年4月1日开始对国际航班进行安检,同年11月1日,开始对所有航班进行安检。因此,航空安保在维护空防安全、保障对外正常合作和交流中起着十分重要的作用。

第五节　航空安保的内在价值目标

一、航空安保应具备合理性

航空安保工作和社会其他领域的安保工作一样,在实施过程中必然涉及对公民权利的一定限制,对社会运行效率会产生一定的影响,同时要考虑投入与产出的关系等。例如,旅客要乘坐飞机,必然要在购买客票时就提交并验证身份信息,而不能以隐私权为由拒绝提供;在进入机场隔离区之前,旅客必须接受在机场实施的反恐防爆安全检查和乘机安全检查,同样也不能以人身权受侵犯为由拒绝接受安检。

2016 年夏季,由于等待安检的人太多,美国运输安全管理局和各大航空公司都曾提醒乘客需提前两小时到达机场,而在夏季出游高峰期间,这个时间还得提前。当年 5 月 6 日,至少 5 架飞机在达拉斯-沃斯堡国际机场延迟起飞,原因都是要等待尚在安检的乘客。其中一架飞机原定上午 7 时 20 分起飞前往拉斯维加斯,距离起飞仅有 10 分钟时,160 名乘客中仍有 52 人在等待安检。飞机不得不推迟 13 分钟起飞,最终仍有 29 名乘客错过航班。而相隔不远的另一个登机口前,27 名乘客因安检错过飞往奥兰多的航班。有网友上传安检口前"人山人海"的照片称,在芝加哥奥黑尔国际机场等待两个半小时才得以通过安检。还有网友晒出晚上疲惫趴在临时行军床上的照片,称"感谢两个多小时排队等待安检,(我)错过 3 趟航班"。然而,针对此种情况,时任美国国土安全部部长的杰·约翰逊仍然声称,政府已有应对安检问题的新计划,但没有忽视其阻止恐怖分子的责任。即使面对长长的安检队伍,"我们也不会在航空安全上妥协",约翰逊说。[①]

此外,安保工作是否投入越大,社会效益就越好,两者之间是否表现为一种恒定的正相关?在现有的技术条件下,在既有可投入的资源相对固定时,投入一开始是能够产生较为明显的收益的,但从经济学角度看,其社会收益可能出现边际递减的情况。也就是说,当在安保工作中投入资源数超过一定的阈值,造成对其他领域投入的实质性挤压时,可能会导致社会资源投入在结构上的失衡,从而导致社会运行成本升高,社会总体效率降低,继而造成社会总收益的降低,影响社会的整体发展。这种情况若是放到航空企业当中,也会呈现出一样的变化趋势。

由此可见,从社会和行业整体运行发展的角度考虑,航空安保工作需要在成本与收益、安全与效率、权力与权利之间进行适度的比例分配,需要找到一个让社会各界都能接受的平衡点。从某种程度上看,这和行政法当中的比例原则[②]有着一定程度的契合。换句话来说,

---

① 参见新华网:"美国机场安检人太多'乘客要有耐心'",http://www.xinhuanet.com//world/2016-05/20/c_129001414.htm,最近一次访问在 2021 年 9 月 10 日。

② 其基本含义是指行政主体在实施行政行为时,如果不得不损害相对人利益时,应兼顾行政目标的实现和相对人权益的保护,要做到行为实施的必要、适度和合理,将对相对人造成的损害降至最低,在行政目标的实现和相对人利益权益保护之间找到必要的平衡点。

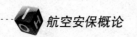

也就是航空安保工作要讲求适当性和必要性,努力争取在对社会影响程度最小的情况下,实现航空安保的目标。这就使得航空安保工作需呈现出一定的合理性,或者也可称为平衡性或协调性。

二、航空安保应具备合法性

我国目前正处于法治社会的建设和完善阶段,这就要求我们在各行各业形成依法办事的风气。如前文所述,航空安保在实施过程中,经常会碰到权力、权利和各方诉求的碰撞,若是违背了合法性的要求,极易产生矛盾和冲突,影响航空安保工作目标的实现。

首先,合法性体现在缔约国对航空安保公约的遵守。就国际社会而言,《国际民航公约》及其附件17、《东京公约》等航空安保三大公约以及2010年的《制止与国际民用航空有关的非法行为的公约》(下文称《北京公约》)和《制止非法劫持航空器公约的补充议定书》(下文称《北京议定书》)等,都给缔约国提出了要求、标准和建议,国家在组织本国航空安保工作以及开展航空安保的国际合作时,都必须遵守条约规定,履行条约义务,也即国际法上的"条约必须信守"。

其次,合法性也体现在国内航空安保各个领域和环节的工作要求和标准之中。就我国而言,目前已经基本形成了覆盖航空安保活动各个方面的法律法规和规章体系,例如在法律层面有《中华人民共和国民用航空法》《中华人民共和国反恐怖主义法》《中华人民共和国安全生产法》等,行政法规层面有《民用航空安全保卫条例》,涉及各相关方职责的部门规章有《公共航空运输企业航空安全保卫规则》《外国航空运输企业航空安全保卫规则》《民用航空运输机场航空安全保卫规则》《公共航空旅客运输飞行中安全保卫工作规则》《民用航空安全检查规则》和《中国民用航空监察员管理规定》等。从现行法律法规及规章看,它们为航空安保活动各参与方提供了工作的标准和依据,并通过相应的规范性文件细化了工作程序和要求。

综上所述,航空安保的合法性要求各参与主体应该在工作中恪守法律底线,严格依法行使权力,依法履行义务和职责,维护航空安全。

三、航空安保应具备系统性

现代航空活动具有覆盖面广、涉及主体多的特点,因此,现代航空运输系统是一个庞大的组织体系,在这个体系中,包含有多个航空活动的参与主体和工作环节及内容,例如,航空活动的主体包括空管、气象、航油、货运代理人、航空运输企业、机场以及行业主管部门等;航空运输活动的环节及内容包括客货运销售、值机办票、机场安检、航空器监护、机供品的供应、飞行中的安全保卫等多个方面。

航空活动的这种复杂系统的特点相应地决定了航空安保在复杂性的基础上,具有了系统性的特征。航空安保的系统性主要体现在以下两个方面。

一方面,从横向看,航空安保覆盖了各个航空活动的参与主体;从纵向看,航空安保贯穿了航空活动的各个环节,这决定了航空安保是一个立体的工作体系,具有系统性。在这样一个复杂的体系中,相互独立必将导致航空安保顾此失彼,容易产生各种问题,而且难以形成防范和制止非法干扰的合力,无法有效地保证航空安全。因此,航空安保的有效实施必然依赖于各主体之间的协同和各环节之间的组织和衔接,避免安保漏洞的出现,以此产生"1+

"1＞2"的效果。进一步而言,国内安保是一个系统,国际航空安保同样可以视作一个系统,国家和国家之间只有在统一的宗旨、标准和要求下互相协同与合作,才可能避免木桶理论中的"短板效应",通过国际民航组织提出的"不让一个国家掉队"口号的落实,最终实现航空安保的目标。

另一方面,就航空安保自身而言,其所应用和采取的措施也是一个有机的整体,具有系统性。航空安保的措施体系包括思想建设、组织管理和技术革新三个方面。思想建设方面包括安保意识的培养和安保文化的建设等;组织管理方面包括安保立法和规章制度的建立和维护以及风险管理等;技术革新方面包括新设备、新器材的研发和应用。在现代航空安保中,这三个方面缺一不可,思想建设可以化被动为主动,有效的组织和管理可以克服人性的弱点;技术革新可以降低成本,实现安保工作的提质增效,只有将这三方面有机地结合在一起,形成系统性的措施体系,才能有效实现航空安保的目标。

四、航空安保应具备科学性

航空安保的科学性是指航空安保的实施要遵循事物的客观规律,研究人的心理和行为特征,对需要采取的措施做好论证、分析和持续评估,不能仅凭经验和感觉开展工作。其主要包括两个方面:一是组织管理的科学性;二是技术手段的科学性。

管理实践自古已有,小到一个作坊,大到一个跨国集团。在最初仅凭一己之力的管理者最终发现自己难以驾驭一个庞大的组织。此时,管理科学便逐渐浮出水面。作为一门软科学,管理学的存在已有超过百年的历史。迄今为止,社会已经认可了管理的科学地位。管理科学发展至今,其越来越借助于多学科的综合应用,经济学、统计学、心理学、法学、IT 技术、人工智能等纷纷在管理领域找到了应用场景。

航空安保的管理虽然只是社会管理实践的一种,但在管理基础理念和原则等方面都具有相同的特质,因此,航空安保的管理也必须遵循管理科学的原则和规律,不盲从不冒进,在客观分析安全形势的基础上,做好风险评估和制度建设,尽可能作出最优的决策。

马克思曾指出:"社会劳动生产力,首先是科学的力量。"邓小平同志也多次强调:"科学技术是第一生产力。"航空安保工作效率的提升和效果的改善,除了增加人员、优化流程等以外,最有效的方法就是技术手段的创新和设施设备的研发和应用。

有业内人士曾经做过统计,在现有安检技术手段的前提下,全国机场安检通道高峰时段通过率基本维持在每小时 120～160 人,每名旅客接受安检的时间为 2～5 分钟,安检速度几乎已经达到了极限。[①] 从这个数据可以看出,阻碍安检效率提升的其实就是新型安检设备的研发和应用。

此外,仍以机场安检为例,新型设备的研发和应用除了可以提高效率外,还能有效改善安检效果。例如,近年来,毫米波安全门在我国机场的逐步铺开和应用,有效克服了传统金属探测门的弊端,提高了违禁物品的检出率。

总而言之,对科学性的追求是实现航空安保目标的有力保障。

---

① 顾怡.民用航空安检效能研究[J].铁道警察学院学报,2018,28(2):21-25.

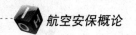

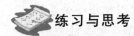 **练习与思考**

（1）飞行安全和空防安全的联系和区别是什么？

（2）航空安保的概念是什么？

（3）请简述航空安保的地位和作用。

（4）航空安保的内在价值目标有哪些？

（5）试举例说明航空安保应具备哪些合理性。

（6）航空安保和空防安全之间是什么关系？

本章配套资源

第二章
航空安保事件发生和
管理的基础理论

学习目标： 通过本章的学习，使学生理解并掌握主要的事故致因理论和事故致因理论在航空安保事件原因分析中的应用，掌握安全管理理论，尤其是系统安全理论的最新发展，掌握我国航空安保管理体系的基本概念和内容，明确各安保相关岗位在安保管理体系中的定位，帮助学生建立对航空安保管理的宏观认识。

在现代汉语中，事故多指意外的损失或灾害，事件则是指大的不平常的事情。就编者看来，意外明确了事故的发生并非出于任何人的事先计划或有意为之，是出乎预料的危害结果；事件则不论大小，倾向于在某些人的计划或主观故意下实施的行为，这些行为通常异于寻常且其发生不太为人们乐于接受，例如一些违法或犯罪行为等。

目前，在事故发生原因的分析方面已经诞生了很多理论。尽管事件和事故在内涵上存在一定的差异性，但在致因理论方面，两者之间还是有着很多的相同点，事故致因理论也基本能应用到对航空安保事件发生的原因分析中。事故致因理论着重于说明事故发生的原因，事故发生的过程以及事故如何预防，其主要目的是找到事故发生的规律和预防及控制的措施。

第一节 主要事故致因理论

工业革命以后，随着科技的发展和新技术的运用，越来越多的机器设备进入人们的生产和生活领域，这些新的发明和创造在给大家带来便利的同时，也给人类带来了更多的风险。随着生产和生活中的事故发生率越来越高，人们开始逐步对事故的发生和预防进行研究，期望能找到事故发生的原因，以便通过有效的管理把事故的发生率控制在合理的范围，尽可能避免事故的发生。20世纪初以来，经过不懈的观察和思考，研究者们提出了一些不同的事故致因理论。

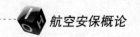

一、事故频发倾向理论

1919 年,英国研究者格林伍德(M.Greenwood)和伍慈(H.H.Woods)对当时许多工厂里发生的伤亡事故按照"泊松分布"等不同的统计分布进行了统计和检验。在研究中,他们发现,工厂里的某一部分工人具有事故频发倾向。企业在招聘时就可以对求职者进行一系列的严格的心理和生理测试来进行筛选,把从中那些具有易冲动、不冷静和缺乏自制力等的人剔除出去,也可以以这种方法对在岗的工人进行有意识的筛选、替换和优化。

纽鲍尔德和法默等研究者也分别在 1926 年和 1939 年提出了类似的观点,这种观点强调了事故的发生是由于不安全的人的存在。

二、事故因果连锁理论

(一)海因里希的事故因果连锁理论

1931 年,美国人海因里希(W.H.Heinrich)率先提出了事故因果连锁理论。在其所著的《工业事故预防》一书中,提出了自己总结出来的工业安全理论。该理论认为,工业伤害事故的发生不是一个孤立的事件,而是一系列事件相继发生的结果,其发生、发展过程实际上是具有一定因果关系的事件的连锁发生过程,具体包括以下四点。

(1) 人员伤亡的发生是事故的结果。

(2) 事故的发生是由于人的不安全行为和物的不安全状态。

(3) 人的不安全行为或物的不安全状态是由于人的缺点造成的。

(4) 人的缺点是由于不良环境诱发的,或者是由先天的遗传因素造成的。

在上述因果连锁的过程中,实际包含了五个因素,分别如下。

(1) 遗传及社会环境。人的性格缺陷是由遗传和环境造成的。人的心理特征是可以在代际间传递的,某些人所具有的暴躁、粗心、鲁莽等性格因素可能是来自于遗传,而不同的环境可能对同样的性格会产生不同的影响,不好的成长环境可能会妨碍教育,助长其不良性格的发展。

(2) 人的缺点。人的缺点既包括人在性格上的先天弱点,比如容易偏执、神经质和轻率等,也包括人在后天的成长过程中,由于各种原因造成的专业知识和技能的缺乏。人的缺点使人产生不安全行为和造成机械设备等的物的不安全状态的主要原因。

(3) 人的不安全行为和物的不安全状态。所谓人的不安全行为或物的不安全状态是指那些曾经引起过事故,或可能引起事故的人的行为,或机械、物质的状态,它们是造成事故的直接原因。例如,违反工作规程操作机器设备、停留在危险环境、不进行防护即开始高风险作业、工作时间打瞌睡、急于求成等都属于人的不安全行为;年久失修的机器、没有防护的传动齿轮、裸露的电线或照明不良等属于物的不安全状态。

(4) 事故。事故是由物体、物质、人或放射线的作用或反作用,对人体造成或可能造成伤害的、出乎意料的、失去控制的事件。例如,坠落、物体打击等使人员受到伤害的事件是典型的事故。

(5) 伤害。伤害是事故导致的人身伤亡的结果。

人们将上述五个因素形象地比喻为五张连续排列的多米诺骨牌。任何一个骨牌被碰到,可能都将产生连锁反应,最终导致事故。任何一个骨牌被抽离,都将导致事故的连锁关系被破坏,传导过程被中断,事故因此不会发生。

海因里希调查发现,98%的事故是可以预防的,其中人的不安全行为占主要原因的88%,物的不安全状态占主要原因的10%。因此,他认为,人的不安全行为是造成事故的主要原因,在消除人的不安全行为的同时,也要注意消除物的不安全状态,这样才能有效中止事故连锁的进程,进而避免事故的发生。

(二)博德的事故因果连锁理论

在海因里希事故致因理论研究的基础上,博德(Frank Bird)提出了现代事故因果连锁理论。

在博德的因果连锁模型中,他依然保留了五个环节,但内容相较海因里希理论中的五个因素发生了较大的变化。博德认为,损失是由事故造成的,事故是由直接原因引发的,而直接原因的产生是有基本原因的,基本原因产生的根源还是在于管理不善、控制不足。

1. 根源——控制不足

管理过程包括计划、组织、指导、协调和控制五个要素。就安全管理而言,控制也即损失控制,主要是指要努力避免人的不安全行为和物的不安全状态,这是安全管理工作的核心内容。由于不存在完美的物也不存在完美的人,因此,适度的管理是避免安全事故发生的最重要的手段。

有效的安全管理既要注重人的管理,例如人员的招录、培训、考核等,也要注重对物的管理和控制,例如,机器的采购和定期维护等。不存在完美的人和物,其实也不存在毫无瑕疵的管理。因此,管理上的不足或缺陷便可能导致基本原因的出现。

2. 基本原因——起因

基本原因是人的不安全行为和物的不安全状态产生背后的原因。不安全的行为和状态并不是无缘无故产生的,人的不安全行为的产生可能是由招聘过程的随意、业务培训的不充分、安全意识的树立不够、考核评价的不严格等因素造成的,而物的不安全状态可能是因为操作规程未建立或不规范或定期的检修、保养和维护未实施等。

无论如何,这些工作缺陷的产生是由于安全管理环节当中控制不足形成的。同时,这些缺陷也导致了事故发生的直接原因——人的不安全行为和物的不安全状态。

3. 直接原因——征兆

管理不足的征兆往往表现在人出现不安全的行为和物处于不安全的状态,这两种状态通常是导致事故发生的直接原因。

在安全管理中,不能只纠结于事故发生的直接原因,一定要对事故发生的原因进行深层次的分析,找到直接原因背后的基本原因,进而发现管理上的缺失,从源头上降低事故发生的概率。

4. 事故——接触

该理论认为事故就是一种不当的接触,或是人体或物体与超过其承受阈值的能量接触,或是人体与妨碍正常生理活动的物质的接触。防止事故,就是防止这种不当接触发生的可能性,例如,可以通过改进机器设备、提高人的业务能力和加强对人的防护等手段来实现。

5. 损失——伤害和损坏

损失包括对人的伤害和对物的损坏,二者合称为损失。例如,人员受伤、厂房坍塌和环境污染等。

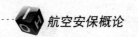

（三）亚当斯的事故因果连锁理论

亚当斯(Edward Adams)的理论和博德的理论基本类似,但他提出了"失误"一词。因此,他提出的事故因果连锁理论在某种程度上也可以理解为失误连锁。

亚当斯的主要观点包括:博德理论中的直接原因——人的不安全行为和物的不安全状态可被称为现场失误。虽然这两种状态的产生是因为操作者在生产过程中的错误行为和生产条件方面的问题,但采用"现场失误"一词的主要目的是提醒人们必须要注意人的不安全行为和物的不安全状态的性质。他同样认为不安全行为和不安全状态背后最主要的原因是管理不善,他称为"管理失误"。

以上是三种主要的事故因果连锁理论,其他的研究者提出的类似理论基本是在前人基础上进行的总结和改进,此处不再赘述。

三、轨迹交叉理论

根据日本的统计资料,1977 年,机械制造业的休工 4 天以上的 104638 起伤害事故中,与人的不安全行为无关的只占 5.5%,与物的不安全状态无关的只占 16.5%。

轨迹交叉理论的代表人物有约翰逊(W.G.Jonson)和斯奇巴(Skiba)。该理论有两个前提:第一,要正确判断人的不安全行为和物的不安全状态,不要把人失误造成的不安全状态误判为人的不安全行为;第二,事故的发生,除了存在人的不安全行为外,一定还存在着某种不安全的状态,甚至物的不安全状态起的作用更大。

轨迹交叉理论认为,人的不安全行为和物的不安全状态是两条不同的发展轨迹,当这两条运动轨迹在同一时空发生交汇,则事故将会发生。该理论强调人的因素和物的因素在事故致因中居于同样重要的地位。

人的不安全行为和物的不安全状态被看作是事故发生的直接原因,和前述事故因果连锁理论一样,也存在着其后的间接原因和基本原因。它们共同的基本原因是先天遗传、社会因素、管理不善等,间接原因则是在基本原因作用下导致的人的缺点和物的缺陷,例如,人先天或后天的身心障碍和培训不足以及物在设计、制造、维修保养和使用上的缺陷等。

轨迹交叉理论可用图 2.1 作一简要说明。

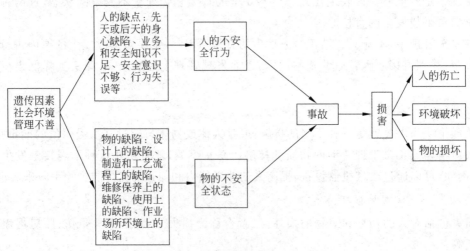

图 2.1　轨迹交叉理论图

值得注意的是,在现实环境中,事故的发生并不是单纯的两条轨迹相交,在事故中,人的因素和物的因素经常会相互作用、互为因果,表现为一种错综复杂的关系。有时,人的不安全行为会导致物的不安全状态或恶化物的不安全状态,而有时,物的不安全状态又会诱发人的不安全行为。为了便于理解,图 2.1 仅对轨迹交叉理论做了一个简单化的模型说明。

第二节　事故致因理论在航空安保事件原因分析中的应用

通过学习主要的事故致因理论,我们发现导致事故发生的因素主要包括遗传、社会环境、管理、人的缺点、物的缺陷等,而管理是其中是最重要的一环。系统管理的完善既有可能克服人既有的缺点,也有可能消除物的缺陷,切断人的不安全行为和物的不安全状态产生的链条,从而避免事故的发生。

航空安保事件和工业事故发生因素中,最大的区别在于人的因素方面存在差异。在工业事故中,人具有三重属性:一是人是需要保护的对象;二是人是可能出现失误和不安全行为的,是需要控制的对象;三是人又具有主观能动性,通过改善自身,其也可以作为避免事故发生的控制主体。而在航空安保事件中,人可以分为捍卫空防安全和危害空防安全的人。因此,作为控制对象的人的属性既包括对安保工作相关人员失误和不安全行为的控制,也包括对危害行为人危及航空运输安全和秩序的违法犯罪行为的预防和控制。

航空安保事件发生的因果链条由始至终包括根本原因——间接原因——直接原因——航空安保事件——损害五个环节。

为便于理解,从后往前推,我们可以做如下阐述。

一、损害

作为航空安保事件的后果,损害通常包括人员伤亡、物的损坏、环境破坏、秩序混乱等,这些都是航空安保事件发生后可能产生的后果。

二、航空安保事件

航空安保事件是指针对航空运输系统所实施的扰乱行为和非法干扰行为,包括既遂行为和未遂行为,甚至也包括预备行为。

三、直接原因

人的危害行为、控制主体的失误或不安全行为和物的不安全状态是航空安保事件发生的直接原因。此处,控制主体是指负责航空安保工作实施的人员,不安全行为主要指其由于缺乏相应的安保业务知识和安保意识导致的违规行为或不当处置,物的不安全状态则是指安保的设施、设备和器械等处于一种无法正常使用或无法实现安保目的的状态。在航空安保事件的因果连锁中,由于有了实施危害行为的人的介入,使得航空安保事件发生的因果连锁复杂起来。同时,因为人具有强烈的主观能动性,所以有些航空安保事件,如突发的客舱扰乱行为和无违法记录、无武器人员实施的非法干扰等,是难以预测并且其产生的根源是在

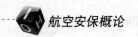

航空安保管理体系之外的。因此,航空安保事件之所以会发生并产生损害后果,主要有四种可能的表现:一是具有性格暴躁和反社会人格等特定缺点的人直接实施的构成航空安保事件的行为,其中可能并不存在控制主体的失误和不安全行为,也不存在物的不安全状态;二是人的危害行为和控制主体的失误以及不安全行为在同一时空发生轨迹交叉导致航空安保事件的发生;三是人的危害行为和物的不安全状态在同一时空发生轨迹交叉而导致航空安保事件的发生;四是在同一时空,危害行为、失误及不安全行为和物的不安全状态综合作用引发航空安保事件。

四、间接原因

我们将危害行为、失误和不安全行为和物的不安全状态出现的原因称为航空安保事件发生的间接原因。首先,就危害行为而言,其背后的原因可能是行为人具有性格和社会化方面的缺陷,如易冲动、鲁莽、缺乏法律意识,具有反社会人格和极端化的思想等;其次,控制主体失误和不安全行为的产生主要是因为其缺乏业务知识、安保知识和安全意识,也可能是因为其具有某些生理或心理上的缺点,例如,色盲、嗅觉丧失、肢体障碍、注意力易分散和缺乏责任感等;再次,物的不安全状态出现可能是由于设施、设备和器械等的设计、制造、使用和维护环节存在问题,也可能是现有的设施、设备和器械难以应对当前航空安保风险的挑战,需要技术改进和升级等。

五、根本原因

先天遗传、社会环境和管理不善是造成人的缺点和物的缺陷的根本原因。所谓先天遗传是指个体在生物遗传过程中所获得的某些生理或心理上的特质;社会环境可以分为宏观和微观两个方面,宏观社会环境是指整体社会治安形势和经济形势等,微观社会环境是指个体在其中成长、生活和工作并逐步社会化的环境,包括家庭因素、学校因素、社区环境和工作环境等;管理不善是航空安保事件发生的最主要的根源,例如,规章制度不健全、安保管理体系不完善、采购过程不规范、人员招聘时的徇私舞弊和培训不到位等,如图2.2所示。

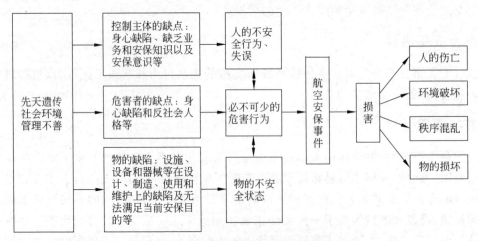

图 2.2 航空安保事件发生的因果链条

需要注意的是,若没有危害行为,自然也就没有航空安保事件的发生,如图2.2所示。

第三节　航空安保管理的基础理论

现代安全管理理论基本都以系统安全理论为基础,派生于安全管理的航空安保管理也概莫能外。在讲述航空安保管理理论之前,有必要先介绍一下系统安全理论的发展历程和基础内容。

一、安全管理理论的发展

人类社会迄今为止经历了三次科技革命:18世纪60年代开始的第一次工业革命让人类进入了"蒸汽时代";19世纪70年代后,由于电力得到广泛应用,人类进入了"电气时代";第二次世界大战以后,随着原子能、航天和电子计算机等技术的应用,人类进入了"电子时代""信息时代"和"太空时代"。在不同的时代,安全管理理论也经历了不同的发展阶段。

人类的对安全的认识和对事故有意识的控制是在工业革命后。在此之前,人类对事故和灾害基本处于一种听天由命的状态,大家对事故和灾害只能被动接受。

工业革命以后,在18世纪下半叶至20世纪初,由于工业伤害事故的增多及危害性扩大,人类开始在事后思考事故发生的原因和补救对策,这是人类对安全科学探索的第一阶段,在这一时期,人类开始主动为避免事故而努力,但由于认识局限,当时的探索主要是基于经验的事后补救。

第二阶段是从20世纪初至50年代,人类社会全面进入了电气化时代,危险分析理论在此期间逐步建立起来,事后总结和补救开始向超前预防过渡,人们开始寻求规范化、标准化的管理。

第三阶段是在20世纪50年代以后,科技迅速发展,在战略武器研制、宇航技术开发和核电站建设等方面,大型复杂系统随之出现,这给以往的安全管理模式带来了巨大的挑战。大型复杂系统的组成要素数目繁多,关系错综复杂,系统中微小的差错可能就会导致灾难性的后果。此时,系统安全理论和方法应运而生,风险理论也随之发展起来。

第四阶段是从20世纪90年代以来,随着社会对更高安全水平的需求,安全管理科学研究的不断进步,提出了"兴文化"的人本安全和"强科技"的物本安全理念,安全管理正朝着以本质安全为管理目标的方向迈进。

二、系统安全理论

现代系统安全理论是在安全管理理论前期发展的基础上建立起来的,是对前人既有理论的综合运用,同时结合了新时期社会和安全管理理论的新发展,提出了安全管理的新目标,明确了安全管理的努力方向。

(一)系统安全和系统安全理论

系统安全是指在系统从设计、产生到消灭的全生命周期内,应用系统安全工程和系统安全管理等方法,通过危险源查找、风险评估和风险缓解等控制措施降低系统风险,保证系统在特定的时间和成本条件下实现预设功能的同时,使系统最大化地实现安全的状态。

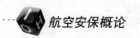

系统安全理论是指人们为解决复杂系统的安全性问题,通过对事故和系统的分析,在掌握事故和系统的特点、运行规律的基础上而开发、研究出来的安全理论和方法体系。

(二)系统安全理论的主要研究对象

根据研究起点的不同,系统安全理论有两个主要的研究对象:一是事故系统,对事故系统构成要素的分析有助于防范事故的发生;二是安全系统,对安全系统构成要素的分析有助于安全系统的建设和保持。

事故系统包含有四个要素,也称"4M"要素,分别是:人(Men)——人的不安全行为;物(Machine)——物的不安全状态;环境(Medium)——不良的生产环境;管理(Management)——管理缺陷。管理是其中最重要的因素,因为人、物和环境都会受到管理的影响,管理不善会导致人、物和环境状态的恶化。人、物或环境既可能独立导致事故的发生,也可能相互合并而发生作用。

安全系统也有四个要素,分别是:人——人的安全素质(身心素质、业务能力、安全能力、文化素养);物——设备与环境的安全性(设备设计、使用和维护的安全性以及良好的环境);能量——能量的有效控制(机械能、电能、热能、化学能等);信息——充分可靠的安全信息流(原始信息和加工信息、法律法规、标准、制度等)。

从事故成因分析角度而言,我们依赖的是对事故系统四要素的分析,而从超前预防和系统管理角度来说,我们更依赖于安全系统的四要素的保持,这四要素所涉及各因素的相对安全是整个系统安全的最有力的保障,是实现本质安全的基础。

(三)现代系统安全理论的主要观点

1. 危险的客观性和安全的相对性

无论科技如何发展,人类生活如何进步,人类活动总是时时处处存在着危险,这些危险可能来自自然界,也可能来自人的不安全行为和物的不安全状态,还有可能被不良环境所诱发。因此,在安全管理活动中,人们应该基于对事故系统的基本认识,尽可能地、有的放矢地发现更多的危险源,然后在已知危险源的基础上做出正确的风险评估,进而采取措施将风险降低至可以接受的程度,实现认知范围内的最高级别的系统安全。

危险的客观性决定了安全的相对性,两者间是一种相互排斥、此消彼长的关系。因此,现有的安全管理理论认为,安全是相对的,并不存在绝对的安全,在生产经营领域,所谓的安全,只是一种符合当下社会条件和人们认知的一种可以接受的风险程度的最高状态。随着科技的发展、安全工程的进步和对世界认知的深入,人类社会的安全水平会发展到一个很高的程度,即便如此,也改变不了绝对安全是不存在的现实。

2. 事故的可预防性

事故的可预防性是一切安全理论发展的基础,若是事故完全不可预防,那所有安全管理理念的存在也就没有意义。正因为事故可以预防,人类社会才会在安全管理方面进行着孜孜不倦地探索。虽然系统安全理论发展至今也不过百年时间,但人类对安全的渴求和事故的预防却是自人类活动产生以来就一直相伴。

事故的可预防性的根本在于事故致因因素的可控制性。任何人造系统的事故都是可以预防的,例如,我们可以在机器设备的设计、制造、使用和维护环节就贯彻安全管理的思路,从根本上保证物的安全,实现基于现代科技的物本安全;我们也可以改善社会环境出发,消除人的危害行为产生的土壤,实现人的正向社会化,还可以从管理角度出发,通过教育和培训使人尽量避免失误和不安全行为。即便对于难以控制的来自自然界的威胁,我们也可以通过预测、预警和应急响应等措施来尽可能地缓解风险、减少损失。

事故预防的价值早在古代就已经为人们所知。我国东汉时期政论家、史学家荀悦在《申鉴·杂言》曾言:"进忠有三术:一曰防;二曰救;三曰戒。先其未然谓之防,发而止之谓之救,行而责之谓之戒。防为上,救次之,戒为下。"这段话的意思是,所谓尽忠有三种方式:一是在事情未发生之前就进行有效防范,避免其发生;二是在事情已经发生时赶快补救,阻止其继续发展;三是在事情过后对行为人加以惩戒,即防范为上策,中策为补救,惩戒实为下策。从人类和事故之间长期的博弈来看,人类已经取得了长足的进步,并将朝着"系统本质安全"的目标继续前进。

3. 安全系统的整体性与交互性

现代大规模复杂系统通常都由多层子系统构成,在层叠或平行的子系统之间、各系统要素之间以及系统和其他系统之间无时无刻不在发生着联系。

人类社会无论是最初的简单系统还是现代的复杂系统,都是为了实现特定的功能,各子系统和要素的结合也是为了共同实现这个目标,因此,这样的组合必然具有整体性。现代系统的安全冗余设计,或称系统的容错性,是安全系统整体性的一个显著体现。为了保证系统整体安全,通常在系统设计之初就会设置多道安全屏障,部分子系统的缺陷和问题并不必然导致系统整体崩溃,通常只有多道屏障在特定的时空条件下同时失效才会导致系统整体崩塌,而这样的概率显然会被控制在一个合理的范围。系统整体的安全性因此而提升,系统本质安全将可能得以实现。

此外,世界是普遍联系的,同一系统内的各子系统和要素之间,系统和其他系统之间也都存在着特定的联系。前述主体间的作用和反作用会对整体系统产生不可忽略的影响,甚至改变系统的基本运行轨迹。在系统安全理论的研究中,人们将不得不把这些相互作用和影响考虑进去,并提出行之有效的综合性的安全管理措施。

只关注整体而忽略系统的内部关联,我们就无法掌握系统作为一个整体的运行和变化规律,系统的整体效能也无法真正得到发挥,安全也无法真正保障,而只关注系统局部,我们又会陷入"只见树木、不见森林"的泥沼,产生"头痛医头、脚痛医脚"的问题。因此,在系统安全的研究中,我们既要认识到系统的整体性,也要认识到系统内各子系统以及系统要素之间的交互性,系统的整体安全需要在和谐交互机制形成的基础上才能实现。

4. 系统安全的动态性和持续性

系统安全是一种动态的、持续的安全。系统安全的动态性来源于系统组成要素的持续变化带来的系统的动态性。现代大规模复杂系统由数以万计甚至千万计的要素组成,通常包含人、物、环境,其中环境既包括自然环境,也包括社会环境,而社会环境又内含科技发展水平、经济条件和人文环境等,其中所涉及的变量非常多。正因为这些要素始终都处于一种绝对的运动状态,安全管理活动也必然要去适应这些变化。因此,系统安全总体上也保持着和特定时期的社会发展程度、科学技术水平和社会经济状况协调一致的状态,表现出了动态性的特征。

从系统安全的动态性可以看出,安全是一个长期发展的实践过程。要在社会的发展中

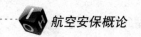
稳定地保持系统安全,就需要找到安全管理的长效机制。为此,我们首先就得树立起持续安全的理念,在这一理念的指导下寻求实现持续安全的方法,以此来适应社会的发展和人们对安全的需求。要实现系统的持续安全,就必须从系统整体出发,强调全流程管理,从目标管理、组织架构、风险管理、人和物的系统准入、过程管理、安全文化建设和应急响应等宏观和微观多个方面入手,建立起一个立体的安全防护体系,最终实现将安全管理系统建设成为一个自我监测、自我修正和自我激励的向上自循环的系统。

5. 人本安全的重要性

在传统安全理念中,人们认为对物的安全控制是安全的主要保证。就技术系统而言,似乎通过一定的技术手段,通过科研水平和应用能力的提升,实现物的本质安全是有可能的,但是,由于人具有较强的主观能动性,我们很难通过外在力量来实现人的本质安全。因此,近些年来,安全管理理论逐步把研究的重点转向了人本安全的建设。毕竟"没有最安全的技术,只有最安全的行为"。

安全文化建设是实现系统安全的重要方法。人本安全的实现则主要得从安全观念文化和安全行为文化两个方面入手。观念文化建设主要涉及价值观、安全理念、安全意识和安全态度等的形成和培养;行为文化建设则主要涉及责任制、规范化、标准化和制度化的形成和建立。通过安全文化建设,在科学管理和物的安全的基础上,充分调动人的主观能动性,让所有系统参与人意识到人既是安全的保护对象,也是维护安全的行动者,让大家意识到保证安全、人人有责,变事后惩戒、监督和他律为人的自责、激励和自律,实现系统由被动安全向主动安全的转变。

三、航空安保管理体系

(一) 航空安保管理体系的建设和作用

基于系统安全的理论,国际社会就航空安全相继提出了安全管理体系以及安保管理体系的概念。这两个体系的建设和实践是系统安全理论在民航行业适用的具体表现。

在加拿大等多个国家研究和实践的基础上,2006 年,国际民航组织(ICAO)通过决议,规定各缔约国从 2009 年 1 月 1 日起,应强制要求其公共航空运输企业、民用机场、空管单位和维修企业实施安全管理体系。同时,国际民航组织非法干扰委员会要求航空安保专家组评估建立安保管理体系,并制定相应的管理文件。2007 年 8 月底,在国际民航组织大会第 36 届会议上,国际航空运输协会(IATA)在其经验基础上,也提出要大力推广安保管理体系在航空安保环境中的应用,要求大会支持其和航空安保专家组(AVSECP)对制定和实施安保管理体系(SeMS)的承诺,同时考虑采纳管理体系的方法以确保所有缔约国达到附件 17 第 11 次修订对质量控制的要求。[①]

为此,我国将民航安全管理体系的建设纳入了"十一五"规划,并于 2010 年全面建成,同时将我国 SeMS 的建设也纳入其中。2009 年 8 月 31 日,在参照国际民航组织《安全管理手册》(Doc.9859)和附件 17 指导材料《航空安保手册》(Doc.8973)的基础上,民航局公安局以咨询通告的形式下发了《航空保安管理体系(SeMS)建设指南》(AC-SB-2009-1)。

航空安保管理体系提供了一个正式的、风险驱动的框架,将安全融入了各安保相关企事

---

① 参见国际民航组织大会第 36 届会议文件 A36-WP84,EX-32,28/08/07。

业单位的日常运营和文化中,其建立及运行将能产生以下效果。首先,使安保相关各方能够以一致和主动的方式识别和缓解安保风险,弥补缺陷和漏洞;其次,有助于保持航空运输系统安全和有效地运转;最后,能够使各缔约国的航空安保工作更容易达到《国际民航公约》附件17"安保——保护国际民用航空免遭非法干扰行为"的标准,满足国际民航组织普遍安保审计(USAP)的要求,实现各国航空安保水平的普遍提高。

(二) 航空安保管理体系的概念和性质

1. 航空安保管理体系的概念

航空安保管理体系是一种有组织的、系统的安保管理方法和手段,是评估和管理安保风险的系统化的、精确的和积极主动的过程。

航空安保管理体系是根据安保政策和目标对安保管理的各要素进行策划,建立组织机构,以信息为驱动,以威胁评估和风险管理为基础,分析并建立安保过程并配置相应资源,实现从事后到事前,从个人到组织,从局部到系统的安保闭环管理。

2. 航空安保管理体系的性质

(1) 航空安保管理体系并非航空安保具体工作措施。航空安保管理体系是航空安保工作措施落实到位的系统保证,航空安保体系的建设和实践是为了解决措施分散、局部各自为战的状态,是为了发挥系统的协同效应,使系统的整体优势得以最大化,更好地提高航空安保工作的水平。

(2) 航空安保管理体系实质上是对若干管理体系和流程的有机整合。航空安保管理体系通过全面、立体的综合体系建设和实施来保证航空安保工作处于一个较高的水平,其中整合了安全管理中大家关注的风险评估、质量控制和文化建设等内容。

(3) 航空安保管理体系是以系统安全理论为内核的现代安全管理体系。航空安保管理体系与质量管理体系和安全管理体系类似,也相应地包括安保政策与目标、安保风险管理、安保质量控制和监督以及安保水平提升等方面。

(三) 航空安保管理体系的内容

无论是否言及"航空安保管理体系"一词,系统安全的理论早已深入人心,在国际民航组织的标准和建议措施以及现代各国航空安保管理的实践中,均包含了现代安全管理的基本理念和要素。

对比各国航空安保管理体系的要素,我们也能发现其实际构成大同小异,只不过表述存在差异,内涵出现交叉。例如,英国《航空安保管理体系框架》(第三版,2021)中包含的要素是管理层高层的安保承诺、威胁和风险管理、职责和义务、资源管理、事件响应、应变管理、持续改进、安保培训、沟通以及绩效监控、评估和报告等方面的内容;我国《航空保安管理体系(SeMS)建设指南》则包含安保政策、安保目标、安保策划、绩效监测、管理评审、组织结构、职责与权限、资源配置、威胁评估、危险识别、风险评价、风险缓解、文件及控制、信息与沟通、能力与培训、质量控制和应急响应等内容。[①]

---

① 为了和本书正文保持统一,原文的"保安"二字均改以"安保"替代。

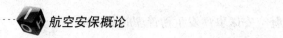

我国《航空保安管理体系(SeMS)建设指南》将以上要素归纳为以下四个体系。[①]

1. 目标管理体系

(1) 安保政策——民航企事业单位最高管理者对安保管理体系的建立、实施和有效持续改进的承诺。

(2) 安保目标——与可接受的安保水平相关的一系列多层次的量化的绩效指标和目标。

(3) 安保策划——最高管理者为确立目标、实现目标、实现措施和过程、组织保障、资源管理等,保证航空安保管理体系运行良好而必须进行的一系列策划工作。

(4) 绩效监测——对每一个运行绩效指标的实时监测和趋势预测,及时发现与目标的偏离,并采取纠正措施。

(5) 管理评审——最高管理者对航空安保管理体系适宜性、充分性和有效性进行的评估活动,目的是总结和提高管理水平。

2. 组织保障体系

(1) 组织结构——民航企事业单位为达成安保目的划分出的不同部门和部门内的层级结构。

(2) 职责与权限——各部门为实现安保目的各自应承担的职责和被赋予的权限,重在恰当合理,形成各部门间良好的协调配合。

(3) 资源配置——为实现安保目的,在体系内对人、财、物等的合理分配和安排。

3. 风险管理体系

(1) 威胁评估——在信息支持基础上,民航局评估威胁水平并发布威胁等级,各民航企事业单位结合评估,采取高于或等于该威胁等级所对应的安保措施。此处威胁是指对航空运输安全和效率造成损害的可能或现实的外部因素。

(2) 危险源识别——对安保防范系统存在的薄弱环节和易受攻击部位进行的识别和分析。

(3) 风险评价——根据风险接受标准,根据外部威胁水平和内部防范系统存在的危险,对风险进行评级,并判断风险水平是否在可接受的范围内。此处风险是指安保事件发生可能性和后果严重性的综合。

(4) 风险缓解——为降低风险水平并使之达到可接受的程度而进行的资源配置和采取的相应活动。

4. 运行管理体系

(1) 文件及控制——规定各项运行和管理措施的实施程序和应达到的标准,包括形成记录等在内的文件在制定、修订、分发和回收等方面应采取相应的控制措施,保证文件的持续有效和适宜。

(2) 信息与沟通——安保信息的流转和沟通是保障安保体系良好运行的基础,也是威胁评估和风险管理的必要条件。

---

① 此部分是对该咨询通告相关内容简要的概括总结,原文请参看《航空保安管理体系(SeMS)建设指南》(AC-SB-2009-1)2.5部分——SeMS组成。

（3）能力与培训——对安保人员能力、安保意识等的培养，有助于建设积极的安保文化。

（4）质量控制——通过检查、考察、审计和测试等手段及时发现运行偏差，采取纠正措施，避免严重后果，并保证各项安保措施的符合性和有效性。

（5）应急响应——为了减少事故发生后的损失而在事故发生或可能发生时采取的措施，有效的应急响应有赖于完善的应急预案、充分的资源保障和日常的应急演练。

《航空保安管理体系（SeMS）建设指南》是当时针对民航企事业单位提供的安保工作指导。实际上，这套以风险管理为基础，以安保文化建设为重要支撑的全流程的、闭环的动态管理系统不但可以指导航空安保各相关单位的安保管理工作，也可以应用于一国当局的航空安保管理，甚至还可以作为国际民航组织对全球范围内航空安保组织和管理的依据和标准。

秉持着航空安保管理体系中所蕴含的现代安全管理理念，《国际民航公约》附件17——安保及其指导材料《航空安保手册》（Doc.8973）规定了具体的标准和建议措施，提供了相应的指导和范本。对于国际民航组织现有的 193 个成员国而言，保持和以上两个文件的合规性也就意味着坚持了航空安保管理的科学性。

一直以来，作为国际民航组织一类理事国，我国政府积极参加国际民航活动，严格履行我国批准和加入的国际公约的义务。在航空安保的组织和管理中，我国完成了大量的工作，例如《国家民用航空安全保卫方案》和《国家民用航空安全保卫培训方案》等文件的制定、国内法和国际公约的衔接以及安保新技术的研发和应用等。

本书除介绍航空安保的一般理论、历史发展和安保形势等内容外，还将从安保管理体系出发，着重介绍航空安保实际工作运行的措施和要求。

练习与思考

（1）海因里希的事故因果连锁理论的主要观点是什么？

（2）博德的事故因果连锁理论的主要内容是什么？

（3）轨迹交叉理论的主要观点是什么？

（4）安全管理理论经历了哪些不同的发展阶段？

（5）现代系统安全理论的主要观点是什么？

（6）请简述航空安保事件发生的因果链条的主要内容。

（7）航空安保管理体系的建立及运行能产生哪些效果？

（8）航空安保管理体系的性质包括哪几个方面？

本章配套资源

第三章
航空安保组织与监管

学习目标：通过本章的学习，帮助学生掌握航空安保管理基本组织架构，了解其职责分工，理解航空安保管理机构如何通过政府监管落实安保政策措施，确保航空安保运行的正常与效率。同时，增进学生对民航安保整体工作的理解，强化对政府监管方式方法知识的学习。

如本书"航空安保事件发生和管理的基础理论"部分所述，事故致因理论指出管理是事故致因中最重要的因素，因为不安全行为和不安全状态背后最主要的原因是管理不善。管理是各要素形成有序动态运行机制的关键。对于航空安保，制定的航空安保措施是否能够应对当前面临的威胁，以及当前的航空安保措施能否得到有效的实施或执行，依赖于组织管理工作是否能够将系统中的各个要素有机整合并采取灵活的策略和有效的监管手段，从而达到航空安保系统的有序运行。按照管理要素，如果没有专门的机构进行管理，没有明确的职责分工和运行规则，那这项工作就会因缺乏秩序而难以达成一致的目标，如果缺乏监管，运行者做与不做，做得好与做得不好没有差异，则措施就难以得到有效实施。因此，任何一项管理工作伊始，首先需要明确组织管理当中的权责，并制定相应的监督管理策略。如图 3.1 所示。

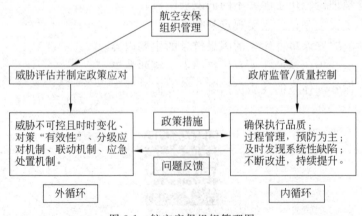

图 3.1　航空安保组织管理图

第一节　航空安保组织

组织管理是指通过建立组织结构,规定职责权限,明确责权关系等,以有效实现组织目标的过程。组织管理使人们明确组织中有些什么工作,谁去做什么,工作者承担什么责任,具有什么权力,与组织结构中上下左右的关系如何。只有这样,才能避免由于职责不清造成的执行中的障碍,保证组织目标的实现。

《国际民航公约》附件17中明确,航空安保工作是保护民用航空免遭非法干扰行为。为达到这一目的,这项工作需要在法律授权下建立具有明确责权利的综合性组织对航空安保事务进行有效管理,采取各种措施并调动各种人力、物力资源确保目标的实现。既需要组织管理者对航空安保面临的威胁(非法干扰行为)进行评估并制定应对策略,也需要在政策措施制定之后有相关单位进行落实,并对落实情况进行监督管理,确保执行的品质。那么我国航空安保组织管理的架构及内容有哪些呢?

一、国家航空安全保卫主管当局——中国民用航空局

中国民用航空局(以下简称"民航局")是我国民用航空安全保卫工作的主管当局,是负责开展国家层面威胁评估并起草民用航空安全保卫法规规章标准、制定国家民用航空安全保卫基本政策、制定和发布民用航空安全保卫措施的部门;会同公安部等部门对民用航空安全保卫工作实施统一管理、监督和检查。民航局公安局[①]根据授权负责具体安保工作。其职责主要涉及以下模块。

(1)制定政策并监督执行。即负责起草民航安全保卫的相关法规、规章、政策、标准,编制国家层面的民航安全保卫方案,并监督执行。根据需要向公共航空运输企业和机场管理机构等有关单位提供国家航空安全保卫方案并提供指导,确定并划分民用航空安全保卫有关单位和个人的工作职责。

(2)审核主要运行机构的安保措施文件并监督执行。即审定民用机场、航空公司运行资质中航空安保部分内容,审核民航企事业单位航空安全保卫方案并监督执行,确保其制定的安保措施符合民航安全保卫的相关法规、规章、政策、标准要求。

(3)开展威胁评估并发布对策。即对空防安全威胁因素评估,发布形势分析报告(通报)及防范措施、指令。开展情报信息工作,负责决定和发布预警等级。

(4)建立航空安保管理体系。即监督管理全国的民航空防安全工作,规划和指导建立行业航空安保管理系统的建设和实施。

(5)负责航空安保应急管理工作。即指导处置非法干扰民航安全事件,指导制定处置劫机事件应急预案并组织培训和演练,承担处置劫机、炸机事件的综合协调和日常工作。

(6)对从事航空安保工作的人的能力进行管理。即建立国家层面的航空安全保卫培训管理规定,指导航空安保专业人员培训、资质管理和队伍建设,并监督执行。

(7)对航空安保关键硬件设施设备进行监管,并积极引导开发和推广使用先进的管理

---

① 民航局公安局也是公安部第十五局。

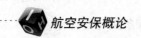

和技术措施。即建立航空安保硬件设施设备标准，指导并监督民用航空基础设施与建筑的设计及建设、硬件设施设备运行条件等符合航空安全保卫的规定和标准，并将航空安全保卫有关内容纳入机场的新建、改建和扩建。这里还包括安检设施设备的管理。

（8）作为公安部第十五局，监督管理民用机场道路交通、消防和民航禁毒工作，指导机场公安机关刑事侦查、民用机场治安和公共活动区道路交通工作。

（9）监督检查民航行业单位内部治安保卫工作和综合治理工作。

（10）承办民航局和公安部领导交办的其他事项，如民航专机安全警卫工作等。

二、区域航空安全保卫主管机构——民用航空地区管理局

民航局下设7个民用航空地区管理局（简称"地区管理局"），负责对辖区内民用航空事务实施行业管理和监督。7个地区管理局为：华北地区管理局、东北地区管理局、华东地区管理局、中南地区管理局、西南地区管理局、西北地区管理局和新疆管理局。

民航东北地区管理局管辖黑龙江、吉林、辽宁三省的机场，总部设在沈阳。民航华北地区管理局管辖北京、天津、河北、山西、内蒙古自治区5省（直辖市、自治区）机场，总部位于北京。民航华东地区管理局管辖上海、江苏、浙江、山东、安徽、江西、福建7省（直辖市）的机场，总部位于上海。民航中南局管辖河南、湖北、湖南、广西、广东、海南6省的机场，总部位于广州。民航西南地区管理局管辖四川、重庆、贵州、云南、西藏自治区5省（直辖市、自治区）的机场，总部位于成都。民航西北地区管理局管辖陕西、宁夏回族自治区、甘肃、青海4省（自治区）的机场，总部位于西安。新疆维吾尔自治区面积大，机场多，单独成立了一个新疆地区管理局。

地区管理局一般下设有办公室、航空安全办公室、政策法规处、计划统计处、财务处、人事科教处、运输管理处、通用航空处、飞行标准处、外国航空公司审定和监管处、航空卫生处、航务管理处、适航维修处、适航审定处、机场管理处、空中交通管制处、通信导航监视处、航空气象处、公安局等业务处、室。其中公安局具体负责航空安保工作。地区管理局主要负责航空安全保卫法律、法规、规章和标准在本地区的贯彻执行，对违法、违章行为进行查处，其职责主要涉及以下几个方面。

（1）监督检查航空安保措施执行情况。按规定审查公共航空运输企业、机场的航空安全保卫方案，并监督其实施和督促及时进行修订；对其他民用航空有关单位的安全保卫方案进行审查并监督执行；对辖区内的公共航空运输企业、机场管理机构等有关单位执行航空安全保卫法规和本方案情况进行监督和检查。

（2）负责辖区内的威胁评估工作。收集、了解和掌握航空安全保卫的情报信息，分析并及时布置防范措施，根据需要报送信息、填报报表。

（3）负责监督检查辖区内的应急管理工作。负责审查辖区内各机场管理机构、公共航空运输企业预防和处置劫机、炸机或其他突发事件的预案，对落实情况进行监督检查。

（4）参与航空安保事件调查工作。按规定参与调查处理辖区内非法干扰民用航空事件、重大飞行事故或其他重大灾害事故。

（5）监督检查辖区内硬件设施设备情况。负责对辖区内安全检查仪器设备和其他航空安全保卫设施的符合性、良好性进行监督检查。

（6）监督检查航空安保工作人员能力符合要求的情况。指导有关单位按照《国家民用

航空安全保卫培训方案》制定航空安全保卫培训计划,并按规定进行审查批准。

(7) 指导所属各民航安全监督管理局开展航空安全保卫检查监督工作。

三、民用航空安全监督管理局

民航地区管理局根据安全管理和民用航空不同业务量的需要,派出民用航空安全监督管理局,负责辖区内民用航空安全监督和市场管理。民用航空安全监督管理局一般设在省会,所辖区域通常指本省内范围。一般设有综合处、航空安全办公室、运输处、飞行标准处、航务处、适航维修处、机场处、空中交通管理处以及空防处。其中空防处主要负责航空安保工作。主要航空安保业务是代表民航地区管理局对辖区内的有关单位执行民用航空安全保卫法律法规和规章标准情况,实施日常监督检查。监督检查辖区内民用机场公安、安检、消防工作。

总之,以上机构作为政府行政管理和监督机构,负责航空安保政策的制定、指导,监督航空安保政策的落实。是代表国家行政权力,以达到满足本国航空安保管理目标的要求,同时也能够满足《国际民航公约》附件17——《安保》所载标准和建议措施要求。

另外,地方人民政府及部门也应当依照航空安全保卫法律、法规、规章,制定具体规定、措施和程序,督促有关单位开展航空安全保卫工作。按照职责分工对发生在辖区内的非法干扰事件进行处置和调查。

四、参与航空安保体系运行的实体组织

规章制度是行业运行的规则,具体航空安保措施的落实,还需要参与航空安保体系的诸多实体实施,这些实体通常包括机场、航空公司、空中交通管理机构、机场公安、安保服务提供人等。机场作为航空运输的重要参与者,是保障航空安保体系正常运行的重要组成部分,其域内通常既有承担航空运输职责的各类驻场单位,也有为旅客提供各种服务的商家租户等。为了共同维护机场域内的安全,通常需要有一个组织来协调机场场域内各单位安保工作,同时机场设立机场管理机构对机场安全保卫工作承担主体责任。

(一)机场管理机构

机场航空安全保卫工作通常由机场管理机构以及驻场单位、联检单位、机场公安等单位通过各自不同的分工与协作共同完成。航空运输企业作为航空运输的重要主体,也是机场的驻场单位之一。机场管理机构对机场安全保卫工作承担主体责任,负责执行航空安全保卫措施,防止非法干扰民用航空的行为。机场管理机构的航空安全保卫职责主要包括以下几个模块。

(1) 制定本企业的安全保卫方案,明确本企业承担的航空安保职责以及需要执行的航空安保措施。即根据国家航空安全保卫法律、法规、规章,制定机场航空安全保卫方案,按规定报民航地区管理局审查备案,并确保方案的适当和有效。

(2) 对机场驻场单位及租户的管理。即分发机场航空安全保卫方案的有关部分给相关单位;成立机场航空安保委员会,并协调开展航空安保工作。

(3) 指定企业航空安保主要责任人,明确主要管理人员并将责任落实到岗。设置并任命一名负责航空安全保卫工作的副总经理,负责协调有关部门执行机场航空安全保卫方案,

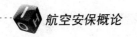

并直接向机场总经理负责。

(4) 建立适合本企业的安保质量控制制度,实现内部安保业务的运行监管。即建立健全航空安全保卫质量控制体系,确保有关民用航空安全保卫措施的有效落实,及时消除危及民用航空安全的隐患。

(5) 设置专门的民航安全检查机构,确保关键环节的工作质量。即设立专门的安全检查机构,确保进入机场控制区、进入航空器的人员、行李、货邮等实施了符合国家航空安全保卫法律、法规、规章要求的安全检查措施。

(6) 确保人的能力满足航空安保工作岗位要求。即根据国家航空安全保卫法律、法规和规章的规定,设立安全保卫培训机构并对员工定期进行培训。

(7) 基础建设满足航空安保要求。即将安全保卫需求纳入机场新建、改建或者扩建的设计和建设中。

(8) 应急管理。即制定安保应急处置预案,并保证实施预案所需的设备、人员、资金等条件;开展航空安保应急演练;发生非法干扰事件应当立即向民航地区管理局报告,事件处理完毕后,按照规定时间报告民航地区管理局。

(9) 告知义务。即利用机场媒体系统开展航空安全保卫措施和程序的宣传。

(二) 公共航空运输企业

公共航空运输企业,是指以盈利为目的,使用民用航空器运送旅客、行李、邮件或者货物的企业法人。设立公共航空运输企业,应当向国务院民用航空主管部门申请领取经营许可证,并依法办理工商登记。目前,我国四大航空公司,主要指中国国际航空股份有限公司(AIR CHINA),简称"国航",于 1988 年在北京正式成立,是中国唯一载国旗飞行的民用航空公司;中国南方航空集团有限公司(China Southern Airlines),简称"南航",总部设在广州,成立于 1995 年 3 月 25 日,以蓝色垂直尾翼镶红色木棉花为公司标志,是中国运输飞机最多、航线网络最发达、年客运量最大的航空公司;中国东方航空集团有限公司(China Eastern Airlines),简称"东航",由中央直接管辖的国有独资公司,是国务院国有资产监督管理委员会监管的三大国有大型骨干航空企业之一,它是在原中国东方航空集团公司的基础上,兼并中国西北航空公司,联合中国云南航空公司,重组而成;海南航空控股股份有限公司(Hainan Airlines),简称"海航"。

公共航空运输企业对航空运输过程中的人员、物品承担相应的安全保卫责任。具体职责主要有以下几个模块。

(1) 制定本企业的安全保卫方案,明确本企业承担的航空安保职责以及需要执行的航空安保措施。根据国家航空安全保卫法律、法规、规章及相关标准,制定本企业的航空安全保卫方案,经民航地区管理局审查后,报民航局备案,并确保方案的适当和有效,同时向所运营的机场管理机构提交其方案的有关部分。

(2) 指定企业航空安保主要责任人,明确主要管理人员并将责任落实到岗。即设置并任命负责一名航空安全保卫工作的副总经理,负责协调有关部门执行航空安全保卫方案,并直接向总经理负责。

(3) 设置专门的独立的安全保卫管理部门,对企业安保业务进行规范管理。

(4) 设置独立的安全保卫机构,接受民航局及民航地区管理局的行业管理,执行民用航空安全保卫规定,具体负责协调本企业的航空安全保卫工作。公共航空运输企业的分公司应当设立相应的航空安保机构,基地等分支机构也应当设置相应机构或配备人员履行航空安保职责。

(5) 设置专门的民航安全检查机构,确保关键环节的工作质量。即从事航空货物、邮件和进入相关航空货运区人员、车辆、物品的安全检查工作的,应当设立专门的安全检查机构,确保本企业承运或代理的航空货物实施了安全检查或民航局认可的其他安全保卫措施。

(6) 建立适合本企业的安保质量控制制度,实现内部安保业务的运行监管。即建立健全航空安全保卫质量控制体系,确保有关民用航空安全保卫措施的有效落实,及时消除危及民用航空安全的隐患。

(7) 确保人的能力满足航空安保工作岗位要求。公共航空运输企业应当设置满足航空安保工作需要的岗位并配备足够的人员。根据国家航空安全保卫法律、法规和规章的规定对员工定期进行培训,建立本企业的航空安保培训方案。

(8) 协议方管理。协议方管理即与通航的境内机场、航空配餐、地面服务代理等签订航空安保协议,以便本企业航空安保方案中列明的措施和程序得到有效执行。公共航空运输企业签订的代码共享、湿租等协议,应当包含航空安保条款。代码共享的相关情况应当报告所在地民航地区管理局。公共航空运输企业在与通航的机场指定或通过航空安保协议指定一名航空安保协调员,履行航空安保协调、信息通报等职责。

(9) 应急管理。应急管理即制定安保应急处置预案,并保证实施预案所需的设备、人员、资金等条件。发生非法干扰事件后,公共航空运输企业应当按照应急预案进行处置。

(10) 航线风险评估及勤务保障,即机构根据安保风险评估情况派遣航空安全员执行飞行中安全保卫任务。航空安全员携带武器、器械执行国际或地区航班任务,应当遵守到达国(地区)有关规定,或者按照双边有关协定执行。

(11) 机长。机长是航空器飞行中安全保卫工作的负责人,代表公共航空运输企业履行其航空安保方案中规定的相关职责。

(三) 与我国通航的外国和地区公共航空运输企业

与我国通航的外国和地区公共航空运输企业根据我国航空安全保卫法规和规章标准,制定本企业飞往中国大陆航线的安全保卫方案,并将方案及其中文版本报民航地区管理局审查,民航地区管理局审查通过后报民航局备案。

(四) 空中交通管制部门

中国民用航空局空中交通管理局(简称"民航局空管局")是民航局管理全国空中交通服务、民用航空通信、导航、监视、航空气象、航行情报的职能机构。中国民航空管系统现行行业管理体制为民航局空管局、地区空管局、空管分局(站)三级管理;运行组织形式基本是区域管制、进近管制、机场管制为主线的三级空中交通服务体系。民航局空管局领导管理民航七大地区空管局及其下属的民航各空管单位,驻省会城市(直辖市)民航空管单位简称空中交通管理分局,其余民航空管单位均简称空中交通管理站。民航地区空管局为民航局空管局所属事业单位,其机构规格相当于行政副司局级,实行企业化管理。民航空管分局(站)为所在民航地区空管局所属事业单位,其机构规格相当于行政正处级,实行企业化管理。作

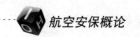

为重要空中交通管制部门,其本身就是航空安保的要害部位,安保职责主要如下。

(1) 制定并实施本单位航空安全保卫方案,并报机场所在地民航地区管理局备案。

(2) 航空安保专业机构或专业人员的配备。航空安保专业机构或专业人员的配备即设置航空安全保卫机构或配备航空安全保卫人员,并将航空安全保卫机构的设置和人员的配备情况报所在地机场公安机关和民航地区管理局备案。

(3) 应急处置。应急处置即在发生非法干扰事件期间,提供空中交通管制服务,依职责收集和传递与遭受非法干扰行为的航空器相关的信息。

(五)空中警察机构

空中警察机构依据航空安全保卫法律、法规、规章和民航局有关规定,对民用航空空中安全保卫工作实施监督管理,维护民用航空器内的安全和秩序,确保民用航空器及其所载人员生命和财产的安全。

(六)民用航空安全检查机构

按照有关法律法规,通过实施民用航空安全检查工作,防止未经允许的人员和物品进入机场控制区。负责对乘坐民用航空器的旅客及其行李、进入机场控制区的其他人员及其物品,以及空运货物、邮件的安全检查。

(七)机场公安机关

机场公安机关依照职责分工和有关规定,维护辖区内的安全与秩序,并对辖区内的航空安全保卫工作实施日常管理、检查和监督。其具体职责如下。

(1) 辖区内航空安保的案、事件防范与处置。辖区内航空安保的案(事)件防范与处置即预防及侦破危害民用航空安全犯罪和其他刑事犯罪案件。

(2) 对辖区内移交案(事)件的查处。对机组、空中警察、安全检查机构及其他有关部门移交的非法干扰事件或事项进行查处。

(3) 执勤与秩序维护。执勤与秩序维护即承担安全检查现场执勤,维护安全检查现场秩序;维护机场范围的道路交通(不含航空器活动区)和治安秩序。

(4) 应急管理。应急管理即与机场管理机构、公共航空运输企业、安全保卫服务机构等共同制定应急预案,以应对并控制劫持、破坏、爆炸或其他威胁,如地面攻击和治安骚乱等;对发生在机场的重大事件提供快速武装反应;参与处置非法干扰民用航空的事件,协助提供人质谈判和排除爆炸装置等方面的专家和技术设备支持。

(5) 人的能力保障。人的能力保障即对其工作人员进行航空安全保卫实践与程序方面的培训。

(6) 威胁评估与情报信息分析。威胁评估与情报信息分析即监视进、出港旅客中对航空安全可能构成威胁的人;收集上报航空安全保卫信息,并对情报信息进行分析。

(八)机场租户

机场租户通常指机场内的商户,如机场餐饮、化妆品销售、日用品、特产销售等以租赁的方式在机场允许的情况下开展与民航主题业务无直接关联的经营活动的这些单位。他们在机场内运营,需要遵守所在机场《航空安全保卫方案》所规定的责任,与机场管理机构签订安全保卫协议,明确安保责任,制定安全保卫措施,教育员工严格遵守民用航空安全保卫法律、

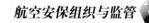

法规和规章制度。

有些租户是在机场控制区内运营的,有些租户其所租地块构成控制区与非控制区界线的一部分,或经其可从非控制区进入控制区者,应当配合机场管理机构对通过其设施的进出实施控制,防止未经授权和未经安全检查的人员、物品进入控制区。例如有些餐饮机构,它的配餐梯可能构成控制区与非控制区的通道,那就需要采取措施进行管制。

同时,在候机隔离区内经营的租户必须通过机场安全保卫主管部门的审查以及监督检查,确保持续符合机场的安保要求和各项管理规定,这种审查与监督检查包括该单位进入控制区的工作人员以及进入控制区的物品安全的内容,以及日常运行的内保和安保要求。

(九) 机场联检单位

机场联检单位如边防检查部门、检验检疫部门等也需要教育工作人员遵守航空安全保卫法律、法规,维护民用航空安全。凡其工作场地构成控制区与非控制区界线的一部分,或经其可从非控制区进入控制区者,应当负责对通过其区域的进出实施控制,防止未经授权和未经安全检查的人员、物品进入控制区。

(十) 其他单位

油料和地面服务代理等其他驻机场单位负有一定的航空安全保卫责任,均应当制定和采取一定的航空安保措施。如在机场航空安全保卫工作中发挥重要作用,机场航空安保委员会中应当有其代表。应当教育工作人员遵守航空安全保卫法律、法规,维护民用航空安全。

第二节　航空安保政府监管

政府监管是政府行政机构基于公共利益目标,依据法律法规制度并运用多种监管方式,对市场主体所采取的各种制约与激励行为。政府监管不仅有监管制度、监管人员、监管方法,还有为达到一定的目标而对监管结果采取行政强制措施的调控手段。没有监管,就无法掌握行业运行情况,无法及时发现行业问题;没有调控手段,监管的结果就难以得到足够重视,缺少足够的严肃性和强制性,会使发现的问题难以得到及时纠正,进而无法达到预期的管理目标。为了防范非法干扰行为成功实施,维护航空运输安全,航空安保政府管理机构依据国际民航公约附件 17 和国内法律法规,制定了以《国家民用航空安全保卫方案》为代表的一系列航空安保措施。航空运行实体需要一致并有效执行航空安保措施,共同维护航空安全。航空运行实体的执行情况如何,是否有效、一致地执行了相关措施,则需要通过政府机构对行业不同运行实体开展持续的监督检查,以及时发现问题并纠正。

目前,航空安保政府监管的方法主要有行政检查、政府安保审计、安保测试和安保评估。我们从监管方法的概念、监管的方式和流程以及监管结果的应用三个主要方面来展示和介绍,对航空安保政府监管有一个整体的了解。

一、航空安保行政检查

(一) 行政检查的概念

行政检查是指民航行政机关及其委托的组织和法律法规授权的组织依据有关法律、法

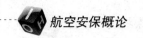

规和规章,对从事民用航空活动的公民、法人或者其他组织实施的查看、了解和掌握其遵守有关法律、法规、规章和规范性文件的情况,督促其履行义务的行为。

当前,民航局和民航地区管理局可以独立行使相应的行政检查权。民航局制定行政检查规定和制度,指导监督全国的民航行政检查工作,并在全国范围内组织实施行政检查。地区管理局制定落实民航局行政检查规定和制度的实施办法,在本辖区范围内组织、指导民航安全监督管理局开展行政检查。安监局依据管理局的分工和授权实施行政检查。民航局公安局、地区管理局公安局,安监局空防处,以本机关名义承办航空安保行政检查事项。实施航空安保行政检查的工作人员通常具备安保类监察员资格。不具备安保类监察员资格的其他工作人员或者专业人员,可以在监察员的带领下,协助检查。

(二)行政检查的原则及程序

行政检查遵循依法、公开、便民、合理的原则。通常,具备行政检查权的单位每年会制订并发布年度行政检查计划,根据行政检查计划开展检查工作。行政检查计划通常会根据工作职责、人员编制和被检查人的守法信用实际情况等编制,包括检查时间、被检查人、检查内容和频率,及民航行政机关认为必要的其他内容。例如行政相对人的守法信用低的,行政检查的频次就会较高。人员编制主要是考虑人力资源的有限性,在有限的时间和人力资源下高质量高效率开展工作。

安保类监察员按照安保行政检查计划,结合安保检查项目开展检查。通常会有准备阶段,如谁参加、检查项目内容、检查方式(如远程检查、现场检查、文件检查、实地检查等)、检查时间、检查所需工具等,然后按计划实施检查活动,并进行记录,对不符合标准的地方督促整改,直至问题关闭,并定期对检查情况进行汇报。

行政检查活动会对行政检查的时间、地点、内容、发现的问题及其处理情况,作出书面记录,并由检察员和被检查的个人、单位的负责人或者单位负责人授权的人员签字。签字的目的是双方对行政检查结果进行认可,同时便于对出现问题的地方开展整改工作。若是对方不认可检查结果,拒绝签字,监察员会将情况记录在案,并向本行政机关报告,再依据有关规定调查处理。

(三)行政检查结果及其应用

行政检查是对标检查,结果分为符合、不符合、不适用。对不符合项,通常民航行政机关及其监察员会依法下达整改通知书责令整改,直至行政处罚、行政强制或者撤销许可处理决定,违法行为还会记入其守法信用信息记录。其受到行政处罚、行政强制或者撤销许可的违法主体的名单、行政处罚信息会进行公示。公民、法人或者其他组织可以依法对民航行政机关或者监察员在行政检查中侵犯其合法权益的,可以向该级行政机关或者其上级行政机关投诉。上一级行政机关或者有关部门依法对实施行政检查的行政机关和工作人员进行监管。

当然,如果通过检查发现是现行法律、法规和规章存在问题,例如某措施普遍难以执行到位,可能该措施在制定之初没有充分考虑实际运行情况,可以向本级民航行政机关政策法规部门书面提出法律、法规和规章的立、改、废、释建议。

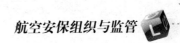

二、局方安保审计

(一)航空安保审计的概念

审计作为一种监督机制历史悠久,许多人见到"审计(AUDIT)"一词,最先想到的是财务审计。安保审计与财务、会计并没有直接关联,更多的是借用审计的全面性、系统性、客观性等检查特点。那安保审计是什么呢?安保审计(Security audit)是在航空安保领域开展的深入全面的检查活动。局方安保审计是民航行政机关组织实施的安保审计,目的是全面、系统、客观、持续监测民航企事业单位航空安保工作,推进航空安保管理体系建设。

航空安保审计人员需要根据不同的职责分工经过民航局或其授权的航空安保培训机构组织的安保审计员培训或者审计组长培训,并通过严格的考核,取得民航局的备案,方可从事安保审计工作。

自 2002 年国际民航组织推行全球第一轮航空安保审计以来,已实现对全球各缔约国两轮全覆盖安保审计,并于 2013 年起开始在全球逐步推行持续监测模式(USAP-CMA)。作为国际民航组织提升全球航空安保工作水平的最主要抓手,普遍安保审计制度多年以来极大地提升了各缔约国对航空安保工作的重视程度,显著提升了缔约国履行国际民航组织标准和建议措施的有效实施率,提高了全球航空安保工作水平,安保标准平均符合率由 2007年的 34%,提升至 2018 年的 79.22%。①

"全面性、权威性、企业广泛认同"是我国安保审计制度的突出特点,是民航航空安保监管工作的一张独特"名片"②。自 2004 年我国民航引进航空安保审计制度以来,已基本完成了全国运输机场两轮、运输航空公司一轮的全覆盖审计。安保审计通过对受审企业安保工作的全面梳理分析,强化企业落实安保主体责任、夯实安保工作基础、推动隐患排查治理,对中国民航安保整体能力提升和持续稳定发展起到了不可替代的重要作用。

(二)航空安保审计原则

航空安保审计遵守强制性、全面性、系统性、客观性、及时性和保密性的原则。

(1)强制性是指民航行政机关按照规定开展局方审计,民航企事业单位应当接受局方审计,并要求企业开展自审;民航企事业单位开展的自审工作,若局方认为需要派出安保审计观察员对企业自审进行观察的,企业应当接受并配合。

(2)全面性是指航空安保审计应当涵盖航空安保工作的所有方面,包括协议管理,能够对航空安保法律、法规及相关规定的持续、有效遵守程度进行全面的评价。

(3)系统性是指航空安保审计不仅审计航空安保关联的各个领域和相关要素,并对相关要素之间相互联系、相互作用的能力和水平进行有效性和符合性的评价。例如,配餐公司、地勤公司等与公共航空运输企业的配合与协作。

(4)客观性是指航空安保审计使用统一的审计单,按照同一标准,以事实为依据,对被审计单位航空安保工作能力和水平进行客观、公正的评价。局方航空安保审计活动尽可能避免抽调被审计单位的审计员参加,保障航空安保审计的客观公正性。

(5)及时性是民航行政机关、安保审计人员、民航企事业单位应当按照规定,及时完成

---

①② 参见民航资源网:"中国民航全面实施新安保审计制度",载于 https://mp. weixin. qq. com/s/RMqNvr3BsEXhEb_ktxTGbQ,最近一次访问在 2021 年 11 月 1 日。

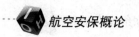

相关工作,提交有关资料和报告。

(6) 保密性是指民航行政机关应当遵守保密规定,在确保不泄露航空安保敏感信息的前提下,在全行业有限披露审计结论。安保审计人员应当遵守保密规定,保护收集到的信息,未经授权严禁传播和扩散。

(三) 审计方式

相比日常的航空安保检查活动,安保审计通常会持续一段时间,从几天到数周,且覆盖面会尽可能全面,从制度、程序设计的科学合理性,到职责分工明晰、责任落实、人的能力和资质要求以及设施设备的保障能力、实际运行情况等全方位开展检查,以确定安保各项组织管理工作得当,所需的措施和程序能够真正达到持续的符合要求,并通过在不同时间和地点进行观察和询问进行核实。由于航空安保审计范围广、覆盖全,工作量比较大,需要提前制订审计计划,提前筹备。局方审计会每年制订年度审计计划,明确被审计单位、审计类型、审计组组长、审计时间和迎审资料报送时间等信息。

根据民航企事业单位航空安保工作水平,局方安保审计类型分为现场审计、非现场审计和全领域审计、部分领域审计。例如,某机场在历次航空安保行政检查中存在不符合的情况比较少,整改速度快效果好,那么在需要进行航空安保审计时,政府就可以考虑采取部分领域审计或者非现场审计等方式开展,提高监管资源的使用效率,将主要精力投放在那些问题较多、整改不理想的运行实体监督检查中。

(四) 审计结果

如何来评价一个单位执行航空安保措施的总体情况呢?从安保审计结论可窥一斑。安保审计结论通常以适用安保审计点的符合率表示。例如符合率是95%,意味着有95%的审计项目是符合局方发布的航空安保审计单中审计点的要求的,而审计点是从多部法律法规、规章标准和管理文件中提取的具体条款要求。使用"适用"安保审计点是基于航空安保审计点选取比较广泛,有些条款并不适用所有被审计单位,比如对围界的要求,对一类机场和四类机场的围界安保要求是有不同的,适用的审计内容有差异。

审计点的审计结果为符合、不符合或者不适用。我国第一轮航空安保审计的结果是以通过审计和未通过审计作为结论的。随着第一、二轮航空安保审计结束,各单位的航空安保工作能力有了大幅提升,文件体系和运行体系的情况得到大幅改善,航空安保审计的重心逐渐发生变化。通过第一轮机场安保审计,极大地推进了我国机场安保设施设备建设,提升了标准与规范运行的能力和水平;通过第二轮对机场及航空公司的安保审计,进一步提升了民航各企事业单位安保管理的规范性和系统性,夯实了安全基础,提高了保障能力和运行品质。航空安保管理进入更细致、深入、系统的管理方式。2018年以来,民航局公安局对原有审计模式进行了全面、转型式的革新。借鉴国际民航组织"持续监测"的先进理念,继承并发扬我国15年来安保审计工作优秀经验成果,以"系统安全"理念为核心,探索建立了以修订后的审计规则为核心,审计指导手册、机场、航空公司审计单为架构的一整套全新的审计制度。形成了现在较原审计体系覆盖更广,评价更准,抓手更多,力度更强的安保工作评价方式[1]。

---

[1] 参见搜狐网:"中国民航全面实施新安保审计制度",载于 https://www.sohu.com/a/366167803_200814,最近一次访问在 2021 年 12 月 25 日。

民航行政机关将安保审计结论运用于空防安全差异化监管、空防安全保障能力评估等工作。民航企事业单位将局方审计发现的问题纳入空防安全隐患治理工作,按规定完成整改。

三、安保测试

(一)安保测试的概念

安保测试是指通过模拟实施非法行为,对现行民用航空安保设施设备、措施和程序进行隐蔽或者公开的测试,用以评估其有效性。安保测试首先是一种模拟行为,且模拟的是非法行为,例如模拟他人翻越围界的行为来检测机场围界功能的有效性,能否及时报警、及时发现、及时制止。翻越围界的行为可能导致危及航空安全行为的进一步发生,也是《民用航空安保条例》中的禁止行为,一旦出现这类行为将面临相关的处罚。因此,为避免触犯法律,开展模拟测试的人员需要一定的豁免权,在规章制度授权的情况下有序、规范地开展安保测试工作。安保测试的功能主要集中在测试合规遵守情况,以及为应对某一实际或相关的威胁对安保措施的有效性进行评估,即评估安保措施是否能够防范某一项实际威胁。事实上航空安保测试还可以起到调节工作人员的工作积极性、引导工作人员工作重心等作用。

(二)安保测试的实施

安保测试仅用于测试在特定地点和时间安保措施或管制措施是否有效。若未能通过测试,仅代表测试的那时那刻没有达到标准要求,并不意味该设备状态或人的能力一定有问题,需要具体情况具体分析。例如客流高峰期相对于低谷期、国际枢纽相对于季节性机场、安保人员轮班之初相对于轮班结尾,以及国际和当地威胁水平,都可能会导致测试结果的差异。因此在开展测试前,制订测试计划和方案时,需要充分考虑各类情况,以便对所测试的安保措施有效性达成全面分析。

同时,安保测试的难易程度是可以调控的,测试目的也可以是多样的,可以通过安保测试判断安保人员的表现是否符合要求,也可以通过难度较低的安保测试活动来激励安保工作人员,减低在繁重的安保工作状态下枯燥或者低敏感状态;也可以通过某一类测试活动引导安保人员关注工作侧重点。总之,安保测试活动需要根据测试目的来设计,编制测试方案,并按照测试方案实施。

由于安保测试存在一定风险,安保测试应当符合国家民用航空安保法律法规、规章和标准,保证个人、航空器或机场设施设备安全,避免造成不必要的财产损失或惊扰旅客,影响民航正常运营秩序。实施安保测试的人员也需要经专项培训并考核合格,方可从事安保测试活动,或者可以由安全监管类监察员、具备相应安保专业能力和水平的其他人员等担任。

(三)安保测试结果

安保测试结果分为通过与不通过两类,用以评价被测试单位或岗位在接受安保测试时所使用的安保设施设备或执行的安保措施、程序的有效性。测试未通过,有可能是测试难度设置不当,也可能是人员能力问题,还可能是当时人员工作状态不佳而导致的差错,也可能是环境嘈杂导致的人员问题等。总之,测试不通过的原因可能是多方面的,需要具体问题具体分析。

通常测试结束后,需要对测试情况进行讲评,以帮助对方及时发现问题及时纠正。被测

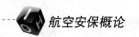

试单位会将测试中发现的问题,纳入本单位安全隐患治理工作。

由于安保测试结果仅代表那时那刻安保措施的有效性,因此测试结果并不能直接用作实施行政处罚的依据。地区管理局和安监局会将测试中发现的问题纳入行政监管范围,通过下一次的行政检查活动对于违法的情况再次进行核查,若未及时整改的,可能会面临行政强制措施。

 扩展阅读

翻越围界的案例①

2016年某日晚8时,一名男子攀爬某机场围界隔离网进入飞行区,被现场工作人员当场控制。该男子误认为女朋友从某机场乘机离开,因手机没电无法联系到女友,遂产生进入机场控制区见女朋友的念头。晚8时,该男子攀爬机场围界隔离网进入飞行区,被机场工作人员当场发现并及时控制,移交至市公安局机场分局。该男子的行为不仅严重威胁到机场的空防安全,更是违反了《中华人民共和国民用航空安全保卫条例》和《中华人民共和国治安管理处罚法》。机场公安机关依法对该男子予以治安拘留10日的处罚。

2013年某月某日18:00左右,在某机场,3名建设工地施工人员为节省体力和路程,竟然翻越机场外围护栏,准备穿越第二跑道进入飞行控制区。巡查护卫人员及时发现,将3人控制并移交给机场公安分局民警。民警依法对3名男子予以治安拘留5日的处罚。

2016年某月某日晚19:45,某机场公安局接到报警称:有无关人员翻越南跑道围界进入机场控制区。该局场区派出所值班民警迅速出警到达现场。经查,当事人通过手机百度地图软件导航,到某机场接乘飞机来的两个小学同学。在手机导航指示下走偏迷路,到达机场围界,以为再往里走能到达候机楼,于是翻越围界进入机场隔离区内,被机场工作人员及时发现和控制。机场公安局依法对其作出行政拘留10日处罚。

机场警方提醒:机场围界起着保护机场运行安全,隔离行人的作用,切勿翻越。《中华人民共和国民用航空安全保卫条例》明确规定禁止攀(钻)越、损毁机场防护围栏及其他安全防护设施,违者将追究法律责任。

四、局方航空安保评估

(一)航空安保评估的概念

航空安保评估,是指对航空安保措施能否应对当前面临的威胁进行的评估,是对航空安保管理、政策措施漏洞的评估。局方航空安保评估指对民用航空运输机场、公共航空运输企业空防安全保障能力评估。空防安全保障能力评估是一个统一高效、精准发力、科学规范的空防安全能力评估及结果运用的监管工具,以切实有效提升空防安全保障能力。与安保检查、安保审计和安保测试三种政府监管方式相比较,空防安全保障能力评估包含更多结果性考核指标,如是否发生过某一类严重等级以上的安保事件以及航空安保一些关键环节考核。

为什么需要空防安全保障能力评估?一方面我们的法规符合性检查是最低符合性要

---

① 参见民航资源网:"为爱犯傻 男子翻越机场围界被拘10日",载于 http://news.carnoc.com/list/342/342332.html,最近一次访问在2021年12月25日。

求,即使存在100％符合,并不意味着是安全的,并不意味着不会发生非法干扰事件成功实施的事件。原因是所有措施的执行和运行是一个有机整体,需要协同运作,共同保障安全。在体系运行中任何一个单位都有其自身的特点,有其不同的环境因素、不同的管理目标、绩效目标和文化氛围,有些单位的航空安保文件体系编写得特别详细,有些单位的航空安保文件体系相对比较粗略一点,在满足局方安保措施方面可能均是符合要求的,但是在结合本单位实际的合理性和科学性方面,则不尽然。就像有了符合资质要求的专职安保人员,并不意味着其人数和人员分配是合理的、科学的。因此安全保障能力的评估就多出了以结果为导向的几个维度。

（二）评估的实施

民航地区管理局负责本辖区空防安全保障能力评估工作的具体实施,民航地区管理局派出机构负责辖区内空防安全保障能力评估初步评估工作,机场、航空公司负责按期如实提供空防安全保障能力评估相关资料。

当前,空防安全保障能力评估对参与评估的人员还没有明确的岗位任职能力要求,从保障空防安全保障能力评估结果的公平公正和一致性的角度,实施空防安全保障能力评估人员任职培训是趋势所在。

评估工作坚持组织高效、促进安全、实事求是、公开透明的原则。能力评估分为定期的能力评估和临时的能力评估。民航局制定了空防安全保障能力评估办法以及空防安全保障能力评估指标体系,对评估的程序、内容,分值等内容进行了规范。

安保评估的频率是,民航局每年组织开展1次定期的机场空防安全保障能力评估和2次定期的航空公司空防安全保障能力评估。民航局、民航地区管理局根据重大安保任务、发生重大安保事件等情况需要,组织开展临时的空防安全保障能力评估。

（三）评估结果

能力评估采用计分制,对照空防安全保障能力评估指标体系表逐项评分,评估结果为各项评分计分的总和,并分为通过评估和未通过评估。

根据评估分值和排名,对于未通过评估的情况,可以暂停受理其扩大生产经营规模的申请,如新增加班包机、新增航线航班、新设分子公司、引进航空器、增加航班时刻容量时,均会受到影响;也可以用于削减航线航班、缩减生产经营规模和增加下一年度行政检查频次等监管措施。

五、企事业单位航空安保质量控制工作

国家层面有政府监管活动,对民航企事业单位贯彻和落实航空安保措施的情况进行监督检查和督促指导。

负有安保责任的企事业单位自身也需要开展内部安保质量控制工作,建立适合本单位的航空安保质量控制方案,设立独立的安保质量控制部门或专职质量控制岗位,对本单位职责范畴内的航空安保工作进行监督检查,发现问题及时纠正,确保本单位的航空安保措施有效性,并能够被有效执行。

民航企事业单位的航空安保质量控制活动的依据不仅涵盖航空安保相关法律、法规、规章、政策、标准以及国家航空安全保卫方案的措施要求,还包括本单位的航空安保方案、运行

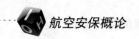

手册、岗位手册的内容；企事业单位的航空安保质量控制活动的方法包括航空安保检查、航空安保自审，航空安保测试和航空安保评估，内部质量控制活动参照政府监管工作执行，其质量控制结果亦需要进行分析，发现问题及时整改，涉及航空安保隐患的需要纳入本单位航空安保隐患库，按照隐患治理程序进行整改。

政府航空安保监管与企事业单位航空安保质量控制共同形成国家航空安保质量控制体系。企事业单位航空安保质量控制工作做得好，该单位航空安保措施执行情况就会保持良好的状态，问题越少，政府监管工作就会越轻松。反之，就会增加航空安保政府监管的工作量和监管资源的使用。因此，企事业单位的航空安保质量控制工作不仅是加强自身管理能力的重要措施，也是国家航空安保措施落地最后一公里的有效保障手段。

在本章，我们也看到在运行单位的职责分工中均有建立航空安保质量控制体系的要求，没有专门要求的机场驻场单位也需要开展质量控制工作，并接受机场的航空安保质量控制活动。对于通过协议管理的单位，《民用航空运输机场航空安全保卫规则》明确机场管理机构应当与公共航空运输企业、驻场安保相关单位、机场租户等签订航空安保协议。航空安保协议的内容除了航空安保责任的划分、航空安保措施和程序、航空安保教育和培训、航空安保信息的共享之外，也需要明确航空安保质量控制的要求和内容。可见航空安保质量控制工作涉及行业内安保工作的各个方面。

第三节　我国航空安保监管的发展

2001年"9·11"事件的发生，使得国际民航充分反思制定的航空安保措施是否得到一致的贯彻执行，充分意识到航空安保质量控制（政府监管是国家层面航空安保质量控制体系的一部分）工作的重要性。2002年，国际民航组织推行全球第一轮航空安保审计，掌握行业运行情况，及时发现问题，调整策略，使得各缔约国弥补安全漏洞，提升安全水平。2006年国际民航组织结合第一轮航空安保审计结果的分析，发布了新一版《国际民航公约》附件17，对涉及航空安保质量控制的章节进行了大篇幅修订，从各个方面强化航空安保质量控制的有效性，包括制度和程序、资源保障、质量控制人员岗位能力以及航空安保检查、审计、测试等质量控制活动的计划、结果、结果应用等内容。同时全面系统的审计方式在审计工作中显现出来工作量大、成本高，周期[①]长，监测频度低的缺陷。2016年国际民航组织发布了第二版《普遍安保审计计划持续监管手册》，航空安保审计从"全面的系统方法"（CSA）向基于风险管理的持续监测方法（CMA）转变。持续监测方法，是指建立一个系统，以风险管理为基础，持续监测各缔约国的安全监测能力，采用协调一致的方法评价其航空活动的安全水平，评估其安全管理能力。根据评估结果来决定需要采取的后续措施和干预活动。这种监管方式改变了政府安全监管重心和策略，降低了政府监管工作量，同时对政府监管能力提出更高要求。

我国民航为贯彻落实《中华人民共和国安全生产法》和《加强民航法治建设若干意见》精神以及国务院提出的"双随机一公开"、简政放权、"放管服"等具体要求，从制度设计上解决

---

① 5年为一个周期。

民航安全监管中存在的一些突出问题,民航局启动行业监管模式调整改革及"行业监管执法信息系统"项目建设,以提升行业治理的法治化、智能化、专业化水平。具体包括以下四个方面。

一、依托信用管理,丰富监管手段

2014 年 6 月,国务院颁布了《社会信用体建设纲要(2014—2020 年)》,提出了社会诚信建设的总体要求。2016 年 5 月 31 日下发的《民航安全管理失信行为管理办法》(MD-AS-2016-01),2017 年 11 月 6 日,民航局正式下发了《民航行业信用管理办法(试行)》(民航发〔2017〕136 号),信用管理要求纳入了民航新修订或新建立的规章制度,结合以失信积分为基础的监管模式,以及对单位和对个人的失信跨行业联合惩处机制,丰富了监管手段。2018 年 3 月 2 日,国家发改委、民航局等八个部门联合发布《关于在一定期限内适当限制特定严重失信人乘坐民用航空器推动社会信用体系建设的意见》。根据该意见,旅客在机场或航空器内的九类行为将被采用限制乘坐民用航空器的措施。建立了全覆盖的信用管理机制。

二、建立政府监管、企业法定自查多主体参与的监管机制

2017 年民航局下发了《关于民航单位法定自查有关问题的通告》(AC-13R1-LR-2017-04),要求企业履行"法定自查"责任,制订开展法定自查的实施方案,建立自查体系,包括自查制度、自查机构和人员配置,检查项目和检查内容至少覆盖民航行业监管事项库、法定自查检查单中适用于本单位的要求。同年 12 月民航局下发了《关于在全行业推广行业监管模式调整改革的通知》(民航发〔2017〕159 号),提出"以监管事项库为基础的行政检查、检查计划灵活调整和融合、企业问题原因系统性分析、民航行政机关非现场监管和民航单位法定自查五项制度。明确行政机关、企事业单位和监察员各自的权利义务及主体责任、领导责任、岗位责任和监管责任。"同时下发了《关于民航行业监管事项库管理及检查计划调整、融合工作有关问题的通告》(AC-13RI-LR-2017-03)和《民用航空非现场监管暂行规定》(AP-13RI-LR-2017-01),对监管事项、计划、监管方式予以明确。

企业法定自查本质上要求企事业单位在主动承担本单位规章符合性检查责任的基础上,进一步实现法定自查与局方检查两种检查方式的紧密结合、持续满足合法性。新的监管方式和责任机制的落实,有利于管理规范化、法治化建设,也强化了企事业单位自我管理动力。

三、远程监管与现场监管方式协调并行开展

结合民航行业监管事项库建设,新的监管模式的电子化执法系统分模块陆续上线,实现远程监管与现场监管方式协调并行开展。远程监管可以通过文件审查、现场照片、录像、会议等形式进行,对发现的问题通过现场监管形式进行补充核对。例如在文件中发现运行程序有缺失,通常现场运行必然会有问题,这部分可以通过现场监察进行核对,让监管工作在人力效率成本方面得到较大改善,民航监管提质增效。

四、通过规章标准建设,强化企业主体意识和能力培养

近十年来,民航规章标准建设发展迅速,与时俱进,既为航空技术装备性能提供了空间,

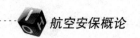

也为民航产业模式多元化发展提供通道。当前涉及航空安保工作的规章标准文件超过170部,政府通过法规标准做好监管体系的顶层设计,强化监管者的监管能力建设,鼓励被监管者自身监管能力的培育。

总之,民航当前的监管模式丰富了监管主体、监管手段、监管方式和企业的主体意识,在新监管模式实践中,法规标准体系不断修订与完善,促进政府和企业之间的监管互动。加强相关培训,提升人的能力,推进航空安保管理体系建设,提升企业安保质量控制能力,提高监管与被监管方的监察和自我监察能力;建立与维护监管信息平台,推进信息化建设和监管信息的公开透明进程;引入行业专家队伍互助机制提升行业监管能力;在行业主体意识和能力方面,采用监管对象自我监管的有效模式和优势,及时予以表扬、奖励和支持,形成政府监管、企业自我监管及培育第三方参与的共同监管网络。

第四节　航空安保措施体系及其制定与评估

前面讲到,民航局作为国家的航空安保主管当局主要负责行业政策措施的制定与指导、监督。各地区管理局和航空运输企事业单位也承担有职责范畴内的政策和措施标准的制定与落实。航空安保政策措施体系是怎样的、如何制定和评估措施,确保措施的科学合理性,从而达到航空安保管理目标的实现。这一节将做相关介绍。

相比于航空安全管理,航空安保管理最明显的特点是基于对外部威胁——人为故意破坏行为的防范与应对。《国际民航公约》附件17指出,各国需要监测本国领土内民用航空的威胁程度,建立和实施相关的政策和程序,从而相应地调整本国民用航空安全保卫政策和措施标准等有关内容。

国际民航组织文件8973提到,航空安保的措施需要与威胁相称。如果采取的航空安保措施远高于面临的威胁,则更安全,但需要付出的人力、物力、财力资源成本也是极大的,会产生极大资源浪费;如果采取的航空安保措施远低于面临的威胁,则航空安保措施防范体系就会失效,从而发生非法干扰事件,这就远离了航空安保的目标。因此航空安保的措施的制定与出台需要与面临的威胁相称,使之处于最佳平衡状态,如图3.2所示。

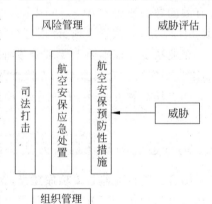

图3.2　航空安保措施体系

一、航空安保措施体系

前面讲到,为了免遭非法干扰行为的危害,国际国内通过司法体系对危及社会公共安全的非法干扰行为进行司法打击,增加犯罪成本,形成司法威慑,从而降低社会环境下实施非法干扰行为的发生率。同时建立了航空安保预防性措施,对可能危及航空安全的非法干扰行为成功实施进行防范和管理,并在已经发生非法干扰事件时采取应急管理的措施降低危害和损失。

（一）航空安保预防性措施

航空安保预防性措施包括非控制安保和通行管制措施、旅客及手提行李、托运行李的安全保卫措施、货邮安保和机供品安保措施、配餐安保措施、航空器安保措施、人员培训与资格认证等。

这些措施体现在各种规章文件当中。航空安保目前有170余部文件，大部分是属于预防性措施，是日常需要开展的航空安保工作，同时也是基于航空安保案、事件的发生以及面临威胁变化，不断完善的航空安保措施。例如20世纪70年代初期，美国和日本率先实施航空安全仪器检查工作，是基于早期的暴力犯罪行为，当时劫炸机人员拿着枪支弹药刀具等直接登上航空器实施危害行为。虽然这种现象在当时年代背景下比较突出，但这种威胁在当下依然是存在的，只是可能以更隐蔽的方式出现，因此基于金属探测的仪器检查设施设备和防范措施至今仍然在实施。

（二）航空安保应急处置措施

航空安保涉及国家安全，其应急管理需要满足《中华人民共和国安全生产法》《中华人民共和国反恐怖主义法》《中华人民共和国突发事件应对法》的要求，同时需要满足《中华人民共和国民用航空安全保卫条例》《中国民用航空应急管理规定》《民用运输机场突发事件应急救援管理规则》等行业应急管理的规范。虽然我国航空安保应急管理还没有形成专门的管理文件，但在《民用航空运输机场航空安全保卫规则》《公共航空运输企业航空安全保卫规则》《民用机场公共区域治安防控规定》《民用航空运输机场航空安保管理体系（Models of Security Management Systems，SeMS）建设标准》《国家民用航空安全保卫方案》中，均有航空安保应急处置工作的内容。《处置非法干扰民用航空安全行为程序》《民航安检机构、航班机组报警和民航（机场）公安警情处置规定》《民用航空安全保卫应急演练管理规定》等作为航空安保应急管理工作文件的组成部分。同时，作为航空安保措施链条的一部分，也有对关键性预防性措施一旦被突破而采取的应急响应措施。例如空中航空安全员的配备，正是基于地面航空安保措施防线被突破而设置的应急处置力量。同时也包括各单位基于应急管理需要而建立的群体性事件应急预案。

（三）司法打击措施

司法打击措施体现在《中华人民共和国刑法》《中华人民共和国治安管理处罚法》《中华人民共和国反恐怖主义法》《中华人民共和国民用航空法》《中华人民共和国民用航空安全保卫条例》中，既有对《东京公约》及其补充议定书、《蒙特利尔公约》及其补充议定书、《海牙公约》及其补充议定书中规定的非法干扰行为进行惩治的国内法转换，也有适合本国国情的对扰乱性旅客的惩处。

二、基于威胁评估与风险管理的措施制定

为了确保制定适当的预防性安保措施，航空安保工作需要不断审视面临的威胁，审查威胁等级并开展风险评估，并在此过程中考虑到国际、国内和地区的形势与环境。所有航空安保措施的制定均应当基于威胁评估和风险管理。

（一）建立情报信息收集分析机制

国家需要建立情报信息收集渠道获取有效的威胁信息并开展威胁评估和风险评估，建

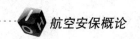

立相关的系统或机制,以确保通过该系统开展的风险评估始终是切合时宜的、精确的和全面的。

(二)开展威胁评估

威胁评估是对威胁发生的可能性和可能造成最严重后果的程度进行的二维评估。其中发生的可能性与以下几个因素有关,例如可能获得某一犯罪工具的可能性、以前是否曾经发生过类似案例等;发生后果的严重程度与国际影响、公众影响、经济损失、人员伤亡损失等密切相关。威胁评估工作需要大量的信息进行核实,如实施人员、组织、工具、手段或方式方法、时间选择等。曾经发生过的威胁民用航空的行为,基于其再次发生的可能性,仍然需要引起警惕。

(三)开展风险评估,实施风险缓解措施

风险评估是结合当下的措施是否能有效防范威胁进行的评估。若当下的措施不能够应对,仍然存在易受攻击的薄弱点,则需要采取额外的安保措施降低风险。该措施可以是降低威胁成功实施的可能性,也可以是降低发生后果的严重程度;通常,降低发生的可能性是以预防性措施为主,降低发生后果的严重程度的措施更多以应急措施出现。

航空安保措施本质上都是风险缓解措施的产物。判断航空安保措施的有效性最关键的一个指标就是该措施能否有效降低某一风险。

经过风险评估,航空安保主管当局可以调整航空安保政策加以应对,也可以以安保指令的形式增加一系列额外的安保措施,如对进入候机楼的人员全面的爆炸物监测,100%的人身检查等,以避免威胁突破防线。各国还可以选择根据风险评估预先制定一系列的措施,以便在出现更高的威胁等级时作为紧急应对措施加以实施,比如我国基于威胁等级的应急响应措施。

三、对航空安保措施的影响性评估

在威胁水平较高时,引入某措施,在一段时间后对这些措施的长期持续适用性需要重新审查,以便作为长期有效的措施固化下来。

任何措施的出台均有其利弊两面性,为了确保措施利大于弊,且能够长期稳定的执行下去,尽可能避免短时性措施或者频繁的变化措施,需要对新制定的航空安保措施进行影响性评估。企事业单位在落实措施作出决策、重大变更时也需要开展影响性评估。

影响性评估的维度包括:措施是否有效,是否能降低风险或者是否能与威胁相称;措施对运行效率的影响,包括新措施运行可能涉及的对硬件设施设备的投入、人员及其培训需求等;从技术上是否可执行,从成本方面是否可以接受;航空安保措施是系统性的,是否会影响到其他各个相关实体或协议方,是否与其他程序和措施能够有效结合,需要全盘考虑和协商;还包括社会影响、信息沟通、简化手续以及对环境、健康等方面的影响。

总之,一项措施的出台,需要以桌面推演或者试运行或者过渡期等方式进行检验,引入新的或经修订的航空安保措施可能会给安保系统带来部分或整体影响,任何新措施的应用均需要持续监测。

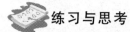练习与思考

（1）航空安保"两级政府、三级监管"的组织管理机构是指哪两级政府？哪三级监管？

（2）负责起草民用航空安全保卫的法律和法规，制定民用航空安全保卫的国家基本政策，制定和发布民用航空安全保卫的规章和标准的是哪个机构？

（3）对机场安全保卫工作承担主体责任的是哪个机构？

（4）机场公安机构承担的航空安保职责主要是哪些？

（5）航空安保政府监管方法有哪些？这些方法的概念或者定义是什么？

（6）航空安保测试和航空安保行政检查的主要区别是什么？

（7）检测人身检查岗位人员的工作质量，可以使用哪种监管方法？为什么？

（8）航空安保措施分为哪几类？

（9）航空安保措施的有效性从哪几个方面进行评估？

本章配套资源

第四章
航空安保相关人员的选拔和培训

学习目标：航空安保相关人员的选拔和培训是航空安保质量控制的重要部分，航空安保文化建设是安保管理体系现代化转型的重要驱动力。通过本章的学习，使学生了解并掌握航空安保相关人员的界定及其选拔标准制定的依据，掌握航空安保相关人员培训的要求，掌握我国有关航空安保培训的规定，了解航空安保文化的概念、原则、主要内容及其组织和实施等。

如本书"航空安保事件发生和管理的基础理论"部分所述，从最初的事故致因理论和传统的安全管理理论看，人的因素始终就是其中研究的重点，对人的适当管理往往是避免事故发生，实现安全管理目标的重要抓手之一。现代系统安全理论形成后，人本安全更是成为航空安保管理工作的重点。人本安全理论在侧重于传统管理中对人员的岗位准入、业务培训等的基础上，还强调了人的安全意识和安全行为的培养和养成，将安保文化的建设提到了前所未有的高度。

国际民航组织在附件 17 的指导材料中也明确提出："人的因素对提高航空安保的有效性和效率极为重要，应该将其适用于民用航空安保工作的各个方面，在日益复杂的技术应用对操作人员提出更高要求的情况下，尤其要这样做。"

适合的人员是安保工作实施的基础，作为人的因素的重要控制手段，安保相关人员的聘任和培训在整个航空安保管理体系中就显得尤为重要，对作为安保管理体系中主体的人的有效控制将会大大降低航空安保事件发生的概率。

第一节　航空安保相关人员的选拔

一、航空安保相关人员

（一）航空安保人员的定义

在很多人眼里，航空安保人员只是那些在一线从事机场安全检查、航空器监护和客舱安保等工作的人员。然而,国际民航组织所定义的航空安保人员的范围却远大于人们通常的理解。

航空安保人员工作的内容主要包括:限制区的通行管制、限制区和公共区的监视和巡逻、旅客和随身、托运行李的检查、航空器安保、由飞行机组和客舱机组等执行的客舱安保、货物和邮件的安全控制、道口车辆检查、配餐和机供品的安保控制、安保和非安保人员的航空安保培训、质量控制措施的执行以及航空安保工作的组织和管理。

从以上工作内容可以看出,凡是从事这些工作的人都可以称为航空安保人员。因此,航空安保人员是指直接且专门从事和航空安保相关工作的,对航空安保承担重要职责的人员,其中包括航空安保工作的组织者和管理者,也包括在航空安保一线进行实际操作的人员,还包括航空安保主管部门的监督人员和审计人员以及负责航空安保培训工作的教学人员等。具体而言,航空安保人员包括航空公司和机场等实体分管安保工作的负责人、航空业务部门和质量控制部门的负责人、民航安检人员、机场护卫人员、机上安保员、航空安全员、机场公安机关人员、航空安保监察员、航空安保审计员和航空安保教员等。

(二)非航空安保人员的定义

在人员选拔和培训工作中,我们除了要重视航空安保人员以外,对涉及航空安保工作实施的非航空安保人员也不可忽略。非航空安保人员,是指航空安保人员以外的,受雇于机场、航空公司、空管等实体,从事、参与或涉及航空安保措施的人员和被准予进入安保限制区的任何工作人员。

二、航空安保人员的选拔

航空安保人员的适当招聘、选拔、培训和资格认证对建立适当和有效的安保系统至关重要。

(一)航空安保人员招聘条件的设置

航空安保人员招聘条件的设置要遵循科学、符合实际工作要求的原则,既不能过低,也不可以过高。因为过低可能导致招录人员无法满足岗位的要求,其能力也无法适应岗位和技术的发展;过高则可能难以招到合适的人员,在设置招聘条件时,并非越高越好,必须要考虑到"进得来、干得实、留得下","人尽其用,人尽其才"才是航空安保工作中需要特别关注的重点。

一般说来,设置招聘条件的时候主要从以下几个方面进行考虑。

(1)基本的受教育的经历,这样可以保证应聘人员具备的认知和分析能力,同时在岗位上具备继续学习甚至终身学习的能力。

(2)心理倾向性或性格的符合性,从事故致因理论看,某些性格,如鲁莽、粗心和冲动等易导致产生不安全因素,可以通过在招聘面试加入心理测试对应聘人员进行适当的测试和评估。

(3)一定的身体素质,例如良好的听力、嗅觉、肢体的完整性和灵活性及身高等方面达到相应的体检标准,就某些岗位也可以提出一定的体能和技能的要求。

(4)基本资格方面,例如应聘人员的国籍、最低和最高年龄等。

(5)过往经历的评估,应聘人员过往不良经历对其所应聘的安保岗位可能带来潜在的

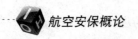

风险,因此,航空安保人员招聘时将不得不考虑到背景调查的问题。

（二）我国主要类型航空安保人员的招录条件

我国航空安保人员的招录条件因岗位需求的不同存在着较大的差异。例如,航空安保管理人员等可能对学历和安保工作经验的要求较高,而航空器安保和通行管制等一线航空安保工作人员等岗位可能更重视应聘人员的身心素质。空中警察则主要根据人民警察的招考要求设置准入门槛。

下文将对作为地面及空中航空安保主要力量的民航安检员和航空安全员的招录条件进行介绍。

1. 民航安检员的招录条件

2017 年,我国人力资源和社会保障部印发了《关于公布国家职业资格目录的通知》(人社部发〔2017〕68 号),正式公布了国家职业资格目录。依据该目录,职业资格被划分为两大类,一类为专业技术人员,一类为技能人员,每类职业资格又划分为准入类和水平评价类。

在该版目录中,民航安检员被划分到技能人员职业资格中,且被归入水平评价类。从国际民航组织对缔约国安保工作的要求以及该岗位和航空安保甚至反恐工作的实际看,这种划分是值得重新考虑的。因此,2020 年 7 月 10 日,人力资源和社会保障部发布了《人力资源社会保障部办公厅关于对水平评价类技能人员职业资格退出目录有关安排进行公示的公告》,决定分批将水平评价类技能人员职业资格退出目录,但同时明确与公共安全、人身健康等密切相关的职业(工种)拟依法调整为准入类职业资格,其中就包含有民航安检员这一职业资格。这次修改显然更符合了保障国家安全和公共安全的需求。民航乘务员职业资格也在这次调整中变化为技能人员中的准入类职业资格。在 2021 年 11 月 23 日人力资源和社会保障部公布的《国家职业资格目录》(2021 年版)中,民航乘务员已经纳入了技能人员职业资格中的准入类,而民航安检员尚未转为准入类,但在该目录的备注部分,其已经对该职业资格未来的转化做了明确规定:"涉及安全,根据 2019 年 12 月 30 日国务院常务会议精神,拟依法调整为准入类职业资格。"

在实际招聘过程中,民航安检机构应当对招录的民航安检员进行能力测评,确保其具备与所从事岗位工作相适应的身体素质、能力水平和心理状态。

根据《民用航空安全检查规则》(CCAR-339-R1)第十四条和第十五条的规定,民航安检机构应当使用符合以下条件的民航安全检查员从事民航安检工作。

(1) 具备相应岗位民航安全检查员国家职业资格要求的理论和技能水平。

(2) 通过民用航空背景调查。

(3) 完成民航局民航安检培训管理规定要求的培训。

对不适合继续从事民航安检工作的人员,民航安检机构应当及时将其调离民航安检工作岗位。

民航安检现场值班领导岗位管理人员应当具备民航安全检查员国家职业资格三级以上要求的理论和技能水平。

对比修订前 1999 年的《中国民用航空安全检查规则》(CCAR-139SB),我们发现在修订版中删去了对应聘人员学历、年龄和身体条件方面的限制,编者认为,规章中在这些方面"留白"是否合适值得商榷。

2. 航空安全员的招录条件

与民航安检员的职业资格不同,在 2017 版的《国家职业资格目录》中,航空安全员就被划归到了专业技术人员中的准入类职业资格中,也就意味着非具备相应的条件,在取得职业资格前不能上岗入职。

在我国现行民航规章中,航空安全员的招录条件要比民航安检员规定得更为全面。

《航空安全员合格审定规则》(CCAR-69-R1)第七条规定了申请航空安全员执照应当具备的条件如下。

(1)年满 18 周岁的中国公民。

(2)身体健康。

(3)男性身高 1.70～1.85 米,女性身高 1.60～1.75 米。

(4)具有高中毕业以上文化程度。

(5)具有良好的政治、业务素质和品行。

(6)自愿从事航空安全员工作。

(7)完成相应的训练并通过考试考核。

(8)民航行业信用信息记录中没有严重失信行为记录。

(三)背景调查

"堡垒最易从内部被攻破。"因此,国际民航长期以来都很重视内部人员犯罪的防范,我国航空安保工作也遵循着"地面防、空中反、内部纯"的方针。背景调查是保证"内部纯"、降低内部人员实施危害空防安全行为概率的最重要的措施之一。

1. 背景调查的定义

根据《国际民航公约》附件 17 中的定义,背景调查是指根据国家法律,对一个人的身份和以往经历的调查,包括进行有无犯罪历史的调查以及对任何其他与安保相关信息的调查,以便评估该人是否适合。

2. 有关背景调查的规定

《国际民航公约》附件 17 第 3.4.1 条还规定了缔约国对相关人员进行背景调查的规定,其中要求,每一缔约国必须确保以下三点。

(1)对实施安保管制的人员、无人陪同进入安保限制区的人员以及可接触敏感航空安保信息的人员在其开始履行此职责或进入此类区域或接触此类信息之前就进行背景调查。

(2)根据主管当局规定的时间间隔,对此类人员进行周期性的背景调查。

(3)对于通过任何背景调查被发现不适合的人员,立即拒绝其实施安保管制、在无人陪同的情况下进入安保限制区以及接触敏感航空安保信息。

我国《反恐怖主义法》也在第三十三条中规定:"重点目标的管理单位应当对重要岗位人员进行安全背景审查。对有不适合情形的人员,应当调整工作岗位,并将有关情况通报公安机关。"同时,第三十一条对重点目标的确定做了说明:"公安机关应当会同有关部门,将遭受恐怖袭击的可能性较大以及遭受恐怖袭击可能造成重大的人身伤亡、财产损失或者社会影响的单位、场所、活动、设施等确定为防范恐怖袭击的重点目标,报本级反恐怖主义工作领导机构备案。"

从上述规定可以看出,所谓反恐重点目标,是指遭受恐怖袭击的可能性较大以及遭受恐

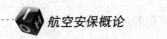

怖袭击可能造成重大的人身伤亡、财产损失或者社会影响的单位、场所、活动、设施等。依据此项标准,民用航空运输机场、公共航空运输企业和空管等民航企事业单位显然属于我国《反恐怖主义法》中界定的重点目标。

此外,在《国家民用航空安全保卫方案》(民航发〔2017〕34 号)、《航空安全员合格审定规则》和《公共航空运输企业航空安全保卫规则》等规章和文件中都有有关背景调查的规定。调查单位和审核单位未按规定开展背景调查和审核工作的,将依法承担责任并受到处罚。

3. 背景调查内容和对象

为了履行国际公约的义务,满足国家反恐工作的要求,中国民航局制定了《民用航空背景调查规定》并发布了与此相关的一些通知和指导意见。我国民航在实施背景调查时除对被调查人进行调查外,也对其配偶、父母(或直接抚养人)进行调查。调查的主要内容包括两个方面:一是本人是否有违法犯罪记录、有否参加法律禁止的组织和近年来的现实表现等;二是其配偶、父母(或直接抚养人)是否法律禁止的组织的骨干成员或正参与其活动,以及他们是否因特定类型犯罪受过刑事处罚。

根据国际航空安保的普遍要求,背景调查的对象主要包括安保人员,也包括部分涉及航空安保工作的非安保人员。需要接受背景调查的人员主要包括:需要申办机场限制区通行证的人员;公共航空运输企业和通用航空运输企业的空勤人员;从事配餐、机供品和保洁工作的相关人员;从事航空器机务维修、空中交通管制、运行控制和货运区工作的人员;关键航空信息和通信技术系统的支持和维护人员。

4. 背景调查的类型

背景调查包括初始背景调查和持续背景调查。初始背景调查是对相关人员在入职前选聘阶段进行的对其身份和过往经历的调查,以此作为判断其是否符合岗位要求的依据之一。持续背景调查是指依据一国民航主管当局的要求,对背景调查对象入职后的背景调查材料定期进行更新和复核,以确保被调查人持续符合背景调查的要求,满足航空安保工作要求的措施。

三、非航空安保人员的选拔

(一) 一般要求

国际民航组织规定在非航空安保人员的招聘时,所有相关用人的实体除了考虑其招聘岗位的要求外,还应确保其招聘程序符合国家民用航空安保培训方案的要求,同时对非安保人员,尤其是那些需要进入安保限制区的人员,在初始选拔过程中应该接受背景调查,并在以后定期接受此种调查,也即初始背景调查和持续背景调查。

(二) 客舱乘务员的选拔和资格认证

非航空安保人员的选拔因岗位的不同差异也较大,现以客舱乘务员为例对此予以举例说明。

一般说来,各航空公司在选拔客舱乘务员时,通常会从年龄、学历、身份、身体素质(身高、体重、视力等)、能力素质(语言能力等)和外在形象等方面进行规范,同时需要满足背景调查的要求。

我国人力资源和社会保障部在 2021 年版的《国家职业资格目录》中,把民航乘务员纳入了技能人员职业资格中的准入类。在符合《民用航空背景调查规定》中有关空勤人员背景调查规定的基础上,民航局飞行标准司发布的咨询通告《客舱乘务员的资格和训练》(AC-121-FS-27R3)第4.1.2条对客舱乘务员的资格做出了如下建议:"……应持有局方颁发的有效的航空人员体检合格证;按照合格证持有人经局方批准的客舱乘务员训练大纲完成训练,并通过合格证持有人的检查,取得合格证持有人颁发的有效客舱乘务员训练合格证(以下简称"训练合格证")。同时,局方建议客舱乘务员资格满足以下要求:①年满18周岁;②具有高中或高中以上文化程度;③能正确听、说、读、写中文,无影响沟通的口音和口吃,合格证持有人聘用的外籍客舱乘务员,应具备一定的中文或英语沟通能力,客舱乘务员资格和训练;④具备执行合格证持有人正常、不正常和应急情况下的程序以及操作航空器机型设备、系统的能力和力量。"

扩展阅读

美国机场安检人员的挑选和培训

美国机场的安检员归属于运输安全官(Transportation Security Officers-TSOs)。美国交通运输安全局(TSA)的公开信息显示,该岗位工作人员负责以礼貌和专业的方式为所有运输部门的旅客提供安全和保护。他们的职责还可能扩展到保护备受瞩目的事件、重要人物和(或)任何包括或影响美国运输系统的事物。其职责主要包括:使用各种检查设备和技术来识别行李、货物和(或)乘客身上的危险物品,并防止这些物品被运送到飞机上;执行搜查和安检,其中可能包括与乘客的身体互动(如人身检查和物品检查),搜查包裹以及提起/携带重达50磅的行李、箱包和物品;控制候机楼出入口;与公众互动,给予指示和回应询问;掌握标准操作程序并能够适时熟练运用。

应聘人员最终需要在TSA学院完成沉浸式培训计划。学院位于佐治亚州格林科的联邦执法培训中心(FLETC),该培训总共包含80学时。TSA承担所有差旅费和住宿费,学员在整个课程期间必须住在培训中心或FLETC提供的住房中。TSA学院只是帮助学员走出了迈向成功的第一步,在整个TSA职业生涯中,学员将继续接受培训。

招录的基本要求是TSA接收所有不同背景和经验水平的候选人。包括:美国公民或国民;18岁或以上;高中文凭、GED或同等证书;注册了义务兵役;能够通过联邦毒品筛查、医学评估和背景调查;可在奇数时间轮班工作,偶尔加班,并有能力出差接受培训。

整个招聘过程为应聘人员首先报名并在线提交材料和申请,在满足最低资格要求后,其通常可能会被邀请参加计算机辅助测试以确认其英语水平和关键能力,并评估其X射线解释能力。通过计算机辅助测试后,应聘人员将继续接受其他评估。这些评估包括:机场评估、医学评估和毒品筛查以及背景调查。机场评估包括结构化面试和指纹识别。结构化面试是一种评估方法,旨在通过系统地询问过去经历中的行为和(或)假设情况下的建议行为来衡量应聘人员与工作相关的能力。结构化面试确保候选人有平等的机会提供信息,面试官会使用标准化的评分量表来准确、一致地评估候选人。医学评估包括色觉测试、视力和听力检查,以及适当的关节活动度检查[确定重复举起和(或)携带50磅重物、站立3~4小时和步行3英里的身体潜力]。在联邦毒品筛查时,应聘人员的尿液样本不能呈阳性,不能检测出包括大麻在内的非法药物。背景调查主要是防止TSA聘请到有某些刑事犯罪记录或拖欠债务的人。

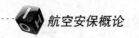

第二节　航空安保相关人员的培训

就航空安保管理系统而言，对人的因素的控制除了严格的选拔标准和程序外，最关键的环节就是对航空安保人员全面而适当的培训，接受过良好培训的员工显然在航空安保事件防范的过程中将发挥重要的不可替代的作用。

一、附件 17 对航空安保培训和资格认证的规定

《国际民航公约》附件 17 在第 3 章"组织"中对缔约国的航空安保培训工作有着明确的要求。其中相关条文①规定：

"每一缔约国必须确保根据国家民用航空安保方案，制定并实施培训大纲和确保教员可胜任适用主题的资格认证系统。

各缔约国须确保所有参与或负责实施国家民用航空安保方案各个方面所有实体的人员，以及经准许可在无人陪同情况下进入空侧区域的人员，接受初始安保意识培训和复训。

每一缔约国必须确保执行安保管制的人员具备履行其职责所必需的全部能力，得到符合国家民用航空安保方案要求的适当的挑选和培训，并保存有最新的适当记录。必须制定相关的效绩标准并采取初期和定期的评估以保持这些标准。

每一缔约国必须确保对实施检查作业的人员根据国家民用航空安保方案的要求进行资格认证，以确保一贯地和可靠地实现效绩标准。

确保对进行安保审计、测试和检查的人员按国家民用航空安保方案为此类任务规定的相关标准进行了适当的培训。"

二、国家民用航空安保培训方案

（一）国家民用航空安保培训方案的编制

《国际民航公约》附件 17 第 3.1.8 条的规定："每一缔约国必须要求主管当局确保制定和实施由参与或负责实施国家民用航空安保方案各个方面的所有实体的人员参加的国家培训方案。这一培训方案在设计上必须确保国家民用航空安保方案的有效性。"

国际民航组织还规定，作为全面的国家民用航空安保培训方案，必须确保向参与或负责国家民用航空安保方案实施的所有人员提供安保意识和具体职责方面的培训。

（二）国家民航主管部门的相关职责

国家民用航空安保培训方案应由一国民航主管部门负责编制、管理和发布。负责编制、实施和维持国家民用航空安保培训方案的主管部门的职责如下。

（1）确保方案的适当编制。

（2）在方案的编制被外包的情况下，确保对方案进行适当监督和批准。

（3）确保方案符合国家立法和国家民用航空安保方案的规定。

---

① 参见附件 17 第 11 版中的第 3.1.9、第 3.1.12、第 3.4.2、第 3.4.3 和第 3.4.7 条。

（4）确保对方案的内容进行定期的审查，并在必要时对其进行及时修订。

（5）确保所有相关机构了解有关选拔和培训的规定。

（6）在各机构编制其内部培训方案时为其提供指导和咨询，并在必要时给予直接帮助。

（7）评估方案的教学方法和技术性内容的质量，检查人员培训记录，以核实是否符合选拔和培训的标准。

（三）国家民用航空安保培训方案的目标和内容

1. 国家民用航空安保培训方案制定和实施的目标

制定和实施国家民用航空安保培训方案的目标主要包括以下几个方面。

（1）为选拔和培训航空安保有关人员提供框架。

（2）对培训方案的实施和培训质量控制等方面进行规制。

（3）通过规定航空安保工作各方培训责任的方式确保安保培训工作能得以开展，从而确保国家民用航空安保方案得以有效实施。

2. 国家民用航空安保培训方案的主要内容

国家民用航空安保培训方案的主要内容包括航空安保相关主体的培训责任、安保培训的各类培训对象及培训方案、培训目标、培训时间、培训频率和培训手段等内容以及相关安保人员的资格认证程序。

具体而言，国家民用航空安保培训方案还应该对以下内容予以明确和规范。

（1）明确负责或参与实施安保措施的其他国家部门和实体（机场、航空公司、配餐和保洁公司、空管部门、培训机构等）的培训责任，对这些部门和实体工作人员的招录和培训工作进行指导和监督。

（2）明确国家安保培训方案应该同时适用于安保人员和非安保人员，确定各类人员初训的标准和内容，同时，为了保证相关人员在知识、技能方面的更新和安保能力的有效维持，还应该对复训的标准、内容和频次进行规定。此外，对这些培训还要建立相应的质量检测体系并保留相应的培训记录。

（3）明确安保培训的内容不仅应该包含安保工作的相关课程，也应该将航空安保意识的内容纳入其中。

（4）明确需对培训机构进行有效的评估，以保证培训质量处于较高的水准。

三、航空安保培训的组织和实施

（一）航空安保培训的组织保障

航空安保培训的有效组织是实现培训目标的基础和前提。按国际民航组织的要求，负责或参与实施安保措施的其他国家部门和实体应该制定自己的航空安保培训计划，确定培训方案，为培训提供制度、物资、经费和人员等方面的保障。

（二）航空安保培训的实施保障

安保培训的成功实施需要满足以下六项基本条件。

（1）有明确、规定的目标、学习成果和内容。

（2）有足够的合格教员。

（3）有与当地教育标准和条件相对应且有效的授课系统。

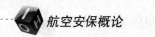

（4）有充足的设备。

（5）有适当的既定最低成绩标准,即每人应达到的知识和技能水平。

（6）有明确规定的培训体系评估方法。

（三）培训方案的编制原则

科学编制培训方案是航空安保培训得以有效实施的重要保障。在编制航空安保培训方案时,应该努力遵循以下几个原则。

（1）科学性原则。在编制培训方案时,要遵守既定的教学原则、学习特点和规律,遵循科学定律。

（2）体系性原则。在编制培训方案时,要为特定受训人员建立完善的课程体系和方案,保证受训人员安保能力的完整性,形成对航空安保的宏观认知。

（3）动态性原则。编制培训方案性时,要注意培训方案的规律更新和调整并对此做出明确规定,确保受训人员能够适应安保新形势的变化。

（4）岗位适应性原则。确保制定的方案符合受训人员及其所在岗位的特点,满足实际岗位的安保工作需求。

（5）主观能动性原则。编制培训方案时,要重视航空安保意识的培训,此项培训要覆盖所有的安保和非安保受训人员,努力增强受训人员在航空安保工作方面的主观能动性,通过时刻保持警惕以及与他人的安保工作合作,增强个人的安保责任感。

（四）航空安保培训对教员的要求

教员能力和水平的高低对航空安保培训的水平会产生直接影响,不适格的教员将极大地影响培训效果,阻碍培训目标的实现,并且可能在航空安保的实践中产生难以估量的负面影响或导致重大的损害后果。

负责航空安保培训课程编制和实施的人员应该具有必要的知识、经验和资格证明。至少应该包括以下三个方面。

（1）从主管部门认可的教育或培训机构或国际组织获得的教员资格证明。

（2）航空安保工作方面广泛的知识和经验。

（3）至少掌握以下某一方面或多个方面的知识:国际、地区和国家航空安保法律规和规章;航空安保体系和通行管制;地面和客舱安保;登机前检查;行李和货物安保;航空器安保和搜查;限制物品和违禁物品;应急预案及处置程序;恐怖主义概况;提高安保意识的其他方面的措施。

为了确保教员满足上述条件,国家民航主管部门应该建立航空安保培训教员的资格认证体系。教员虽然通常都具有相关安保领域的工作经验,但他们同样应该接受培训,其受训内容既包括其所从事相应模块教学所需的业务知识,也包括课程编制、教学原理、方法和技巧的运用等方面的培训和练习,只有通过这些培训并理论和实践考核合格,受训人员才有资格承担航空安保培训的教学工作。此外,教员和所有其他各岗位受培训的工作人员一样,需要定期接受复训,以应对不断变化的航空安保形势和适应安保技术和标准等方面的变化。

（五）非航空安保人员的培训

1. 非航空安保人员培训的重点和目标

由于非航空安保人员不直接负责航空安保措施的实施,所以,非航空安保人员的培训和航空安保人员的培训存在着较大的差异,其侧重点在于不断保持和提高航空安保风险意识,这方面的培训和养成必须贯穿在其整个初训和复训过程中。

通过对这些培训重点的关注,非航空安保人员应能积极主动地发现日常工作中的异常,并能将这些可能危及航空运输安全的异常及时向所属部门或相关主管部门报告,形成有效的发现-报告路径和制度,同时,通过航空安保意识的培训和增强,相关人员能有效地处理电话炸弹等安保威胁事件。

2. 非航空安保人员培训的对象和内容

非航空安保人员涉及面甚广,涉及人员众多,每一类人员培训的重点和内容也各不相同。

一般说来,需要接受安保培训的非航空安保人员主要包括以下类别。

(1) 机场警察。

(2) 移民或边防警察。

(3) 机场管理人员与工作人员。

(4) 航空器运营人的地面工作人员。

(5) 航空器运营人的飞行机组与客舱机组成员。

(6) 货运代理人和托运人。

(7) 邮政人员。

(8) 通用航空与空中作业人员。

(9) 油料公司经理和主管。

(10) 礼宾部门与其他要客接待机构。

(11) 海关与检疫人员。

(12) 机场特许经销商和承租人。

安保意识培训可以分两步。首先,使申领机场限制区通行证的人员熟悉机场有关通行管制制度的规章。其次,向非航空安保人员介绍航空安保程序,明确机场环境的安全对航空安保工作的重要性。培训的方法既可以包括课堂的理论教学,也可以包括工作现场的实训教学,以此加深对航空安保程序的理解并增强其对程序的应用。

在非航空安保人员中,有一部分是可能参与实施安保措施的,对于这部分人员,除了对其进行航空安保意识的培训以外,还应该经过和工作领域相关的专门的初训和复训。例如,飞行机组和客舱乘务组成员,他们还应该接受非法干扰行为应对措施和程序等方面的培训。

(六) 航空安保培训内容的保密

鉴于航空安保措施和程序的机密性,国际民航组织要求,教员对有可能被用于有害目的的培训材料实行严格控制,不随意传播。在航空安保培训期间,培训部门还应该采取措施,确保培训使用的所有设备及材料都得到安全保管和控制分发。受训人员对培训中有关航空安保具体措施和程序的内容也应该予以保密,不向无关人员泄露。

对于违反上述规定的人员,依其行为性质和后果,应使其承担相应的责任,其中既可能包括内部行政处分,也可能包括行政法律责任甚至刑事法律责任。

四、航空安保培训的评估

柯氏四级培训评估模式(Kirkpatrick Model)由国际著名学者威斯康星大学(Wisconsin

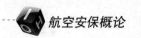

University)教授唐纳德·L.柯克帕特里克(Donald.L.Kirkpatrick)于1959年提出,是世界上应用最广泛的培训评估模式,在培训评估领域具有难以撼动的地位。国际民航组织在航空安保培训方面也建议采纳该评估模型。

该理论认为,有效的培训评估应该包括以下四个阶段。

阶段1:反应评估(Reaction)。评估受训人员对课程内容设置和课程开展情况的反应,即受训人员对培训内容和实施的满意度的评价。

阶段2:学习评估(Learning)。验证受训人员是否已经掌握了学习目标中所规定的知识、技能、能力和行为,即考查受训人员对课程内容的掌握程度。

阶段3:行为评估(Behavior)。评估受训人员是否在回到工作岗位后将所学知识运用到了工作之中,侧重于考查受训人员经过培训之后对培训内容的实际运用能力。

阶段4:成果评估(Result)。评估培训对整个组织的绩效所产生的影响,也即培训的实施对航空安保最终目标所产生的影响。

五、我国航空安保培训概况

(一)有关航空安保培训的指导性文件

按照国际民航组织的相关要求,我国民航主管部门于2004年制定印发了《国家民用航空安全保卫规划(试行)》。2006年5月,根据国际民航组织对我国航空安保审计情况,我国对试行的该规划进行了修订并正式印发。2017年,根据《国际民航公约》附件17的修订内容和国际民航组织2017年对我国安保审计的最新要求,结合国内相关法律法规,我国对《国家民用航空安全保卫规划》进行了第二次修订,并更名为《国家民用航空安全保卫方案》(民航发〔2017〕34号)。

我国于2013年根据《国际民航公约》附件17的修订内容,对原《国家航空安全保卫培训大纲》(民航发〔2009〕28号)进行了修订,并将文件名称修改为《国家民用航空安全保卫培训方案》(民航发〔2013〕73号)。

就安保文件体系角度而言,《国家民用航空安全保卫培训方案》是对《国家民用航空安全保卫方案》有关"人员和培训"部分的具体明确和阐述,是作为其附件存在的文件。

(二)我国航空安保培训的对象和要求

1. 一般规定

依照国际民航组织和我国民航主管部门的要求,我国将航空安保培训对象同样划分为航空安保人员和非航空安保人员,但他们均应接受与其工作职责相适应的航空安全保卫培训。

其中,航空安保人员包括国家航空安保监察员;国家航空安保审计员;国家航空安保教员;民航企事业单位分管航空安保的负责人;机场公安机关、安全检查机构、航空公司保卫部门和航空安保质量控制部门的负责人等航空安保管理人员;民航安全检查员;航空护卫人员;航空公司保卫部工作人员;航空安全员;空中警察;机场公安机关的人民警察。

非航空安保人员包括从事以下工作的人员:地面服务、航空货运、空中管制、航空配餐及机供品、候机区域和机上保洁、航空油料、机务维修、保卫部工作、飞行、客舱乘务,还包括申请机场控制区证件的人员。

2.航空安保培训的要求

针对不同的受训人员,我国《国家民用航空安全保卫方案》和《国家民用航空安全保卫培训方案》规定了不同的培训要求。

(1)机场管理机构和公共航空运输企业等单位安全保卫部门负责人、机场公安机关负责人、安全检查机构负责人等安全保卫管理人员应当经过国家航空安保主管部门及其派出机构的任职培训,取得合格证书后方可履行职务。

(2)国家航空安保监察员、国家航空安保审计员、国家航空安保教员、航空安保负责人、航空安保管理人员等航空安保关键岗位人员,应当经由民航局授权的航空安保培训机构培训并考核合格。此外,以上人员还应接受定期复训并考试合格,复训期限一般不超过 36 个月。

(3)空中警察、机场公安机关人民警察的培训,除依据公安机关人民警察教育训练的有关规定执行外,还应接受相应的航空安保的培训。

(4)民航安全检查员和航空安全员实行资格认证制度,在从事安检和客舱安保工作之前,必须按规定通过培训,符合标准并取得相关证书或执照。

(5)国际机场和执行国际航班任务的公共航空运输企业的航空安保管理人员,应根据工作需要参加国际性航空安保培训。

(6)非航空安保人员应在上岗后 1 个月内接受与其工作职责相适应的航空安保培训,并考试合格,还应定期接受复训并考试合格,复训期限一般不超过 24 个月。培训由本专业国家航空安保教员实施,并签发培训合格证。

(7)国家航空安保教员分为机场安全保卫、航空公司安全保卫、民航安全检查和空中安全保卫四个专业,负责本方案规定的有关培训。其中机场安全保卫、航空公司安全保卫专业的教员,应具有大学专科或同等以上学历,并从事航空安全保卫工作 3 年以上。

(三)我国航空安保培训的组织和管理

1.民航主管部门的安保培训工作职责

中国民航局及各地区管理局在航空安保培训工作方面应承担以下职责。

(1)指导全国民用航空安全保卫培训工作。

(2)组织实施航空安保关键岗位人员的培训。

(3)负责《国家民用航空安全保卫培训方案》的制定、实施和修订。

(4)指导各单位制订各自的航空安全保卫培训计划。

(5)民航地区管理局负责指导有关单位按照《国家民用航空安全保卫培训方案》制订航空安全保卫培训计划,并按规定进行审查批准。

(6)民航地区管理局及其监管局应定期对辖区内的航空安保培训工作进行检查、评估。

2.民航各相关单位的安保培训工作职责

作为主要承担航空安保培训职责的单位,民用航空运输机场和公共航空运输企业应履行以下航空安保培训工作的职责。

(1)按照《国家民用航空安全保卫培训方案》的要求,制定和执行本单位的《航空安全保卫培训方案》,以书面形式成册,并在本单位的航空安保方案中列明。

《航空安全保卫培训方案》是民航企事业单位航空安保方案的重要组成部分,是航空安全保卫培训工作的主要文件,至少应包括培训的目标与政策、组织与管理、培训机构及其职

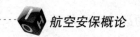

责、培训经费的保障、培训人员、培训课程、质量评估、档案管理等。

（2）指定部门负责本单位的航空安保培训工作。

（3）根据本单位航空安全保卫培训方案的要求，制订年度航空安保培训计划并落实航空安保培训经费。

（4）除严格执行规定的安保培训外，还应开展各种形式的航空安保教育培训活动，以不断提高本单位人员的航空安保意识和技能。

（5）组织航空安保管理人员和新招录航空安保人员进行岗前培训，并定期进行岗位培训。

（6）经费保障应当满足培训的需要。

（7）确保从事航空安保培训的部门或委托的机构、教员和课程应当符合《国家民用航空安全保卫培训方案》的要求。

此外，其他相关单位也同样承担着一定的航空安保培训你的职责，例如：机场租户应当履行所在机场航空安保方案所规定的责任，对员工进行航空安保法规标准培训；机场联检部门应当对工作人员进行航空安保法规标准的培训，维护民用航空安全；机场公安机关对其工作人员进行航空安全保卫实践与程序方面的培训；航空安保培训机构、民航企事业单位应分别建立培训人员的培训档案，并有专人负责培训档案的收集、整理和保管。

（四）违反航空安保培训规定的法律责任[①]

1. 未按规定设置安保机构和配备人员的处罚

公共航空运输企业未按规定设置航空安保机构、配备安保人员、培训安保管理人员或指定安保协调员的，由民航地区管理局责令限期改正；逾期未改正的，处以 1 万元以上 3 万元以下罚款。

机场管理机构、驻场民航单位未按规定设置航空安保机构、配备和培训航空安保人员的，由民航地区管理局责令限期改正；逾期未改正的，对机场管理机构、驻场民航单位处以 3 万元罚款。

2. 未按要求实施培训的处罚

公共航空运输企业和民用航空运输机场未对从事航空安保工作人员进行初训、复训的或者未对航空安保管理人员或新招录的航空安保人员进行岗前培训的，由民航地区管理局责令限期改正；逾期未改正的，予以警告或处以 1 万元以上 3 万元以下罚款。

3. 未按要求进行民航安检和航空安全员培训的处罚

民航安检机构设立单位和公共航空运输企业未按要求开展培训工作/航空安保培训或者未如实记录民航安检/航空安保培训情况的，由民航行政机关依据《中华人民共和国安全生产法》第九十四条，责令改正，可以处 5 万元以下的罚款；逾期未改正的，责令停产停业整顿，并处 5 万元以上 10 万元以下的罚款，对其直接负责的主管人员和其他直接责任人员处 1 万元以上 2 万元以下的罚款。

4. 违反航空安全员训练台账管理规定的处罚

相关单位未按规定建立、保管训练台账记录或者篡改、伪造台账记录的，地区管理局可以对其处以警告或者 1 万元以上 3 万元以下的罚款。

---

① 本部分内容具体可参见《公共航空运输企业航空安全保卫规则》《民用航空运输机场航空安全保卫规则》《航空安全员合格审定规则》《公共航空旅客运输飞行中安全保卫工作规则》和《民用航空安全检查规则》的相关条文。

扩展阅读

机组成员和航空安全员的安保训练

1. 机组成员的安保训练

依据《大型飞机公共航空运输承运人运行合格审定规则》(CCAR-121-R7)的第121.422条,有关机组成员安保训练的规定如下。

合格证持有人应当制定供机组成员使用的安保训练大纲,并经局方批准后按照该大纲实施训练。该训练大纲应当根据国家以及民航保卫部门不同时期的具体要求、国内外形势变化以及运行区域和特点等情况及时进行更新和修订。

机组成员的安保训练大纲至少包括以下内容。

(1) 事件严重性的确定。

(2) 机组成员之间的信息传递和协调。

(3) 恰当的自我防卫。

(4) 经批准供机组成员使用的非致命性保护器具的使用方法。

(5) 了解恐怖分子的行为,以使机组成员有能力应对劫机者的行为和乘客的反应。

(6) 针对不同威胁情况的真实场景演练。

(7) 用于保护飞机的驾驶舱程序。

(8) 飞机的搜查程序和最低风险爆炸区的指南。

2. 航空安全员的安保训练

依据《航空安全员合格审定规则》第三章的规定,航空安全员的训练种类包括初任训练、定期训练、日常训练、重获资格训练和执行岗位任务所必需的其他相关训练。前四种训练的训练内容包括以下三个方面:一是体能训练,主要关注受训人员的力量和耐力等;二是技能训练,主要是客舱格斗和压制等方面的训练;三是航空安保基础理论的学习,主要包括民航基础知识、航空安保公约和国内法律法规、危险品及违禁品知识、应急沟通和异常行为识别等。此外,执照持有人还应当根据《大型飞机公共航空运输承运人运行合格审定规则》(CCAR121)参加下列训练,并通过相应的考试考核:规定的客舱应急训练、危险品训练;根据执行岗位任务需要,参加必要的转机型训练,高原机场、极地航线等特殊航线培训。

第三节　航空安保文化建设

为了在加强航空安保有效性以及改善预防性航空安保措施的实际和可持续实施的核心目标上取得快速进展,2017年,国际民航组织发布了《全球航空安保计划》(GASeP)[1]。该计

---

[1] 国际民航组织理事会于2017年11月10日通过的全球航空安保计划(GASeP)取代了国际民航组织综合航空安保战略(ICASS)。这是从一个以国际民航组织为核心的战略向一个基于目标的宏伟计划的转变。这个计划使国际民航组织、各国与航空界共同承担责任,以保证到2030年时航空安保有显著的改善,并与国际民航组织第39届大会确立的前进方向保持一致。

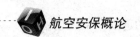

划在 3.1 条中确立了国际民航组织、国家和利益攸关方应当紧急关注并着重调配资源和精力的五大关键优先成果[1]，其中就包括"培养安保文化和人员能力"。国际民航组织认为，促进有效的安保文化对于实现良好的安保成果至关重要，一个强大的安保文化必须从每个组织内部的最高管理层开始在整个组织建立起来，建立一个训练有素、积极进取和专业的员工队伍是有效航空安保的关键必要条件。

如果将航空安保管理体系比作一座沙堡，组成该管理体系的各个要素就是干燥的沙子，而航空安保文化则像渗透在沙堡中的水分子，它们将沙子牢牢地结合在一起，像黏合剂一般使沙堡成为坚固的堡垒，由此使航空安保工作能够在夯实的基础上得以有效开展。安保文化的建设是一个日积月累、潜移默化的过程，需要组织者和管理者对安保文化基本理念的把握和坚持以及开展各项安保活动等，并非是单纯的培训可以解决的问题。

一、航空安保文化的概念、内容和特征

（一）航空安保文化的概念和内容

依据国际民航组织的定义，航空安保文化是一种组织文化，是一套规范、信念、价值观、态度和假设，这些规范、信念、价值观、态度和假设是组织日常运营中固有的，并通过组织内所有实体和人员的行动和行为得到反映，其目标是实现安保工作成效的最优。

有效的安保文化涉及以下内容：认识到有效的安保对业务成功至关重要；赞赏员工当中的积极安保做法；使安保与核心业务目标保持一致；将安保明确为核心价值而不是义务或支出负担。

（二）航空安保文化的特征

（1）航空安保文化具有契合性。所谓组织文化，是指组织成员的共同价值观体系，它使组织独具特色，并区别于其他组织。航空安保文化不是与组织内其他文化割裂开来的，不能与整个组织文化完全分开且孤立地考虑，航空安保文化是整个组织文化的一部分，其与其他组织文化结合成一个有机的整体，共同构成了整体的组织文化。

（2）航空安保文化是组织的核心价值目标。航空安保文化和企业盈利具有同等的地位，航空安保文化应被视为组织的追求目标，而不应被视作企业为盈利所做的投入。作为要实现的目标之一，每个实体必须确保目前有与安保文化相关的内部策略。

（3）航空安保文化与每个航空安保相关人员有着紧密的联系。航空安保不仅是航空安保人员的责任，也是每一个非航空安保人员应该关注的事项，只有织起航空安保文化这张"大网"，才能实现航空安保的最优结果。因此，安保应当由始至终是每个人的责任。

二、航空安保文化建设的适用性、目标和益处

（一）航空安保文化建设的适用性

航空安保文化建设的适用性是指参与或负责实施国家民用航空安保方案（NCASP）的实体，如有关当局、安保服务提供者和任何其他可能在保护民航免遭非法干涉行为方面发挥作用的实体，应促进、制定和实施相应的措施和机制，这些措施和机制应有助于确立安保文

---

① 全球航空安保计划这些优先工作是根据成员国在完成目标过程中可能面临的主要挑战而设定的，即为：加强风险意识和响应；培养安保文化和人员能力；改善技术资源和促进创新；改善监督和质量保障；增加合作和支持。

化在航空安保工作中的基础地位,并可用以评估所实施的措施是否正常有效。由于安保是每个人的责任,因此,这些实体也应该包括那些不以安保作为主要工作内容的实体。

(二)航空安保文化建设的目标

航空安保文化建设的目标是指建立有效安保文化的目的在于帮助组织通过早期识别潜在的安保风险来提高其整体安保水平。组织应制定由领导支持的强有力的安保文化政策,具体目标是努力促进和实现以下成果。

(1)形成积极的安保工作环境。

(2)建立安保事件报告和响应系统;确立初始和定期的安保培训,培训内容涵盖安保意识、航空威胁、安保角色和责任等。

(3)举办旨在增强安保意识的各项活动。

(4)保持对安保风险的警惕性。

(5)确保安保信息安全。

(三)航空安保文化的益处

有效航空安保文化的优势如下。

(1)员工参与安保问题并对其负责。

(2)对保护性安保措施的合规水平提高。

(3)员工以更加注重安保的方式思考和行动,从而减少安保事件和违规风险。

(4)员工更有可能查明和报告引发关切的行为或活动。

(5)员工感受到更高的安全感。

(6)无须大量支出即可加强安保。

三、航空安保文化建设的原则

在航空安保文化建设中,应始终注意强化以下原则。

(1)不断提高安全性,认识到组织中的安保文化是一个有效、主动和反应性的安全机制的重要组成部分,它支持和维护一个风险弹性组织架构,并有助于有效地管理内、外部的风险。

(2)鼓励所有人员了解安保风险并对其保持警惕,使大家意识到自己在识别、消除或减少这些风险方面可以发挥的作用。

(3)鼓励大家熟悉有关安保的问题、程序和响应机制(如在发生可疑活动时的报告流程或报告对象)。

(4)让组织内包括管理层的各级人员认识到安保的重要性,并将这种认识反映到对所有安保措施的观察和参与中去。

(5)即便在压力状态下,也要允许有必要的时间和作出必要的努力来遵守安保措施。

(6)促使人们在安保问题(安保事件、缺陷、违规行为)出现时愿意承担责任、保持积极主动的状态并自主作出决定。

(7)愿意指出他人的违规行为并接受他人的监督,也即鼓励发言和接受不同的观点。

(8)立即报告安保问题或任何与安保有关的可疑活动——无论实施者是谁。

(9)培养有关航空安保的批判性思维以及对识别潜在安保漏洞、偏离适用程序和解决

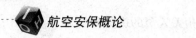

方案的兴趣。

（10）妥善处理敏感的航空安保信息。

四、航空安保文化建设中的领导作用

（一）一般作用

如同领导者对组织及其文化有着重要的影响,组织文化也反过来影响着领导者的决策。因此,为持续改善和促进安保文化,组织应确保从高层管理人员到主管的各级领导层在所有活动、战略、政策和目标的实施和制定过程中保持对文化的遵从性。

（二）管理层的职责

管理层应以身作则,并鼓励所有人员(包括被授权代表组织行事的承包商和第三方服务提供商)并鼓励他们接受安保作为组织和个人价值的理念,并努力使自己的行为符合这一价值理念,例如：经理和高管应该努力做到以下几点。

（1）始终遵守安全规则并以身作则。

（2）持续促进和保持安保措施在工作中的重要性。

（3）定期与同行和员工就安保问题开展对话。

（4）鼓励和接受有关安保问题的建设性反馈。

（5）及时处理安保问题和报告,并在必要时实施纠正和预防措施。

（6）尽管可能会产生一定的经济问题,但在安保工作受到损害时仍应进行适当干预。

（7）支持安保所需的培训和能力建设。

（三）安保作为组织基本价值的体现

安保应成为组织的一个基本价值并反映在其管理战略、政策和目标中。因此,每个在航空安保方面发挥作用的实体,包括那些不以安保作为主要工作内容的实体,都应将安保工作的优化确立为组织的基本目标之一;将航空安保纳入组织的书面政策中,并使其成为公司管理计划的一个组成部分;在组织工作的所有过程中将安保纳入考虑范围。

五、"公正文化"报告制度

安保问题并不必然导致人身伤害或财产损害,其通常在和人的故意、非法行为结合时才会产生损害后果。因此,有关当局应设法借鉴在安全问题中已经建立和实施的"公正文化"报告制度中所获得的经验,考虑在安保问题方面引入这种制度,并遵循同样的原则。

（一）"公正文化"报告制度的定义

"公正文化"报告制度是指一种系统,可疑事件可以匿名或秘密地经其报告给独立实体,从而允许报告人在特定情况下免于任何形式的报复。这种制度的目的是鼓励个人报告那些本来不会被注意到,因而不会被纠正的安保问题。

（二）"公正文化"报告制度的实施

在航空安保方面发挥作用的有关当局、组织和其他实体应通过以下方式实施"公正文化"报告制度。

（1）建立为报告人保密的制度,在该制度下,报告人个人数据不会被收集和(或)存储。

在收集个人数据时,应匿名收集,并仅适用于获得关于所报告安保问题的澄清和进一步信息或向报告人提供反馈的场合。

(2) 组织相关的机构或人员负责管理、维护和保证数据收集的机密性,对报告进行分析和跟踪,并保持该机构和人员的独立性。

(3) 就"公正文化"报告制度的运作、益处、个人与安保问题有关的权利、责任和义务等内容提供适当的培训。

(4) 实施旨在鼓励工作人员报告安保问题的激励计划,同时,要注意防止恶意和诽谤性报告。该计划还应鼓励工作人员就安保措施提供建设性的反馈意见,以改善整个系统,实现安保水平的提升。

(5) 应为安保问题的报告建立明确的、单一的联络点,以尽可能简化报告流程。

(三)安保问题报告后的处理

当某人报告安保事件或安保问题时,"公正文化"报告制度要求所有报告的事件被认真调查,使用事件原因分析模型,而不是停留在人类不可避免的工作能力波动性的层面。

处罚只在法律有明确规定时才适用。对于报告的个人并非出于故意或严重过失的错误行为,应保证其处罚豁免。然而,在出现严重的安保问题时,对那些引发安保事件、造成缺陷和违反安保规定的行为人,即使他们自愿报告该事件,通常也不应给予他们惩罚豁免。组织必须明确可接受和不可接受行为之间的界限,并寻求就越界行为所应承担的责任达成一致。

六、安保意识的培训

(一)安保意识培训的要求

特定角色或职能培训中尚未包含相关内容时,所有在机场工作的安保和非安保人员在初任和定期培训中都应该加入安保意识培训的内容。此举的目的是确保他们了解航空安保措施、安保目标和相关事项。安保意识的培训可以是信息性的或教育性的。培训还可以根据受训人员的情况作出切实可行的调整,并通报安保措施、目标和有关事项的变化。

(二)安保意识培训的内容

对于所有受雇人员,均应在其被雇佣的同时,或其被允许在无人陪同状态下进入机场安全限制区域或货物、机供品或机场用品区域之前,接受安保意识培训。此类安保意识培训可包括以下科目。

(1) 进行安保意识培训的目的。

(2) 关于安保措施不足或自以为是时的民航威胁和风险及其潜在后果的简介。

(3) 明确组织在防止非法干扰行为方面所起的作用。

(4) 对可疑活动的识别。

(5) 明确所有参与者在改善其所在组织的安保文化方面的作用。

(6) 可能有助于改善组织安保文化的措施建议。

(7) 关于沟通联络机制的简介。

(8) 安保问题报告机制(即"公正文化"报告制度)及其后续的程序。

(9) 敏感航空安保信息的正确处理。

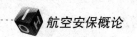

由于安保意识培训可能会极其复杂,因此,开发该项培训时,需要对每一受训人员群体的责任领域进行审查并由此来确定相应的、有针对性的培训内容。

(三)安保意识培训的方法

组织应考虑举办研讨会,以帮助工作人员更好地了解彼此的职责,并协助经理和主管从工作人员那里收集宝贵的反馈和经验。应考虑运用真实场景、桌面练习和(或)演练等方法来进行事件模拟和更好地理解事件相关的反应机制。

各组织应明确规定其安保意识培训的内容和要求(如果有适当的当局,应在国家民航安保培训方案中规定)。安保意识培训可以使用电子学习工具来开展。安保意识课程的内容应根据受训人员的情况进行调整。

此外,针对旅行公众的安保意识的宣传活动也是非常有益的,主管当局应该考虑将相关措施纳入安保文化建设的活动中去。

七、安保文化建设活动

(一)安保文化建设活动的意义

安保文化建设活动可以作为一种有效的机制,以确保对安保规范、信念、价值观、态度和假设的持续和适当的承诺。这类活动如果经常进行,也可能有助于管理层确保所有人员保持警惕,并继续坚持其组织的安全文化。

(二)安保文化建设活动的形式

安保文化建设活动可通过以下形式开展。

(1)强调具体安保措施或有针对性的信息的重要性的传单和海报。管理部门应请有关人员协助向本组织其他人员散发传单和海报,以表明对安保措施的共同承诺。公众可以接触的这类宣传物不应涉及任何安保措施的细节。

(2)包括管理人员的所有人可以参加的无须预约的展览和研讨会,以帮助更好地了解安保在组织中的重要性和采取措施的原因。

(3)面对面的会议,如定期简报、机场通行证收集和培训,使人们能够持续了解安保措施。

(4)公告,包括公开发布的公告。

(5)电子学习工具。

(6)内部通信平台,如内部网络、时事通信、小册子和视频。

八、积极的工作环境

(一)积极的工作环境实现的条件

积极的工作环境可能极大地影响工作人员对其所在组织的安保文化的投入度,并提高安保水平。以下条件对实现积极的工作环境必不可少。

(1)影响员工对组织安全文化的投入度,努力保持或提高安保水平。

(2)能促进有效的安保文化的工作环境。

(3)了解并能执行安保行为的员工。

(4)有组织的、系统的安保管理方法。

（二）积极的工作环境应具备的要素

积极的工作环境至少应包括以下几个要素。

（1）工作人员参与风险评估过程和决策过程，既包括分析和理解结果，也包括考虑已明确的安保差距、改进安保意识培训方案和其他安保政策及程序的建议。

（2）保证工作人员有足够的时间执行安保任务。

（3）认可个人良好表现的机制（即刺激和奖励计划）。

（4）鼓励工作人员提出有用建议和意见的报告制度。

（5）对工作人员报告的反馈制度，特别是对已报告的建议和意见的反馈。

（6）明确、可实现和可衡量的目标的设定。

（7）必要的协助制度（如适当的培训和程序），使工作人员能够实现其目标。

（8）有关工作人员充分的自主权和职责的规定。

九、安保文化建设的评估

各组织（包括有关当局）在采取措施提升安保文化和提高总体安保水平的同时，还应建立一个包含关键绩效指标的评估体系。该体系应设计为从定性和定量两个角度来评估现有措施对安保文化的影响，并能用来确定安保文化建设的预期成果和实际成果之间存在的差距。

预期的安保文化建设成果、措施、关键绩效指标和目标如表 5.1 所示。

表 5.1　预期的安保文化建设成果、措施、关键绩效指标和目标

成　果	措　施	关键绩效指标	目　标
报告事件、安保违规行为、安保事件和可疑行为的有效系统	"公正文化"报告制度的实施	安保违规行为、安保事件和可疑行为的报告数	与措施实施前相比，安保违规行为、安保事件和可疑行为的报告数量预期增加的百分比
有能力识别可疑行为的工作人员，包括所有可在无人陪同状态下进入机场安保限制区的人员	安保意识培养活动	可疑行为的报告数	与措施实施前相比，可疑行为的报告数量预期增加的百分比
有利于培养、提升和促进有效的组织安保文化的工作环境	明确且一致的定义和（或）内部程序和步骤的审查	由不明确和（或）不一致的内部程序和步骤所导致的不合规的数量	由不明确和（或）不一致的内部程序和步骤所导致的不合规数预期减少的百分比

需要注意的是，许多组织往往在危机时期对安保给予极大关注，当局势恢复正常时则将安保工作搁置一边。因而我们必须清醒地认识到，安保文化的发展始于招聘过程本身，通过有效的面试，雇主得以招聘到有正确态度和信念的工作人员。员工入职后，在所有的工作环节，无论威胁等级高低，我们都应始终强调安保文化建设工作的重要性。

扩展阅读

安保文化知识检查单样本

1. 选择最佳答案：持有机场临时身份证（机场通行证）的人必须（　　）。

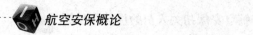

  a. 在不再需要身份证时将其归还

  b. 熟悉安保要求及其职责

  c. 在空侧时始终在其安保护送人员视线范围内

  d. 以上全部

  2. 选择最佳答案：当安检机构要求在非旅客安检地点对员工进行安检时，该员工应怎么办？（ ）

  a. 礼貌地拒绝安检并进入安保限制区

  b. 遵守安检程序

  c. 转身离开，稍后再尝试进入

  d. 表示若已有出入控制许可则无须安检

  3. 选择最佳答案：一名员工注意到安保限制区内一名工作人员未展示机场身份证。此时谁负责报告或要求该人展示其机场身份证？（ ）

  a. 机场保安员

  b. 员工

  c. 机场警察

  d. 以上全部

  4. 选择最佳答案：安保限制区可被描述为（ ）。

  a. 整个机场

  b. 公众见面和接机区

  c. 旅客登机休息厅和零售区

  d. 位于航站楼安检之后和停机坪/机场以外的区域。只有获准的人在具有适当的有效机场身份证和有工作相关职责的情况下，才可以进入该区域

  5. 选择所有适用选项：在安保方面走捷径或不遵守机场安保规则和规定可导致（ ）。

  a. 运营中断和成本增加

  b. 没收安保特权和刑事起诉

  c. 缺少公信力

  d. 负面媒体报道

  e. 以上均不适用

  6. 请选对错：出入控制通行证可使用每个机场特定的颜色编码系统和（或）编号系统，以说明员工允许进入和在其中工作的安保区？（ ）

  a. 对

  b. 错

  7. 选择最佳对策：一名员工来到安检口并扫描其机场身份证，但门保持锁定状态，且读卡器闪烁红色。该员工应（ ）。

  a. 与机场安保或出入控制（通行证办公室）联系以寻求帮助

  b. 致电当地警察局以授予他们进入权限

  c. 强行开门，因为这是机械故障

  d. 等待另一名有权进入此门的员工并跟随其进入

所有机场工作人员在取得其机场通行证之前可进行的测试题样本

1. 在何种情况下准许使用机场身份证进入空侧或安保限制区?(　　)

   a. 当你在岗并仅在你有合法的业务理由进入时

   b. 见家人和朋友

   c. 见名人

2. 如果你不在旅行,你是否可以要求旅客帮助你购买空侧或安保限制区内的烟酒?(　　)

   a. 是

   b. 否

3. 如果你忘带机场身份证,你是否可以借用朋友的身份证?(　　)

   a. 是

   b. 否

4. 一旦进入空侧或安保限制区,你是否必须始终展示你的机场身份证?(　　)

   a. 是

   b. 否

5. 如果你看到有人在空侧或安保限制区内举止可疑,你应(　　)。

   a. 置之不理

   b. 使用当地报告程序通知有关当局

   c. 自己去对付该人

6. 你知道你的朋友今天不上班,但你看到他在中转区购物和吃饭,你应(　　)。

   a. 通知当局

   b. 自己去面对他

   c. 装作仿佛没看到

7. 如果你发现读卡器、锁、门或入口坏了,你应采取(　　)行动。

   a. 报告有关当局

   b. 置之不理

   c. 试图自己修理

8. 如果你的机场通行证在出入空侧或安保限制区时有问题,你应(　　)。

   a. 请求你的朋友使用其机场身份证

   b. 向发卡当局(办公室)报告该问题

9. 如果你看到一件无人看管的箱包,你应(　　)。

   a. 置之不理

   b. 不碰/不打开箱包,并在周围寻找箱包的主人。如果找不到,则按照你所在地的报告程序立即向相应的当局报告

   c. 触碰箱包并将其交给失物招领处

10. 你意识到你丢失了你的机场身份证。你应(　　)。

    a. 置之不理,什么也不做

    b. 借用别人的卡

    c. 遵循关于遗失通行证的当地报告要求

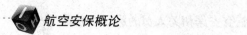

11. 你何时应考虑更换机场身份证？（　　）

　　a. 当你更换工作并且你的出入要求发生变化时

　　b. 当你的机场身份证上的照片与你的相貌不再相符时

　　c. 以上两者

12. 你何时必须归还机场身份证？（　　）

　　a. 当它已过期或被取消时

　　b. 应任何安保官员的要求

　　c. 以上两者

13. 如果你不再需要机场身份证,应该（　　）。

　　a. 以安保的方式销毁该卡

　　b. 将卡归还给你的雇主,以便可以安全地归还给发卡机构以注销

　　c. 将你的卡交给其他可以使用的人

14. 你如何知道你有权进入哪些区域？（　　）

　　a. 尝试在进入点使用你的身份证

　　b. 查询你的身份证上显示的数字和颜色

　　c. 询问同事

 练习与思考

（1）航空安保人员和非航空安保人员的定义分别是什么？

（2）设置航空安保人员招聘条件时,主要从哪几个方面进行考虑？

（3）航空安全人员的招聘条件是什么？

（4）请阐述背景调查的定义和内容。

（5）培训方案的编制应遵循哪些原则？

（6）国家民用航空安保培训方案的主要内容包括什么？

（7）国家民用航空安保培训方案的目标是什么？

（8）请简述航空安保文化的概念、内容和特征。

（9）"公正文化"报告制度的定义是什么？

（10）为什么要进行航空安保文化建设？

本章配套资源

第五章
机场区域的安保

学习目标：通过本章的学习，帮助学生理解航空安保分区管理的重要性，厘清涉及公众在非控制区时的安保措施，工作人员的通行管制措施、航空器和要害部位的安保措施，强化学生对机场区域安保知识的掌握，增进学生对机场安全保卫工作的理解。

机场区域通常分为机场控制区和非控制区。非控制区的概念是基于机场控制区提出来的。机场控制区通常会被要求在机场安全保卫方案中进行明确，被确定为存在高风险、除实施通行管制外还执行其他安保管制的区域。这些区域通常包含自检查口至航空器、停机坪、行李分拣装卸区之间的全部商业航空旅客离场区域，其中包括航空器进入运行状态和已检查的行李和货物停放的区域、货棚、邮件中心、空侧配餐和航空器清洁场地，仅允许经过授权并通过安全检查程序的人员进出。候机隔离区属于机场控制区，这里特指机场为持有有效票证的旅客通过安全检查措施后提供的候机等待的区域。

非控制区通常指机场控制区以外的区域，包括公共区、办公区等。与机场控制区相比较，非控制区距离航空安保的工作核心——航空器物理距离较远，且其间还有多个航空安保环节，一旦发生危害行为，对航空器安全产生致命威胁的可能性较小，产生的后果严重性相对有限，航空安保风险相对有限。因此，与机场控制区采取不同的航空安保措施。但这并不意味非控制区就是安全的。《国际民航公约》附件17要求各国必须在机场的陆侧区域实施安保措施，以减轻针对机场陆侧的威胁。这里的陆侧区域指在其安保方案中未确定为空侧（即进入该区域是受管制的）的机场内各部分、相邻地带和建筑物或其中的部分。

同时，工作人员与公众、旅客对航空安全的潜在威胁也是有差异的。基于工作人员经过挑选和航空安保背景调查，被认为是可以信赖的人，其对航空安全实施危害行为的可能性相对较小，因此，对工作人员的安全保卫措施与对公众、旅客的安保措施并不完全一致。

第一节　非控制区安保措施

非控制区安保涉及公共区安保、办公区安保以及其他非控制区域。非控制区的安全与本国、本地及本机场所处的社会环境相关，同时也面临着针对机场非控制区的安全威胁，需

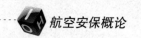

要采取相应的措施以应对威胁,并在机场航空安保方案中进行说明。

一、公共区安保

公共区通常指机场内旅客和公众均可自由进出的区域和建筑物。例如,航站楼大厅,航站楼前的公共区域、公共停车场等。那这部分可能面临哪些威胁,需要采取哪些安保措施呢?我们来看两个案例,这些案件发生在公共区或者是公共区与控制区的边界,而且有的行为在进入航站楼伊始就有了端倪,可以通过一些措施提前加以监控和防范,同时对公共区的可疑行为和违法犯罪行为也需要进行及时的监测管理并能及时采取应急措施。

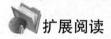**扩展阅读**

机场公共区案例

2013年7月,一男子携带自制爆炸装置,当晚18时至某国际机场三号航站楼公共场所实施爆炸,造成其本人重伤、一名警察轻微伤。爆炸现场秩序混乱,国际旅客到达出口通道紧急关闭。男子被警方当场控制。2013年10月,法院认定被告人在公共场所实施爆炸,其行为构成爆炸罪,判处有期徒刑6年。2013年11月,二审维持原判。

2016年6月,某机场航站楼国际出发岛值机柜台处发生一起爆燃案件。经公安机关初步调查,一男子从随身携带的背包内拿出用啤酒瓶自制的爆炸物丢至值机柜台前,啤酒瓶发生爆燃后,该男子从背包中取出匕首,划割自己颈部后倒地,现场另有4名旅客(其中一名为菲律宾籍)被爆燃的玻璃瓶碎片轻微划伤。

这两个案件均发生在公共区。且在他们进入候机楼实施危害行为时,均有表现异于常规旅客的行为。面对公共区可能对公众产生的生命财产威胁,有哪些航空安保措施进行应对呢?公共区安保措施一方面涉及日常治安管理,另一方面涉及具体民用航空运输安全的保障措施。

(一)治安管理

要求机场公安机关保持足够警力在机场候机楼、停车场等公共区域巡逻,保持一定的见警率,既有威慑作用,一旦发生事件也能及时到场处置。同时,公共区域会设立闭路电视监控系统,以保证该区域始终处于安保监控之下。机场公安机关通过发放机场治安宣传册、组织培训等方式,对机场公共区域工作人员进行治安防控宣传教育,共同维护公共区的安全和秩序。

(二)涉及民用航空运输安全的保障措施

1.秩序管理

旅客候机楼广播、电视系统会定期通告,告知旅客和公共应遵守的基本安全保卫事项和程序。在旅客候机楼内、售票处、安检通道等位置设置适当的安全保卫指示牌。在办理乘机手续时进行航空安保问询和告知。

2.公共区物品管理

1)无主可疑物或可疑车辆的管理

为避免无主可疑物或可疑车辆中有爆炸物危及公共安全,机场会在候机楼、停车场等公

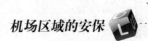

共区域配备相应的防爆设备,制定相应的防范措施,有专门的报告渠道和处置程序,并对工作人员开展相应的航空安保培训,确保发现的无主可疑物或可疑车辆能够得到妥善处置。

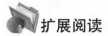 扩展阅读

无主可疑物案例

2003 年 10 月 12 日[1],意大利撒丁岛首府卡利亚里的埃尔马斯国际机场 12 日因发现爆炸物而短时间关闭,进出该机场的数架航班延误。据悉,是机场工作人员当天凌晨在机场围栏附近发现一个被怀疑装有可燃气体的包裹。随后,安全保卫部门对机场进行了全面的安全检查。警方发现,意大利航空公司一架准备飞往罗马的班机舱门被私自打开过,便宣布该班机停飞。机场方面在对上述两起事件进行评估后,决定临时关闭机场。警方此后没有在机场再发现其他可疑物品。

可见公共区域同样面临各种威胁,且机场公共区人员聚集,一旦出现问题易引起比较大的伤亡和公众恐慌,因此机场公共区安保需要加以重视,并积极采取预防性措施严加防范。

2) 候机楼卫生间、垃圾箱等隐蔽部位检查

机场会对保洁员等候机楼内工作人员进行培训,制定对候机楼内卫生间、垃圾箱等隐蔽部位的检查措施以及发现可疑物品的报告程序,定期对候机楼卫生间、垃圾箱等隐蔽部位进行检查,及时发现可能藏匿或隐匿或遗弃的违禁物品。

 扩展阅读

候机楼卫生间案例

2012 年 3 月据韩联社报道[2],韩国某机场 3 楼出境口 1 号洗手间的垃圾箱内发现了护身用手枪的 1 个弹夹和 14 颗子弹。警方调查,确定该弹夹和子弹是用于意大利产手枪的弹夹和子弹。警方一位有关人士表示,由于没有发现枪支,所以推断很可能是有人想要携带子弹出境,但考虑到机场的严密安检而将之丢弃在洗手间。

在我国民用机场,也曾发生旅客在卫生间遗弃违禁物品的案例。总之,我们既需要采取措施严格防范旅客携带违禁物品进入机场控制区,同时也需要维护公共区安全,防止这些违禁物品挪作他用或者在公共区进行组装实施危害他人的行为。

3) 存放收寄物品的检查

考虑到违禁物品目录涉及多项日用品,这些日常用品可能因为剂量或者工艺等原因,不能作为随身行李带入航空器客舱,且具有较高的价值,如超过 100mL 的液态化妆品,如香水等,为妥善保管旅客因特殊原因合法拥有却不能携带乘机但可以托运的物品,机场通常会在候机楼内设小件物品寄存场所,等旅客返程回来取回。那么,所有需要寄存的物品也均需要

---

① 参见新浪网:"意大利机场出现疑似爆炸物",载于 http://travel.sina.com.cn/air/2009-12-30/1041121103.shtml,最近一次访问在 2021 年 12 月 27 日。

② 参见新浪网:"仁川机场卫生间发现装子弹弹夹",载于 https://news.sina.com.cn/w/2012-03-29/132524194655.shtml,最近一次访问在 2021 年 12 月 3 日。

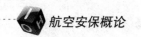

经过检查,寄存人身份也需要经过查验。

设在候机楼内的快件物品收寄点,其收寄的物品全部实施开包验视或仪器检查等检查措施。邮寄物品人员的身份也需要经过查验。

3.与控制区形成屏障

在航空安保事件调查中,发现犯罪分子在实施危及航空安全的行为前,通常会有踩点行为,对机场、航空器的运行规律和环境进行观测,从而制定实施方案。

为了防范这些行为可能产生的危害,机场非控制区可以观察航空器、俯视安检现场的区域以及穿越机场控制区下方的通道,需要采取安保措施,如配备相应的视频监控系统,适时有人员巡查;对可以观看到安全检查现场的区域采取非透明隔离措施;设置物理隔离措施,防止未经许可进入或者向停放的航空器或安保控制区域投掷物品。

（三）公共区旅客异常行为识别

为了及时发现那些有异于常规旅客的行为,在候机楼口以及公共区开展旅客异常行为识别。随着监控技术的普及与发展,基于人的生物识别技术的应用与推广,将更有助于身份的识别以及异常情况的识别。

二、办公区安保

办公区是基于工作需要而设置,通常禁止旅客和公众进入的区域,有些区域虽然处于公共区,但是属于专属办公区,例如驻场航空公司的办公区,也是未经授权不能进入的。其内部也需要采取一定的安保措施。还有候机楼内售票柜台及其他办理登机手续位置。为防止可能被用于非法干扰行为的旅行证件被盗,出票柜台及其他办理登机手续的设施,其结构要求能够防止旅客和公众进入工作区。所有客票和其他旅行证件,如登机牌、行李标牌等必须随时保护,防止被盗或滥用。机场要客服务区域需要采取适当的航空安保措施,防止未经授权人员进入。

三、其他区域安保

候机楼前的安全保卫措施,如人行道需要设置相应的安全防护设施,保护出行旅客安全,并在候机楼前设置阻车装置,设置台阶,防止车辆冲击候机楼。

为确保航站楼内公共区安全,根据相关规定在候机楼出入口处对所有进出人员和物品开展防爆抽查。

候机楼地下不得设置公共停车场,以防止车载炸弹危及候机楼内人和设施的安全;候机楼地下设有员工停车场和员工车辆通道的,安装视频监控系统,并在入口处设置通行管制措施,防止未经授权的车辆进入,且具备在机场威胁等级提高时,对车辆和人实施安全检查的条件。

第二节 控制区的通行管制

通行管制是一个比较宽泛的词,简单来说,就是在一定的授权下设立通行管制点对人员、车辆、物品和货物进行检查,以管制进入安保管制区域的人员活动以及车辆进入、行驶和

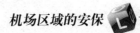

停靠活动,并为此进行责任分配。在《国际民航公约》附件17中,对通行管制的描述更侧重于工作人员以及因工作需要进入控制区域的其他人员及车辆开展的管控措施。在我国现有规章体系中,通行管制措施主要指进入机场控制区的管制措施,同时将旅客的安保措施也纳入通行管制措施范围。不管如何定义通行管制,通行管制的目的是一致的,就是确保进入安保控制区域的人员、车辆和物品是安全的,或者是经过授权许可的。为便于区分,本节的通行管制措施,重在描述工作人员以及因工作需要进入控制区域人员、物品及车辆开展的管控措施。

通行管制的形式是多样的,门禁系统是通行管制的常用方式,其可以是原始的钥匙锁进行锁闭管理,也可以是智能访问技术应用,例如密码锁,还有一些使用旋转式栅门来限制进入这些区域的人数,也有采用生物识别技术在内的身份验证技术,还有人工值守的检查措施。这些措施在日常办公区域的通行管理中也经常用到。这里着重介绍围界道口的通行管制和候机楼内的通道管制措施,以及控制区内不同分区的通行管制措施。

一、围界道口的通行管制

机场围界安保措施是机场控制区和非控制区之间的边界区域保护策略。机场围界安保措施通常包括建筑物和围栏等物理屏障、射频识别技术和机场地面雷达探测等电子技术以及连接访问控制和监视系统的各类门禁系统。设置围界的目的在于划定周界、防止擅自进入、延迟闯入和探测入侵行为。

围界道口的设置为人员和车辆通过机场围界进出机场控制区提供了一种途径。通常,围界道口会有大门,材质的强度和耐用性与围栏同等,并且大门必须能够全面滑动,满足通行车辆进出。

我们常见的机场围界道口是有人值守的道口,配备有安检用房、安检人员和安检设备仪器,以便对进出的人员及其携带物品进行检查。在道口还设有阻车装置以防范车辆的冲闯行为,车底检查装置对车辆在一定配速下进行车底检查。为满足夜间的安全检查活动,道口通常还配备足够的照明系统,以最大限度地满足人员和车辆的通行需求和快速检查活动。道口也安装有监视系统,以检测人员和车辆的出入,一旦存在异常能及时发现及时告警。同时,照明装置也可加强安保人员发现闯入者的能力,并可构成一种强大的威慑。车辆和人员进出控制区需要控制区的通行证证件作为身份识别。

还有一些道口不常用,有些是无人值守的道口,有一些连接其他区域的道口,仅在一定时间使用或者作为备用,这些道口大门必须是符合安保要求的,且隔离的强度应等同于机场围界,有夜间照明,监控、有安保人员进行巡检的行车道,还需要安装阻车装置以防止非法侵入,大门的顶部应有符合围栏规格要求的带刺铁丝网。

机场围界的出入道口数量的设计是要综合考虑,在保障机场安全、高效运行所需的最低限度内进行。确保道口安全保卫人员即能够完全有效控制进出,同时不会造成不必要的拥堵或降低效率等影响机场正常运行的情况发生。

二、工作人员通道管制

除了围界道口外,航站楼内还有许多提供给工作人员进入机场控制区的通道,如专门提供员工的安全检查通道,航站楼内从公共区通往停机坪或停场航空器的所有门、楼梯、箱式

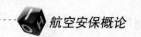

直梯等。控制区内也有许多门禁系统,以区分不同工作区域。如旅客候机隔离区、行李分拣、装卸区、停机坪等。

所有从公共区进入机场控制区的常用通道都设置有安全检查点,对工作人员及其携带的物品进行检查;有些不常用的构成公共区和机场控制区的通道会进行锁闭,在无人值守和监控的情况下,通常要达到防止人员翻阅或投递未经检查物品的功能。

机场控制区内不同区域之间,会设置门禁系统,需要员工进行身份认证和识别,确认经过授权且是本人,方能在不同区域穿行。这样设置主要是考虑内部员工的安全可靠性。通常,员工可进入区域与其工作需要相关,例如在安检区域的工作人员,因工作需要进出的区域主要在安检区和候机隔离区范畴,那么对于实施旅客及其手提行李安全检查措施的人员,其行李分拣区的通行就是没有必要的,或者一旦进入其他区域会被认为是不正常的可疑行为,或者由于对其他区域业务不熟悉也可能造成不安全行为或者不良侵入。

三、身份认证与识别

要确保机场控制区安全,首先要确保通行到控制区的人员和车辆身份是安全的,是相对可靠的,经过背景调查和风险评估的,并具备航空安保意识和控制区通行相关知识,能够在控制区正确开展工作的。为此,人们设计了专门的机场控制区通行证作为身份认证和许可证明。机场管理机构、驻场单位及其他单位进入机场控制区的工作人员、车辆凭借持有的机场控制区通行证进行身份认证和识别。机场控制区通行证分为人员通行证和车辆通行证。

(一)人员通行证

人员通行证分为长期通行证和临时通行证。因工作需要长期在机场控制区的工作人员需要办理长期通行证;因工作需要临时进入机场控制区的人员,如临时施工人员、其他公司的设备仪器检修人员需要进入机场控制区施工或检修,凭驻场接待单位出具的证明信及有效身份证件,经发证单位审查合格后为其办理机场控制区人员临时通行证。临时通行证有效期非常短,临时通行证到期或使用完毕后交回发证单位。

1. 长期通行证件的内容及要求

机场控制区人员长期通行证通常包含以下几个方面。

(1)持证人近期照片;持证人近期照片是便于认证对照,有些机场使用电子身份信息(类似身份证件的方式)通过刷卡的方式,将证件照片显示在大屏幕上,进行人证对照识别。

(2)有效起止日期:证件需要在有效期内使用。

(3)可进入的控制区区域:控制区内实施分区管理,基于工作需求授权其进入相关区域。

(4)持证人姓名。

(5)持证人单位。

(6)证件编号。

(7)发证单位。

(8)防伪标识。

(9)使用注意事项。

申办机场控制区长期通行证的工作人员,需要同时具备三个条件:一是根据工作岗位

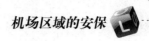

要求,确需进入机场控制区进行日常工作的;二是背景调查合格,且持证人员需要持续符合要求;三是经过相关安保培训合格。

一旦持有机场控制区长期通行证人员不再在机场控制区工作或者未通过持续背景调查或未通过规定培训的,发证单位会收回并注销其机场控制区人员长期通行证件。对于证件遗失等情况也有相应的管理规定,防止被他人挪用。

2. 临时通行证的内容及要求

机场控制区人员临时通行证通常包含以下几个方面。

（1）持证人近期照片。

（2）有效起止时间。

（3）可进入的控制区区域。

（4）持证人单位、姓名、有效身份证件号。

（5）引领人单位、姓名、长期通行证证件号:引领人具备机场控制区人员长期通行证,掌握机场控制区相关规定,能对临时进入机场控制区的人员进行有效指引。

（6）证件编号。

（7）发证单位。

（8）使用注意事项。

（二）车辆的认证与识别

因日常工作需要进入机场控制区的车辆,需要办理机场控制区车辆通行证,比如配餐公司的配餐车辆。车辆通行证包含以下信息。

（1）车辆类型及牌号。

（2）有效起止日期。

（3）可进入的控制区区域:车辆通行证的制作须符合相关制作技术标准。证件有效期限不得超过 1 年。

（4）准许通行的道口:机场围界道口有多个,具备不同的功能,有些是长期有人值守的,有些是临时的,有提供给货运通行的道口,也有专门提供给邮政公司邮件的通行道口,有些是人员和车辆均可以通行的,有些只限于车辆及其司机,根据不同的安保需求,通行管制方式也有差异。因此,通行证须明确准许的通行道口。

（5）车辆使用单位:向发证单位提供书面申请及相关资料。

（6）证件编号。

（7）发证单位。按照民航局及地区管理局的有关规定对办证申请进行审核,严格控制证件发放范围和数量。申办资料保存期限一般不低于 5 年。

已办理机场控制区车辆通行证的车辆无须或不适宜继续在机场控制区工作的,发证单位会及时收回并注销其机场控制区车辆通行证。因应急、警卫、医疗救护、押解等临时性工作需要进入机场控制区的车辆,按照相关规定执行。

（三）机场控制区通行证持证人的责任

（1）接受培训。对于持有通行证的人员在进入控制区之前需要接受相关培训。掌握通行证件的目的和效力以及持证人的责任。

（2）正确使用、佩戴和保管机场控制区通行证件。持证人应该熟悉并且始终遵守机场

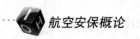

控制区通行证管理规定,掌握进入区域的运行规则和要求,正确佩戴证件、正确使用证件,任何不正确使用或者非法使用通行证均可能面临安保风险并面临严格的惩处措施。掌握证件遗失等特殊情况的处置方式。能够识别正确的机场控制区通行证件。

（3）维护机场安全。持证人员不仅自己要遵守通行管制的相关规定,对工作中发现的问题、异常情况、可能危及航空安全的行为也要及时报告,共同维护机场安全。如发现任何违反通行管制规定的行为,发现枪支、其他武器或爆炸装置等违禁物品的情况,可能危及民用航空安全的其他任何情况或事件都应及时上报。

四、工作人员、车辆及物品的安保管控措施

为了确保机场安全,通常机场会采取多种管控措施,包括特殊情况下对进出机场的车辆、人员、物品进行安保管控。

（一）工作人员的安保管控措施

这里的工作人员通常指机场工作人员、航空公司驻场单位人员、飞行机组、机场公安、边检、检验检疫部门人员、控制区内机场租户如零售店工作人员及其他辅助性服务的工作人员等。对旅客之外的人员包括范围更广泛,如因工作需要进入控制区的维修人员施工人员等。

工作人员进入机场控制区除了需要持有机场控制区通行证件,还需要采取一定组合形式的检查和其他安保管制措施,目的是发现和阻止可能对民用航空构成威胁的人员,防止此类人员实施非法干扰行为。对于航空安保工作来说,一位不安全的人员,其身上携带的任何物品均可能构成对航空安全的威胁,更何况工作人员可能熟知航空安保可能存在的漏洞或问题,若此人是不安全的,则可能会给航空安保工作带来不可预估的灾难。因此,确保人的安全是非常重要的一个环节。

在我国《机场安全保卫规则》中明确机场管理机构应当制定措施和程序,并配备符合标准的人员和设施设备,对进入机场控制区的人员、车辆进行安全检查,防止未经许可的人员、车辆进入。在《民用航空安全检查规则》中明确规定,进入民用运输机场控制区的其他人员、物品及车辆,应当接受安全检查。拒绝接受安全检查的,不得进入民用运输机场控制区。对进入民用运输机场控制区的工作人员,民航安检机构应当核查民用运输机场控制区通行证件,并对其人身及携带物品进行安全检查。

对执行飞行任务的机组人员进入民用运输机场控制区的,民航安检机构应当核查其民航空勤通行证件和民航局规定的其他文件,并对其人身及物品进行安全检查。

对进入民用运输机场控制区的民用航空监察员,民航安检机构应当核查其民航行政机关颁发的通行证并对其人身及物品进行安全检查。

（二）对进入机场控制区车辆的管控措施

对于进入民用运输机场控制区的车辆,民航安检机构需要核查民用运输机场控制区车辆通行证件,并对其车身、车底及车上所载物品进行安全检查。运输航空配餐和机上供应品的车辆进入机场控制区还需要全程签封,道口安检人员需要查验签封是否完好并核对签封编号,没有安全问题,方可放行。

（三）对因工作需要进入机场控制区物品的管控措施

一般情况下,对物品的安全检查方法和程序与对行李物品检查方法和程序是一致的,但在管控内容上与旅客携带物品有一定差异。工作人员进入机场控制区工作需要携带工作所需的工具和物品,如保洁人员进入机场控制区进行清扫和消毒,需要携带清扫和消毒的工具和材料,包括比较大剂量的消毒液、清洁液等,施工人员进入机场控制区进行施工,需要携带施工工具,如铁锹等,这些物品是基于工作需要,与旅客携带物品差异较大,为确保这些物品进入控制区不会挪为他用或遗留在机场控制区内,机场应采取物品备案清单制,核对、登记与核销以及使用管理等管控措施。

1. 备案清单制

相关单位需要将工作人员带进控制区的工具、物料或者器材列成清单,提交机场安全检查机构备案。若工具、物料和器材含有民航禁止运输物品或限制运输物品的,在要求其同时提供民用运输机场管理机构同意证明。方可通过安全检查机构的检查。

2. 核对、登记与核销

《民用航空安全检查规则》中明确对进入民用运输机场控制区的工具、物料或者器材,民航安检机构应当根据相关单位提交的工具、物料或者器材清单进行安全检查、核对和登记,带出时予以核销。

3. 使用管理

使用单位还需明确专人负责工具、物料和器材在机场控制区内的管理。对进入机场控制区的工具、物料和器材应当实施安保控制措施。控制区内使用的刀具等对航空安全有潜在威胁的物品,应当编号并登记造册,避免遗失。

（四）进入机场控制区商品的管控措施

进入机场控制区的商品主要是售卖给即将登机的旅客。因此,商品首先不能危及航空安全,考虑到机场商户的备案管理制度,对进入机场控制区商品采取如下管控措施。

1. 备案与监督检查

对进入民用运输机场控制区的商品,民用运输机场管理机构应要求对商品进行安全备案并对其进行监督检查,防止进入民用运输机场控制区内的商品含有危害民用航空安全的物品。如用于头发定型的压力罐装摩丝,属于不允许在机场控制区销售的物品,酒精含量超过45%Vol的酒水也不允许在机场控制区进行销售。

2. 接受安全检查

对于进入民用运输机场控制区的商品,还需要进行安全检查,民航安检机构会核对商品清单和民用运输机场商品安全备案目录一致,安全检查后方可放行。

（五）例外情况

每个国家都有豁免政策,即对于某些特殊情况或特殊人员需要进入机场控制区的部分人员采取免除安全检查的措施,如紧急情况下的应急救护人员以及授权进入机场控制区执行任务的执法人员等,可以在一定条件下免除安全检查措施。

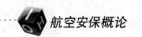

第三节　航空器和要害部位的安保措施^①

机场控制区一般分为候机隔离区、行李分拣装卸区、航空器活动、维修区和货物存放区等。所有控制区的通行管制主要目的都是防止人或物非法进入机场控制区并对航空器和要害部位进行或产生破坏和干扰,从而危及航空安全的行为。

一、航空器的安保

航空器作为承载旅客的公共交通运输工具,其本身的安全涉及公共安全甚至国家安全,关系到不特定多数人员和重大财产的安全。因此,航空器的安保一直都是空侧^②(机场控制区)安保的重要内容之一。

航空器的安保措施主要包括航空器的监护和守护、航空器安保检查、航空器安保搜查、防止在机场及其附近对航空器的攻击以及飞行中航空器驾驶舱的保护。^③

(一)航空器的监护和守护

在航空器停场或执行任务时在机场的短暂停留期间,为了防止未经授权的人或物靠近或进入航空器,预防可能对航空器运行产生的风险,有必要对航空器采取一定的安保管制措施。

1.规章对航空器监护和守护的要求

《公共航空运输企业航空安全保卫规则》(CCAR-343-R1)第七十八条和第七十九条以及《民用航空运输机场航空安全保卫规则》(CCAR-329)第八十二条对航空器的监护和守护提出了要求。

航空器在地面的安保应当明确划分责任,并分别在机场、公共航空运输企业航空安保方案中列明。

公共航空运输企业应当采取措施,以便航空器执行飞行任务期间、机场过夜或未执行航班飞行任务在地面停放期间得到有效监护或守护,监护或守护机构及其措施应当在其航空安保方案或者安保协议中列明。

2.航空器监护和守护的定义

从一些安保管制措施针对的对象来看,航空器监护和守护可以分为航空器的监护和航空器的守护。

航空器的监护是指对执行进、出港航空器在机坪短暂停留工作期间实行安保管制,仅允许经授权的人员、物品和车辆进入相应的安保管制区域,确保执行航班飞行任务的航空器得到有效保护。

航空器的守护是指对于在机场过夜,或处于未执行航班飞行任务停放期间的航空器,采取必要的安保管制措施,防止无关人员、物品及车辆靠近或进入航空器,确保航空器得到有

---

① 本节内容不涉及通用航空器的安保,多数通用航空器的安保由所有人或运营人采取防盗、防破坏和防非法进入的类似于锁闭和固定等一般措施来实现。

② 所谓空侧,是指机场的活动区域及其邻近的地带和建筑物或其一部分,进入该区域是受管制的。

③ 飞行中航空器驾驶舱保护的内容将在"飞行中的安保"一节中进行阐述。

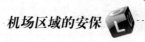

效的保护。

近些年,为了提高工作效率,提高航空器监护和守护的水平,结合最新技术的发展和应用,我国民航主管部门开始试点对航空器的区域监护和守护,不再单纯依赖传统的单机值守的模式。

所谓航空器的区域监护和守护,是指根据机坪布局、机位分布情况和风险评估结果,采取固定值守、巡视检查和视频监控相结合的方法实施分区安保管制,仅允许经授权的人员、物品及车辆进入监护区域,确保航空器得到有效的保护。其中分区是指机坪布局和航空器分布情况,将一定数量的相邻停机位划分为一个安保管制分区。

3. 航空器监护和守护的实施

1)航空器监护和守护的主体及职责

航空器的监护和守护既可由公共航空运输企业实施,也可由其通过签订安保协议的方式,委托民用运输机场管理机构实施。在我国,这项工作一般由机场管理机构具体负责实施。

实施航空器监护和守护的单位必须确保具备对航空器进行安保管制所需的条件,在适合的人员、经费和工作所需场所、设施设备等方面予以保障。

公共航空运输企业应当与航空器监护部门、机务维修部门、武警守卫部队等单位之间建立航空器监护和守护交接制度,并在其航空安保方案中列明。

执行航班飞行任务的民用航空器在机坪短暂停留期间,由机场管理机构负责监护。航空器在机场过夜或未执行航班飞行任务停放期间,应当由专人守护。

2)航空器监护和守护的实施

在采取单机值守(固定值守)的方式时,应根据不同类型和载客量的航空器配备相应数量的值守人员。在实施区域监护和守护时,要在做好风险评估的基础上,合理划设分区,按要求派遣规定数量和频次的监护和守护人员。

航空器监护人员接收和移交监护任务时,应当与机务人员办理交接手续,填写记录,双方签字。

航空器停放区域应当有充足的照明,确保守护人员及巡逻人员能够及时发现未经授权的非法接触。航空器隔离停放位置的照明应当充足且不间断。

此外,对于未使用而长期停场的航空器,还应当将其所有进出口关闭,将舱口梯或者旅客登机桥撤走,防止未经授权人员接触航空器。

实施航空器监护和守护的人员必须按照《国家民用航空安全保卫方案》的要求接受相关的安保培训并经考核合格之后方能上岗执勤。

3)航空器监护和守护工作的内容

航空器监护和守护人员的工作任务主要包括四个方面:一是对旅客的登机凭证进行安检验讫标识的查验,防止未经安全检查的人员登上航空器;二是对登机的机组人员等相关工作人员的空勤登机证或机场控制区通行证件进行检查,核查证件是否有效、人证是否相符等;三是对进入监护或守护区域的车辆进行控制区车辆通行证件的核验;四是对航空器的状态进行持续监控,发现航空器异常时应及时上报并采取相应的处置措施。

4)情况处置

航空器监护和守护工作中的情况处置主要是指对违规人员和可疑物品的处置。对于违反航空器监护和守护的人员,应该及时予以劝阻或制止,必要时移交机场公安机关处理。对

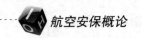

于在工作中发现的可疑物品,应按程序采取一定的控制措施,及时报告,必要时请专业人员进行处置。对于未经授权的车辆,应该及时制止,防止其进入监护或守护区域。

(二)航空器的安保检查和搜查

1. 对航空器安保检查和搜查的要求

《国际民航公约》附件17第4.3.1条规定:"每一缔约国必须确保对从事商业航空运输活动的始发航空器进行航空器安保检查或航空器安保搜查。对是否适宜进行航空器安保检查或搜查的决定必须以国家有关当局进行的安保风险评估为依据。"第4.3.2规定:"每一缔约国必须确保采取措施,以确保在从事商业飞行的航空器离港前将从过境航班下机的旅客遗留的任何物品从航空器上移走或者以其他方式作适当处理。"

我国《公共航空运输企业航空安全保卫规则》(CCAR-343-R1)和《民用航空运输机场航空安全保卫规则》(CCAR-329)中也要求:公共航空运输企业应当采取适当措施,确保每日始发和每航段的航空器经过航空器安保检查。在发生特定情况时,机场管理机构应当组织机场公安、安检等相关部门对航空器进行安保搜查。

2. 航空器安保检查和搜查的定义

航空器安保检查是指对旅客可能已经进入过的航空器内部的检查和对货舱的检查,目的在于发现可疑物品、武器、炸药或其他危险装置、物品和物质。

航空器安保搜查是指对航空器内部和外部进行的彻底检查,目的在于发现可疑物品、武器、炸药或其他危险装置、物品或物质。

从以上定义可以看出,航空器安保检查和搜查的区别主要在于检查区域的不同。检查仅指航空器内部,搜查则是对整架航空器内、外部的彻底检查。

3. 航空器安保检查和搜查的实施

1)航空器安保检查的实施

航空器安保检查,也称"清舱检查",主要目的是找出可能危及航空安全的人员、危险物品和违禁物品,发现并登记旅客的遗留物、遗失物等。

航空器安保检查属于公共航空运输企业的日常工作,通常在旅客"登机前、下机后"和货物装载前对执行任务的航空器实施。

客舱的安保检查一般由机组成员(航空安全员和客舱乘务员)实施,货舱的安保检查工作通常由公共航空运输企业货运部门承担。航空器在外站时,货舱的清舱由公共航空运输企业委托在外站的货运代理、驻场代表或按双方签订的服务代理协议实施。

航空器安保检查应当按照安保检查单对航空器客、货舱内可藏匿物品和人的所有部位进行检查,并建立登记和移交制度。对于发现的可疑人员、未持有有效证件登机的人员和违禁物品或危险物品,应当移交机场公安处理。对于发现的旅客遗失或遗留物品,应当做好登记并记载相关信息后移交给机场公安。

2)航空器安保搜查的实施

航空器安保搜查一般情况下并不实施,当发生下列情况时,机场管理机构应组织或应公共航空运输企业要求组织机场公安、安检等相关部门对航空器进行安保搜查。

(1)航空器停场期间被非法接触。

(2)在航空器受到非法干扰威胁或有合理理由怀疑该航空器在机场被放置违禁物品或

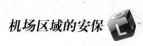

者爆炸装置。

（3）其他需要进行安保搜查的情形。

对于安保搜查发现的可疑人员、危险物品和违禁物品，应当报告机场公安机关。

机场管理机构应当对实施安保搜查的人员开展相关业务培训，确保其具备完成航空器安保搜查工作的能力。

（三）防止在机场及其附近对航空器的攻击

如本书"危害空防安全的行为"一章中所述，便携式防空导弹对航空运输的威胁持续存在，已经引起了国际社会的极大关注。因此，《国际民航公约》附件17要求，每一缔约国必须根据其相关国家或地方当局进行的风险评估，确保拟订关于地面或运行程序的适当措施，以减轻可能使用便携式防空系统（MANPADS）和其他能在机场及机场附近对航空器构成类似威胁的武器对航空器发动的攻击。

为了避免民航客机遭到袭击，美国和以色列等国家都已经开始研制并应用客机反导系统。

二、机场要害部位的安保

（一）机场要害部位安保的重要性

机场的要害部位安保的必要性在于这些设施和部位一旦遭到破坏，将影响机场的正常运行或导致机场运行瘫痪，甚至会对空防安全造成重大威胁，可能造成人员的重大伤亡和财产的巨大损失。

（二）机场要害部位的界定

机场内的下列设施和部位应被划定为要害部位，并实施相应的航空安保措施。

（1）塔台、区域管制中心。

（2）导航设施。

（3）机场供油设施。

（4）机场主备用电源。

（5）其他如遭受破坏将对机场功能产生重大损害的设施和部位。

（三）机场要害部位安保的实施

1. 机场要害部位安保的组织和管理

要害部位的安全保卫应当明确主责单位，并由其制订安保制度和应急处置预案，采取相应的航空安保措施。要害部位的航空安保措施应当在机场航空安保方案中列明。

2. 机场要害部位安保的实施

机场要害部位应当至少采取下列航空安保措施。

（1）对塔台、区域管制中心等对空指挥要害部位应当实行严密的航空安保措施，非工作需要或未经授权者严禁入内。

（2）对进入或接近要害部位的人员应当采取通行管制等航空安保措施。

（3）导航设施和其他要害部位应当有足够的安全防护设施或人员保护。

（4）在威胁增加情况下，应当及时通知有关单位强化航空安保措施，并按应急处置预案

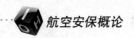

做好备用设备的启动准备。

扩展阅读

少年潜入航班货舱偷渡迪拜①

徐某于2016年5月25日晚趁夜色翻越栏杆偷偷躲入阿联酋航空的EK303航班,该航班于5月26日凌晨0:05(北京时间)起飞。

记者咨询民航业内人士了解到,普通人确实有可能藏到有氧货舱里,但有氧货舱温度比客舱低很多,一般只有几摄氏度,所以气温很低,加之没有安全带和座椅,这是一种很危险的行为。

在询问中,记者进一步得知,16岁少年之所以选择偷渡迪拜,竟然是因为听说"迪拜遍地是黄金,能赚到很多钱,最不济当乞丐都可以月薪47万元"。于是产生要去迪拜闯一闯的想法。

当地警方在询问徐某在货舱的感受时,徐某一脸憔悴地告诉记者,货舱里面还算舒服,就是没吃没喝。当被问到偷渡是犯法的、有没想过后果时,徐某坦言自己是未成年人,不怕被迪拜警察抓,其次,他听说迪拜监狱的待遇很好,被抓了也没关系。

中国驻迪拜总领馆代总领事马旭亮告诉记者,徐某之所以要偷渡到迪拜,是听说迪拜好挣钱。马旭亮表示,"希望国民不要听信谣言,世界上没有不劳而获的好事情。而且阿联酋法律严令禁止乞讨行为,在迪拜乞讨是要受到法律处罚的。"马旭亮同时强调,此前有国内媒体报道在迪拜乞讨,一个月可挣47万元之类的消息,都是谣传。

练习与思考

(1)非控制区安保措施是面向哪些人员的安保措施?通行管理措施是面向哪些人员的安保措施?

(2)请谈一谈你对公共区安保工作必要性的看法。

(3)简述你所了解的非控制区安保措施有哪些?

(4)通行管制措施涉及证件管理,证件分为哪几种?人员通行证件和车辆通行证件有哪些具体信息要求?

(5)为什么需要对进入机场控制区的人员和车辆进行管理?

(6)为什么需要对进入控制区的工具采取管控措施?若是不进行管控,可能带来什么样的风险?

本章配套资源

---

① 参见腾讯新闻:"少年潜入航班货舱偷渡迪拜",载于 https://news.qq.com/a/20160531/031601.htm,最近一次访问在2021年12月31日。

第六章
航空旅客运输的安保

学习目标：通过本章的学习，帮助学生掌握针对旅客及其行李的航空安保措施，强化学生对旅客及其行李的安全检查措施的知识掌握。增加学生对旅客及其行李安全保卫工作的理解。

2021年10月至11月，中国民航报发布了航空安全工作的五种属性，其中在深刻认识民航安全工作的政治属性中提出：把航空运输安全放到"事关国家安全、国家战略"的高度考虑。习近平总书记对民航安全工作作出一系列重要指示批示，强调"安全是民航业的生命线，任何时候、任何环节都不能麻痹大意"，要求民航"始终坚持安全第一""盯紧、盯住"航空安全。民航安全的极端重要性决定了民航不仅仅是一个业务部门，更是个政治部门，而且是政治敏锐性很强的部门。全行业应深刻认识到安全工作的政治属性，从政治高度观察、分析安全问题，将政治要求融入安全工作标准。为了确保航空旅客运输安全，民航安保主管机构从多角度、多层面制定了航空安保措施。本章主要从旅客订票与值机、旅客安全检查点与候机隔离区安保措施、旅客及其行李安全检查一般规定、民航旅客随身携带和托运物品的管制措施四部分进行介绍。

第一节　旅客订票与值机过程的安保

美国"9·11"事件后，经事件调查发现19名劫机者与基地恐怖组织有关联，他们在波士顿洛根国际机场、纽瓦克国际机场和华盛顿杜勒斯国际机场作为持票旅客登机。还确定至少有两名劫机者最初是作为缅因州波特兰国际机场的持票旅客登上飞往波士顿洛根机场的航班，然后转乘美国航空公司11号航班。由此可见，若我们能在前期对拟乘航空器的购票旅客进行筛选，及时防范高危旅客乘机，也能有效维护航空安全。

一、旅客订票过程中的安保措施

拟乘坐航空器进行旅行的旅客，首先需要提供有效身份证件号码才可以购置航空公司的机票，并在确定行程后办理值机手续。旅客必须凭购票时的有效证件办理登机手续。即旅客应持有的有效身份证件与登机凭证保持一致。机票仅限乘客本人使用，出票后无法换

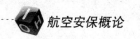

用其他姓名登机。

考虑到有的购票旅客具有危及航空安全的可能性,国家安全部门会采取措施对相关人员进行限制和管控,例如公安、安全部门会要求查控或稽查的恐怖分子、刑事犯罪嫌疑人、经济犯罪嫌疑人、走私人员、贩毒人员以及其他在逃犯罪嫌疑人。同时,我国民航也会对在"黑名单"中的旅客或安全风险等级较高的旅客采取相应的措施。此外,还会对购票过程中的一些异常购票情况采取相应的重点关注措施。

其他安全服务方面:对于特殊旅客,如婴儿、孕妇、无成人陪伴儿童、重病患者,为保障旅客自身安全以及其他旅客运输安全,公共航空运输企业会制定并公布特殊旅客的承运标准(《公共航空运输旅客服务管理规定》),细化相关旅客服务内容。通常这类旅客需要特殊服务并加验其他乘机证明方可运输。如怀孕旅客购票,在实际乘机期间孕周已满 32 周但不足 36 周的,公共航空运输企业一般会要求旅客在乘机时提供乘机前 72 小时内由医院盖章和该院医生签字填开的允许乘机《诊断证明书》,否则,公共航空运输企业有拒绝出票的权利。怀孕超过 9 个月(36 周)的孕妇一般不接受购票乘机。对于重病旅客,公共航空运输企业从人身安全保障能力、应急医疗保障能力、飞行中客舱综合条件等角度考虑,一般会要求重病旅客须持有医疗单位出具的适宜乘机的证明,方可承运。残疾旅客乘机也需要满足公共航空运输企业承运条件方可乘机。

旅客信息安全:公共航空运输企业需要将使用的旅客订座和离港信息系统的类型、供应商信息向民航地区管理局备案。公共航空运输企业旅客订座系统应当按规定设置获取旅客身份证件信息的程序。从信息保护角度,旅客订座和离港信息、身份信息均应当受到保护,公共航空运输企业需要采取相应安保措施,不得被随意对外提供,并防止旅客信息被窃取或泄露。

旅客信息采集:旅客订票信息也是实施旅客分级分类安检的重要信息采集渠道。如购票信息、行程(含频率)信息、往常安检信用记录、座位喜好等以及其他可能的行为信息。当前民航局已经颁布了《民航旅客定座和离岗数据公安网交换规范》《民航安检信息交换规范》《民航安全保卫相关信息共享管理办法》《民用航空安全信息管理规定》,在信息交流和共享机制建设下做了大量基础性工作。安检与购票、订座信息的集成方式不断完善,对飞经、经停我国航班旅客信息的采集也在不断改进中。对形成旅客信息为主导的旅客行为分级分类安检机制,将对航空安全大有助益。

二、办理值机过程中的安保措施

旅客办理乘机手续时,公共航空运输企业及其代理人应当采取措施核对乘机人的身份证件和行李,并告知其相关安全保卫规定。随着无人值机技术的应用推广,越来越多的航空运输公司采用电子技术核对乘机人的身份证件,以电子公告的形式告知其相关安全保卫规定。旅客可以托运的物品以及旅客托运行李物品的安全保卫规定在旅客及其行李安全检查一般规定及民航旅客随身携带和托运物品的管制措施中明确。

航空公司提供值机服务,也会结合旅客的年龄、性别等因素,以风险等级为基础,提供可以选择的座位,尤其是机上薄弱环节如航空器紧急出口位置的安排。

机上紧急出口的设置是为了保障旅客在航空器遭遇紧急情况下旅客进行紧急疏散的生命通道。坐在飞机紧急出口的旅客承担"应急员"的责任,紧急出口舱门比较沉,乘客要有一定力气才能打开,所以一般不会把紧急出口座位发放给老人、不满 15 岁、行动不便者以及缺乏良好中文语言表达能力、听觉和视觉能力、信息传达能力者,和照顾婴儿的旅客、孕妇等特殊旅客。同时,紧急出口设施作为应急设施,需要按照乘务员的指导或操作说明来进行操作,以便及时打开,因此适合邻近安全门位置的乘客,通常会安排一些年轻、有多次飞行经验的旅客。在飞行和降落过程中,如果发生意外事故,在机长发出指令疏散乘客时,坐在紧急出口的人,可以有效协助机组人员,打开紧急出口舱门,放置好逃生滑梯或气垫,协助其他乘客逃生。但是,应急出口事关航空器和机上人员生命财产安全,不可随意触动。2010 年 4月,某旅客擅自扳动身边的飞机紧急出口门手柄,导致飞机紧急出口门打开,造成航班延误。当事旅客被带到机场派出所接受调查,并根据《中华人民共和国治安管理处罚法》第三十四条规定"盗窃、损坏、擅自移动使用中的航空设施",处十日以上十五日以下拘留。2015 年 4月,从某国际机场准备飞往韩国首尔的一架客机上,一名乘客从内部打开了安全门,导致飞机延误 2 小时,该乘客被处以 15 日治安拘留。

第二节　安全检查点与候机隔离区安保措施

旅客办理值机后,在进入机场控制区进行乘机之前,必须经过安全检查。安全检查结束进入旅客候机隔离区等待登机。本节首先介绍一下安全检查点,然后介绍候机隔离区的安保措施。

一、安全检查点

(一)安全检查点的布局

旅客在进入机场控制区进行乘机之前,首先必须经过安全检查。旅客和随身行李安全检查点通常位于候机楼中央大厅,设置专门的区域。当然,也有的国家,如新加坡樟宜机场,将安全检查点设置在航空器登机口。集中设置在候机楼大厅会在一定客流量下节省人力成本,设置在航空器登机口的安全检查点让旅客留出更多时间在机场购物,两种设置方式各有利弊,但均是综合考量的结果。

我国机场的旅客安全检查点设置以集中式设置在候机楼中央大厅为主。在航站楼内设置用于旅客托运行李安全检查、超大行李安全检查以及托运行李处理系统后台管理的旅客托运行李安检区,用于身份验证、人身安全检查、手提行李安全检查、非公开检查、行李开包检查等的人身及其手提行李安检工作区(包括机组和工作人员安全检查通道)区域。安检工作区均设有禁止拍摄、禁止旅客携带或托运的物品等安全保卫标识和通告设施,航站楼内所有区域均不应俯视观察到安检工作现场。

旅客及其行李物品的安全检查包括证件检查、人身检查、随身行李物品检查、托运行李检查等,安全检查方式包括设备检查、手工检查及民航局规定的其他安全检查方式。旅客及其行李物品需经安全检查才能进入候机隔离区。航站楼旅客流程设计应做到国际旅客与国内旅客分开,国际到达、出发旅客分流,国际、地区中转旅客再登机时应经过安全检查。

我国机场设置的安全检查点还会考虑为年老、残疾的旅客、携带儿童的家庭设立专用的安检通道;为临近登机的旅客设置快速安检通道,减少排队时间,保障其按时登机。

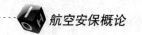

（二）安全检查点的设施设备要求

根据《民用航空安全检查规则》和《中国民用航空安全检查设备管理规定》的要求，民航安检设备实行使用许可制度。用于民航安检工作的民航安检设备应当取得"民用航空安全检查设备使用许可证书"并在"民用航空安全检查设备使用许可证书"规定的范围内使用。未取得民航局颁发的"民用航空安全检查设备使用许可证书"的安检设备，不得用于民航安全检查工作。民航安检机构的运行需要具备以下基本设施设备条件。

（1）符合民用航空安全保卫设施行业标准要求的工作场地；配备与旅客吞吐量相适应的安检通道及安检人员和设备，确保所有进入候机隔离区的人员及物品经过安全检查。

（2）符合国家和民航局有关技术规范和标准要求，并符合民用航空安全保卫设施行业标准的设施设备。

（3）建立符合标准的安检信息管理系统，及时采集、存储旅客安检信息。人身和行李安全检查信息管理系统应能完整采集、处理、存储旅客、机组和工作人员的安全检查信息，实现对其基本信息、人身、手提行李、托运行李安全检查图像、开包检查信息、安全检查现场视频和音频资料等信息以及登机口确认信息的采集、存储、传输和检索等处理功能。同时，旅客安全检查信息管理系统需要预留接口及足够带宽，以确保能够向机场运行和安全保卫指挥部门报送数据。

民航安检机构设立单位应当按照民航局的规定，建立并运行民航安检设备的使用验收、维护、定期检测、改造及报废等管理制度，确保未经使用验收检测合格、未经定期检测合格的民航安检设备不得用于民航安检工作。

（三）旅客及其托运行李安检通道人员配备

安检机构安全检查通道岗位设置应当符合民用航空安全检查员定员定额等标准要求。人身安全检查通道包括一般旅客、残疾人、行政贵宾、头等舱及商务要客、机组人员、工作人员等种类安全检查通道，涉及负责查验旅客登机证件的验证检查岗位，需要满足国家安检职业资格证书五级（含）以上能力要求；负责引导旅客安检的前传引导岗位，需要满足国家安检职业资格证书五级（含）以上能力要求；负责对旅客手提行李物品是否夹带违禁物品进行 X 光机判图的 X 光机操作岗位，需要具备国家安检职业资格证书四级（含）以上能力要求；需要对旅客人身是否携带违禁物品进行检查的人身检查岗位，需要满足国家安检职业资格证书五级（含）以上能力要求；负责对可疑行李进行开箱包检查的开箱检查岗位，需要具备国家安检职业资格证书四级（含）以上能力要求。

旅客的托运行李的安全检查由交运行李安全检查岗位实施，包括旅客交运行李和超大行李安全检查岗位，涉及交运行李 X 光机操作岗位，交运行李 CT 机操作岗位，交运行李开箱检查岗位，超大行李 X 光机操作岗位，超大行李开箱检查岗位，均需要具备国家安检职业资格证书四级（含）以上能力要求。

通常，旅客安检通道还会设置综合服务岗位，包含维序检查和限制物品移交，还有防爆检查岗位，他们均需要具备国家安检职业资格证书五级（含）以上能力要求。根据不同等级机场，其安检通道还需要配置质量控制岗位，质量控制岗位包括安全检查信息管理系统操作、质量监察、安全检查业务培训，他们需要具备国家安检职业资格证书三级（含）以上能力要求。

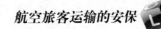

民航安全检查员依据民航安检工作运行管理文件的要求开展工作,执勤时不得从事与民航安检工作无关的活动。

二、旅客候机隔离区安保

旅客候机隔离区,顾名思义是为供旅客在安全检查后和登机前使用的休息区域,是机场控制区的一部分。该区域的所有通道口均须实施通行管制措施或者锁闭措施。与非隔离区相毗邻的门、窗等部位,应采取有效的隔离措施。比如候机隔离区与登机廊桥、登机口甚至停机坪可能只是一门之隔,当门禁打开,候机隔离区就和航空器,甚至停机坪、机场隔离区的运载大巴连接形成一个区域。虽然都属于机场控制区,但是控制区内通行人员可以携带的物品是有差异要求的,包括停机坪本身也有其运行规则,此时需要采取措施加以控制,确保经过安全检查的旅客及其随身行李不会受其他干扰。

所有进入候机隔离区的人员及物品均须经过安全检查。已经通过安全检查的人员离开候机隔离区再次进入的,也需要重新接受安全检查。例如,旅客重新回到公共区拿取物品或者重新办理托运手续等,与公共区未经过安全检查的人员和物品进行接触,当其返回控制区时,需要再次进行安全检查,确保候机隔离区内人员及随身行李的安全状态一致性,确保登机旅客及其随身行李、物品的状态是持续符合《民用航空安全检查规则》的要求。

一旦未经安全检查的人员进入该区域,或者与候机隔离区人员接触,机场需要对候机隔离区进行清场和检查,对相应出港旅客及其手提行李再次进行安全检查;如旅客已进入航空器,则需对该航空器客舱需要进行安保搜查。

候机隔离区在使用之前必须进行清场,确保没有其他人员和可疑物品遗留在候机隔离区,确保旅客在进入之前是安全的。实施民用运输机场控制区 24 小时持续安保管制的机场除外。

第三节　旅客及其行李的安全检查

对所有旅客及其客舱、货舱行李进行检查是航空安保措施核心的组成部分,旨在确保未经授权的人员和违禁物品不会进入机场控制区,进而将可能危及航空安全的违禁品等带入航空器。乘坐民用航空器的旅客及其行李均应当依法接受安全检查;公共航空运输企业不运输拒绝接受安全检查的旅客,不得违反航空安保法规标准运输未经安全检查的行李。

一、机场、航空公司与旅客的安保责任与义务

(一)机场与航空公司的告知义务

公共航空运输企业、民用运输机场管理机构应当在售票、值机环节和民航安检工作现场待检区域,采用多媒体、实物展示等多种方式,告知公众民航安检工作的有关要求、通告。

(二)机场安全检查现场安保责任与旅客配合义务

民航安检工作现场是禁止拍照、摄像的。在民航安检工作现场设置有禁止拍照、摄像警示标识,并安排有人员进行巡查,一旦发现旅客违规拍照,需要及时制止并强制要求删除。其目的是保护安全检查措施的非公开性。在国外,在机场安检现场拍照可能触发较为严重

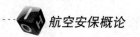

的后果,一旦发现有人对安检工作现场拍照等不合规或者可疑行为,在巡查的执法人员会前去拿出证件并要求接受询问,立刻删除照片,否则将面临大额罚款。

(三)旅客携带物品接受安检的义务

旅客不得携带或者在行李中夹带民航禁止运输物品,不得违规携带或者在行李中夹带民航限制运输物品。《民航旅客禁止随身携带和托运物品目录》和《民航旅客限制随身携带或托运物品目录》可以在民航局网站上进行查询,本书中民航旅客随身携带和托运物品的管制措施中有扩展阅读,这里不再单独介绍。

按照民航局的要求,对旅客和单位实施民航安全检查安全信用制度。对有民航安检违规记录的人员和单位进行安全检查时,可以采取从严检查措施。尤其是那些故意夹带违禁物品的人员,不管是从个人主观故意角度,还是从结果上给安检工作带来的"艰难"负重,故意夹带违禁物品的行为均可能面临严重的处罚。除此之外,国家也会从旅客信用角度对旅客行为进行规范。2018年4月,由国家发改委牵头,民航局等七个部门联合签署《关于在一定期限内适当限制特定严重失信人乘坐民用航空器推动社会诚信体系建设的意见》对限制乘坐民用航空器的人员范围、信息的采集和发布、名单的移除、权利救济和相关宣传等事项都进行了规定。限制乘机范围包括如编造、故意传播涉及民航空防安全虚假恐怖信息的;使用伪造、变造或冒用他人乘机身份证件、乘机凭证的;堵塞、强占、冲击值机柜台、安检通道、登机口(通道)的;随身携带或托运国家法律、法规规定的危险品、违禁品和管制物品的;在随身携带或托运行李中故意藏匿国家规定以外属于民航禁止、限制运输物品的;妨碍或煽动他人妨碍安检、值机等民航工作人员履行职责,实施或威胁实施人身攻击的行为,具有这些行为的旅客将作为特定严重失信人限制乘坐民用航空器并明确限定为1年的限制乘机期限。

(四)特情处置

遇有以下情况,民航安检机构报告公安机关进行处置:使用伪造、变造的乘机身份证件或者乘机凭证;冒用他人乘机身份证件或者乘机凭证;随身携带或者托运属于国家法律法规规定的危险品、违禁品、管制物品;随身携带或者托运本条第三项规定以外民航禁止运输、限制运输物品,经民航安检机构发现提示仍拒不改正,扰乱秩序;行李物品中隐匿携带民航禁止运输、限制运输物品,扰乱秩序;故意散播虚假非法干扰信息;对民航安检工作现场及民航安检工作进行拍照、摄像,经民航安检机构警示拒不改正;逃避安全检查或者殴打辱骂民航安全检查员或者其他妨碍民航安检工作正常开展,扰乱民航安检工作现场秩序;清场、航空器安保检查、航空器安保搜查中发现可疑人员或者物品;发现民用机场公安机关布控的犯罪嫌疑人;以及其他危害民用航空安全或者违反治安管理行为。

二、旅客人身检查要求

(一)常规安全检查项目及检查方式

旅客及其行李物品的安全检查包括证件检查、人身检查、随身行李物品检查、托运行李检查等。安全检查方式包括设备检查、手工检查及民航局规定的其他安全检查方式,如防爆检查。

(二)旅客的有效乘机证件

乘坐国内航班的旅客需要出示有效乘机身份证件和有效乘机凭证。对旅客、有效乘机身份证件、有效乘机凭证信息一致的,民航安检机构应当加注验讫标识。

有效乘机身份证件的种类包括：中国大陆地区居民的居民身份证、临时居民身份证、护照、军官证、文职干部证、义务兵证、士官证、文职人员证、职工证、武警警官证、武警士兵证、海员证，中国香港、澳门地区居民的港澳居民来往内地通行证，中国台湾地区居民的台湾居民来往大陆通行证；外籍旅客的护照、外交部签发的驻华外交人员证、外国人永久居留证；民航局规定的其他有效乘机身份证件。

十六周岁以下的中国大陆地区居民的有效乘机身份证件，还包括出生医学证明、户口簿、学生证或户口所在地公安机关出具的身份证明。之所以专门规定十六周岁以下的居民有效乘机证件，一方面是延续早期对证件规定的体例，其二是因为部分人员虽然具备办理二代身份证的资格但是因各种原因还没有办理身份证件，如幼儿等。

民航局规定的其他有效乘机身份证件，包括临时乘机证明。"民航临时乘机证明"是为没有携带身份证件的民航旅客提供的一种服务措施。临时乘机证明办理以前有两种方式：一是公安机关在机场候机楼设置的规定的窗口进行人工办理，二是在机场公安机关设置的自助终端办理；随着技术条件的成熟，民航推出了"民航临时乘机证明"系统，为广大旅客提供一个全国适用、便捷高效的网上办理渠道。实现了临时乘机证明的"自助办、随时办、掌上办"。民航旅客在手机上办理临时乘机证明后，在国内所有的机场都可进行核验并办理相关的登机手续。该证明的有效期为 15 天，如果旅客行程不超过 15 天，返回时还能继续使用。

安检人员对旅客、有效乘机身份证件、有效乘机凭证信息进行核对的时候，涉及对证件真假的识别，旅客与证件一致性的审核，以及旅客、证件和乘机凭证一致性的审核。随着技术的发展，尤其是一站式安检的实施，身份证件的真假以及旅客与证件一致性的审核，逐步由人脸识别闸机完成，遇有特殊情况或者异常情况由工作人员处理。

（三）旅客人身检查程序

旅客通过验证后，在接受人身检查前，需要将随身携带的可能影响检查效果的物品，包括金属物品、电子设备、外套等取下。依次通过人身安检设备接受人身检查。对通过人身安检设备检查报警的旅客，民航安全检查员必须对其采取重复通过人身安检设备或手工人身检查的方法进行复查，排除疑点后方可放行。对通过人身安检设备检查不报警的旅客可以随机抽查。

手工人身检查一般由与旅客同性别的民航安全检查员实施；对女性旅客的手工人身检查，由女性民航安全检查员实施。

随着人体扫描仪器技术的成熟，尤其是毫米波成像扫描仪的应用推广，将进一步强化仪器对人体可能携带违禁物品的监测。

（四）特殊情况

携带贵重物品、植入心脏起搏器的旅客和残疾旅客等，可以要求在非公开场所进行安全检查，民航安检机构可以对其实施非公开检查。检查一般由两名以上与旅客同性别的民航安全检查员实施。实施非公开检查的原因并不是基于安全的原因，更多是基于对当事人个人隐私的尊重。

残疾旅客应当接受与其他旅客同样标准的安全检查。接受安全检查前，残疾旅客应当向公共航空运输企业确认具备乘机条件。残疾旅客的助残设备、服务犬等应当接受安全检查。服务犬接受安全检查前，残疾旅客应当为其佩戴防咬人、防吠叫装置。

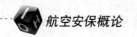

（五）从严检查的情况

对有下列情形的,民航安检机构会实施从严检查措施。

（1）经过人身检查复查后仍有疑点的。

（2）试图逃避安全检查的。

（3）旅客有其他可疑情形,正常检查无法排除疑点的。

从严检查措施应当由两名以上与旅客同性别的民航安全检查员在特别检查室实施。

三、旅客随身行李和托运行李安保措施

（一）旅客随身行李的安保措施

旅客的随身行李物品应当经过民航行李安检设备检查。发现可疑物品时,民航安检机构应当实施开箱包检查等措施,排除疑点后方可放行。对没有疑点的随身行李物品可以实施开箱包抽查。实施开箱包检查时,旅客应当在场并确认箱包归属。

（二）旅客托运行李的安保措施

1. 安全检查

旅客的托运行李需要经过民航行李安检设备检查。发现可疑物品时,民航安检机构会实施开箱包检查等措施,排除疑点后方可放行。对没有疑点的托运行李可以实施开箱包抽查。

实施开箱包检查时一般需要旅客在场并确认箱包归属,保障旅客的知情权以及旅客物品安全,但是,这样做也有可能引起旅客因为临近登机时间而影响其登机,公共航空运输企业亦可以与旅客达成特殊约定,如在托运行李时提前告知,若有违禁物品允许航空运输企业直接开箱包进行检查等。

2. 本人行李

公共航空运输企业只接受旅客本人的托运行李以及仅由承运人的代理人或授权代表接受的托运行李。前者是确保托运行李有明确所有人,且对托运行李内的物品是知情的,从而降低托运行李风险。后者是基于承运人等非旅客因素产生的无人陪伴行李,承运人可以运输。

3. 托运行李安保

对已经通过安全检查的托运行李,需要采取措施确保行李分拣、存放、装卸区仅允许授权人员持证进入,防止未经授权的人员接近,直至在目的地交还旅客或移交给另一承运人。在装机前公共航空运输企业还需要核对行李标签及数量,防止非本航班承运的行李装上航空器。

对于在城市航站楼办理登机手续的始发行李,必须从交运地点开始实施安全保卫措施,防止未授权人员接触。未经过安全检查的,应当在机场采取相应的措施,对已经过安全检查的托运行李在地面存储和运输期间,保证有专人监管,防止未经授权的人员接触。

考虑到不同国家或地区对行李安保要求以及检验检疫等要求的不一致性,以及转机过程中可能产生的人员装卸接触,对转机的托运行李应当采取安保控制措施。

4. 旅客与托运行李一一对应

任何安全检查措施均不是万能的。为了确保航空器安全,对于旅客托运行李还要求与旅客进行一致性核对。因安保原因或因拒绝接受安全检查而不准登机的旅客,其托运行李

必须从航空器上卸下,对已经办理登机手续而未登机的旅客行李,也必须从航空器上卸下来;旅客购买了全程票却在中途停靠点中止旅行时,也必须将其行李卸下。这也是基于民航历次非自杀式袭击事件经验教训,而采取的防范措施。

对非旅客本人原因,如航空公司错运而导致的无人陪伴行李,经过安全检查后,承运人可以运输。错运行李和无人认领行李,考虑到可能的风险,如藏匿违禁物品,需要对其存放场所采取安保控制措施,如专门的存放场所,存放前经过安全检查或者防爆检查等,直到行李被运走、认领或者处理完毕。

对国际航班到达的错运行李和无人认领行李在存放和装机前,应当进行安全检查。

(三)特殊情况

根据国家有关法律法规和民航危险品运输管理规定等相关要求,属于经公共航空运输企业批准方能作为随身行李物品或者托运行李运输的特殊物品,旅客凭公共航空运输企业同意承运证明,经安全检查确认安全后放行。比如轮椅上使用的大容量锂电池,旅客携带锂电池驱动的轮椅或其他类似的代步工具和旅客为医疗用途携带的、内含锂电池的便携式医疗电子装置的,必须依照相关规定和要求携带并经航空公司批准。旅客可提前与航空公司咨询以便获得帮助。

对禁止旅客随身携带但可以托运的物品,旅客可作为行李托运、自行处置或者暂存处理。对于旅客提出需要暂存的物品,民用运输机场管理机构需要为其提供暂存服务。暂存物品的存放期限不超过 30 天。暂存的范围限制在禁止旅客随身携带但可以托运的物品,如单瓶超过 100 毫升的化妆品。

对来自境外,且在境内民用运输机场过站或中转的旅客及其行李物品,民航安检机构应当实施安全检查。对来自境内,且在境内民用运输机场过站或中转的旅客及其行李物品,民航安检机构不再实施安全检查。但旅客及其行李物品离开候机隔离区或与未经安全检查的人员、物品相混或者接触的除外。

四、旅客差异化安检

2021 年,我国民航推出了新的安检服务模式——旅客"易安检"服务,这是一种以信息加科技为支撑,给旅客提供的更安全、更便捷、更舒适的安检模式,特点是查验准、干预少、流程简、速度快、体验新,改变了传统安检"一刀切"和旅客被动接受的方式,旅客可以主动参与,双向选择。目前,已有多家机场进行测试运行。经测算,安检通行效率提高 30%,理想状态下,旅客过检时间可缩短一半。[①]

"易安检"服务是对旅客安全风险分类分级评估机制的尝试,属于旅客差异化安检,是依据风险等级对旅客进行分流,并实施不同规格的安全检查措施,以实现安检资源利用效能最大化。[②] 如深圳宝安机场对在民航公安相关数据库中无记录、在民航安全负面名单中无记录、上一年度乘坐民航航班大于或等于 30 次或乘客身份为军人、警察等及经过系统预审查

---

① 参见北青网:"明年起 40 家机场将开通旅客'易安检'服务 安检通行效率提高 30%",载于 https://t.ynet.cn/baijia/31825161.html,最近一次访问在 2021 年 12 月 28 日。

② 冯文刚,姜兆菲璠.基于民航旅客分级分类方法的差异化安检和旅客风险演化研究[J].数据分析与知识发现,2020,4(12):105-119.

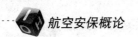

的旅客简化安检措施。上海虹桥机场依据部分数据信息筛选出低风险旅客以简化安检流程。太原武宿机场对于无行李和小件行李旅客实行差异化安检通道过检。目前,分类指标以旅客的社会安全负面记录为主导。

差异化安检能提升旅客乘机体验,同时缓解安保压力。为应对国际反恐形势的变化,平衡快速增长的客流量以及高昂的民航安保运行成本,满足旅客更加可靠、快捷的离港服务需求,国际、国内的民航安检不断改进。从高速计算机断层扫描(CT)扫描技术的应用、安检自助通道一站式安检的推广实践以及韩国 U-Airport 理念、国际民航组织未来关卡(Check Point of the Future)项目逐步出现,它们均以更安全为基础,提速安检,提高旅客体验为目标。同时,鉴于任何技术均有其局限性,再便捷的自助安检通道也需要区分人群;针对高风险旅客,还需要采取有针对性的安保措施。因此,旅客分级分类安检的实现,需要建立有效的旅客分级分类管理机制。

旅客分级管理国际民航有诸多经验,且多基于旅客行为分类。如以色列机场采用"对人不对物"的旅客行为模式分析安检模式,由三部分组成:安检前置,从旅客自购票行为开始即已经进行安全评估;旅客分级分类,旅客在进入安检通道前将接受机场询问官的询问,旨在发现旅客是否存在潜在风险行为;同时根据旅客的行为表现等信息进行风险评估后将其引导至不同级别的安检通道,实现差异化安检。

美国交通安全管理局与国土安全局联合开发的"预安检"计划(Pre-check)[1],旨在将愿意接受背景调查的低风险旅客从普通旅客中分离,合理分配安检资源以提高安检整体效率。通过验证的旅客使用有 TSAPre√® 标记的安检通道,可有效减少排队等待的时间。安检时将无须移除轻便的腰带、夹克、鞋子及符合规格的液体和电子产品。受信任旅客作为监护人,其随行 12 岁(含)以下的儿童可以一同通过 Pre-check 安检。

韩国仁川机场提出"U-Airport"理念,依赖于电子护照和基于生物计量的技术加速安检过程。对经常出行的旅客,可以选择进行一次彻底安全检查流程,通过该流程的旅客将被认为是"可信赖的旅客"。他就可以进入机场的特别通道,从而无须经过当前烦琐的安全检查程序。

不同的安检模式均是对旅客分类分级安检模式的探索与实践推动。我国民航安检与信息技术的有效结合,已迈出实质性的一步。自 2022 年 1 月 1 日起,全国将有 40 家旅客吞吐量千万级的大型机场开通旅客"易安检"服务。"易安检"采取"旅客免费自愿加入"的方式,通过国家政务服务平台进行"易安检"实名注册认证,也可以在机场现场扫码注册。旅客可以在航班起飞前 48 小时内随时预约安检服务,也可在机场临时购票、当场注册、即时预约、立等使用"易安检"服务。预约成功后,旅客可在出发地机场使用"易安检"专用通道。

 **扩展阅读**

菲律宾航空 434 号班机爆炸案[2]

1994 年 12 月 11 日,一班由马尼拉国际机场前往日本东京成田机场,中停宿务国际机场

---

① 宋丽.基于旅客行为分类安检模式探索与构建[J].民航管理,2018(10):64-66.

② 参见百度百科:"菲律宾航空 434 号航班事故",载于 https://baike.baidu.com,最近一次访问在 2021 年 12 月 28 日。

的定期航班,在宿务前往日本航段突然发生炸弹爆炸,一名日籍乘客死亡,机上其余292人生还。当局发现,在由马尼拉至宿雾航段,发生爆炸的座位是由一名名叫优素福(Ramzi Yousef)的阿尔盖达的恐怖分子乘坐的。他曾策划1993年的纽约世贸中心的炸弹袭击。当天,他用了Armaldo Forlani的假名,登上434号班机。

优素福在飞机上的卫生间装配炸弹,然后放在第26K号座位底下,并设定于4小时后自动引爆。他与其中25名乘客于飞机抵达宿雾后下机,另有256名乘客于宿雾登上434号班机后继续前往日本。

11时43分,炸弹于抵达东京前2小时发生爆炸,当时飞机已飞至琉球群岛的南大东村上空1万多米,位置接近冲绳岛及离东京西南420千米处。当时一名名叫池上春树的24岁日籍商人坐于发生爆炸的座位上,他当场被炸死,另有坐于爆炸位置前方的10名乘客亦告受伤。爆炸威力让飞机炸开一个2平方米的洞,直通货舱,但机身依然保持完整。

这架机身编号EI-BWF的波音747-283B客机立即紧急降落冲绳岛的那霸机场。爆炸发生后1小时30分,飞机逐渐失控,可是正机长Eduardo Reyes及其余机组员回忆起联合航空232号班机,小心地控制着节流阀。最后,机上其余272名乘客及20名机员全部生还。

第四节　民航旅客随身携带和托运物品的安保管制措施

民航旅客随身携带和托运物品的安保管制是航空安保工作中非常重要的一环。认定哪些物品物质可能会危及旅客生命财产安全以及航空器安全,会产生什么样不可接受的后果,是判断这些物品和物质能否携带或托运的重要依据。

民航旅客随身携带和托运物品的安保管制措施体现在多个文件中,可以分为国际民航标准和国内标准。其中,有基于航空安保原因发布的《民航旅客禁止随身携带和托运物品目录》和《民航旅客限制随身携带或托运物品目录》;也有基于航空安全和服务的原因发布的《旅客和机组人员携带危险品乘机的规范》,如涉及锂电池携带的要求,以及国际民航组织发布的《危险物品的安全航空运输》及《危险物品安全航空运输技术细则》;有综合性普适性的管制措施,也有针对某一物品的详细管制要求;新冠疫情防控期间基于旅客的防疫防护物品,也有专门的解释。

一、综合普适性的安保管制措施

2016年12月2日,为保障民航旅客人身财产安全、民用航空运输安全和国家安全,防止针对民用航空活动的非法干扰,民航局根据《中华人民共和国民用航空法》《中华人民共和国民用航空安全保卫条例》和《民用航空安全检查规则》规定,发布了新版的《民航旅客禁止随身携带和托运物品目录》和《民航旅客限制随身携带或托运物品目录》并自2017年1月1日起施行。该目录对民航旅客禁止随身携带和托运物品以及民航旅客限制随身携带或托运物品做了说明,要求公共航空运输企业、民用运输机场管理机构通过多种方式公示《民航旅客禁止随身携带和托运物品目录》和《民航旅客限制随身携带或托运物品目录》,并在旅客购票、办理乘机手续、安全检查时履行告知义务。旅客应当接受并配合民用航空安全检查。

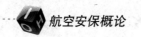

(一)民航旅客禁止随身携带和托运物品

1. 枪支等武器(包括主要零部件)类

枪支等武器(包括主要零部件)类是指能够发射弹药(包括弹丸及其他物品)并造成人身严重伤害的装置或者可能被误认为是此类装置的物品,主要包括:军用枪、公务用枪,民用枪和其他枪支,如道具枪、发令枪、钢珠枪、境外枪支以及各类非法制造的枪支;还有上述物品的仿真品。

对仿真品进行限制是基于两个方面的考虑,一方面对于仿真与否,安检基于技术能力和人的局限性难以有效识别,尤其在空中发生劫持事件时更难对其携带的枪支真伪进行识别,从而为空中的非法干扰行为处置带来极大干扰,进而无法采取正确的措施有效保护旅客和航空器安全;另一方面是有些仿真枪具备一定的杀伤力。因此在机场安检处,我们经常看到给孩子携带的有些仿真度比较高的玩具枪也被禁止携带登机。

2. 爆炸或者燃烧物质和装置类

爆炸或者燃烧物质和装置类是指能够造成人身严重伤害或者危及航空器安全的爆炸或燃烧装置(物质)或者可能被误认为是此类装置(物质)的物品,主要包括:弹药类,包括铅弹、空包弹、教练弹等;爆破器材;烟火制品,如烟花爆竹、烟饼、黄烟、礼花弹;以及上述物品的仿真品。

此类物品大多属于危险品,在客货舱的狭小空间极易造成重大伤亡,仿真品除了难识别外,在不明真相的情况下也容易引起恐慌,即使是爆炸或者燃烧"物质",也禁止携带上机,比如制造烟花爆竹的硫黄等。

3. 管制器具类

管制器具分为管制刀具,军警械以及其他国家规定的管制器具。

(1)管制刀具属于国家禁止普通公民持有的器具,这些器具能够对他人造成致命伤害,对航空安全和运输秩序构成较大威胁,主要包括:匕首(带有刀柄、刀格和血槽,刀尖角度小于60°的单刃、双刃或多刃尖刀)、三棱刮刀(具有三个刀刃的机械加工用刀具)、带有自锁装置的弹簧刀或跳刀(刀身展开或弹出后,可被刀柄内的弹簧或卡锁固定自锁的折叠刀具)、其他相类似的单刃双刃三棱尖刀(刀尖角度小于60°刀身长度超过150毫米的各类单刃、双刃、多刃刀具)以及其他刀尖角度大于60°刀身长度超过220毫米的各类单刃、双刃、多刃刀具。

(2)军警械具属于具有特定身份的人员执行公务配备的工具,如警棍、警用电击器、军用或警用的匕首、手铐、拇指铐、脚镣、催泪喷射器。

(3)其他国家规定的管制器具,如弩。

以上器械均属于能够造成人身伤害或者对航空安全和运输秩序构成较大危害的危险物品,不允许旅客携带和托运。

4. 九类危险物品

危险品运输主要以货运的形式,且需要满足危险品航空运输的严格要求。旅客运输不允许旅客携带或托运危险品。主要包括:压缩气体和液化气体,包括打火机燃料及打火机用液化气体;自燃物品,如黄磷、白磷、硝化纤维(含胶片)、油纸及其制品;遇湿易燃物品,如金属钾、钠、锂、碳化钙(电石)、镁铝粉;易燃液体,如汽油、煤油、柴油、苯、乙醇(酒精)、丙酮、乙醚、油漆、稀料、松香油及含易燃溶剂制品;易燃固体,如红磷、闪光粉、固体酒精、赛璐珞、发泡剂;氧化剂和有机过氧化物,如高锰酸钾、氯酸钾、过氧化钠、过氧化钾、过氧化铅、过氧乙酸(醋酸)、过氧化氢(双氧水);毒害品,如氰化物、砒霜、剧毒农药等剧毒化学品;腐蚀性物品,如硫酸、盐酸、硝酸、氢氧化钠、氢氧化钾、汞(水银);放射性物品,如放射性同位素。

5. 火种类

2008 年 4 月 7 日,根据航空安全需要,民航局发布了《关于禁止旅客随身携带打火机、火柴乘坐民航飞机的公告》,决定从即日起,禁止旅客随身携带打火机、火柴乘坐民航飞机。提醒广大旅客自行处理好相关物品,由此造成航班延误和误机,后果自负。从多角度对机上安全进行管控。这一措施至今仍然有效。禁止旅客随身携带打火机、火柴(包括各类点火装置)乘坐民航飞机;禁止旅客将打火机、火柴放置在手提行李中运输;禁止旅客将打火机、火柴放置在托运行李中运输。

旅客在办理乘机手续时,严格遵守以上规定。对违反规定的行为,公安机关将根据情节,依照国家有关法律、法规严肃处理,且因此造成的其他后果,由旅客自行承担。

6. 其他物品

其他能够造成人身伤害或者对航空安全和运输秩序构成较大危害的物品,主要包括:传染病病原体,如乙肝病毒、炭疽杆菌、结核杆菌、艾滋病病毒等;充电宝、锂电池,额定能量超过 160Wh;酒精体积百分含量大于 70% 的酒精饮料;强磁化物、有强烈刺激性气味或者容易引起旅客恐慌情绪的物品以及不能判明性质可能具有危险性的物品;以及国家法律、行政法规、规章规定的其他禁止运输的物品。

(二)民航旅客限制随身携带或托运物品

(1)锐器类,带有锋利边缘或者锐利尖端,由金属或其他材料制成的、强度足以造成人身严重伤害的器械,主要包括:日用刀具(刀刃长度大于 6 厘米),如菜刀、水果刀、剪刀、美工刀、裁纸刀;专业刀具(刀刃长度不限),如手术刀、屠宰刀、雕刻刀、刨刀、铣刀;用作武术文艺表演的刀、矛、剑、戟等。

(2)钝器类,不带有锋利边缘或者锐利尖端,由金属或其他材料制成的、强度足以造成人身严重伤害的器械,主要包括:棍棒(含伸缩棍、双节棍)、球棒、桌球杆、板球球拍、曲棍球杆、高尔夫球杆、登山杖、滑雪杖、指节铜套(手钉)。

(3)其他能够造成人身伤害或者对航空安全和运输秩序构成较大危害的物品,主要包括:工具,如钻机(含钻头)、凿、锥、锯、螺栓枪、射钉枪、螺丝刀、撬棍、锤、钳、焊枪、扳手、斧头、短柄小斧(太平斧)、游标卡尺、冰镐、碎冰锥;其他物品,如飞镖、弹弓、弓、箭、蜂鸣自卫器以及不在国家规定管制范围内的电击器、梅斯气体、催泪瓦斯、胡椒辣椒喷剂、酸性喷雾剂、驱除动物喷剂等。

(4)随身携带有限定条件但可以作为行李托运的液态物品,对旅客乘坐国际、地区航班时和旅客乘坐国内航班时要求有差异。

(5)禁止随身携带但作为行李托运有限定条件的酒精饮料。为了保障货舱的安全,酒精饮料作为行李托运时有以下限定条件:标识全面清晰且置于零售包装内,每个容器容积不得超过 5 升;酒精的体积百分含量小于或等于 24% 时,托运数量不受限制;酒精的体积百分含量大于 24%、小于或等于 70% 时,每位旅客托运数量不超过 5 升。

(6)禁止作为行李托运且随身有限定条件的充电宝、锂电池,随身携带时有以下限定条

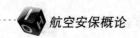

件(电动轮椅使用的锂电池另有规定):标识全面清晰,额定能量小于或等于100Wh,当额定能量大于100Wh、小于或等于160Wh时必须经航空公司批准且每人限带两块。

(7)国家法律、行政法规、规章规定的其他限制运输的物品。

对随身携带或者托运属于国家法律法规规定的危险品、违禁品和管制物品的旅客,构成违反治安管理行为的,由公安机关依法处理;构成犯罪的,依法追究刑事责任。对在随身携带或者托运物品中故意隐匿除国家法律法规规定以外属于民航禁止、限制运输物品的旅客,构成扰乱秩序行为的,由公安机关依法处理。

二、关于液态物品的管制措施

(一)国际民航组织的指导意见

基于"2006年英国希思罗机场发生的企图利用液态爆炸物爆炸十几架航空器未遂"事件,国际民航组织(ICAO)理事会于2006年12月11日,向189个缔约国发布了"临时保安管制指导原则"(以下简称"ICAO指导原则")[1],要求对在航空器上可能被用作制造简易爆炸装置的液体、凝胶、气溶胶执行新的航空安全措施,并建议各缔约国于2007年3月1日开始执行。

"ICAO指导原则"规定:旅客要将随身携带的液态物品(包括液体、凝胶、气溶胶)盛放在容积不超过100毫升的容器内携带,容器应置于最大容积不超过1升的可重新封口的透明塑料袋中,每名旅客只允许携带一个透明塑料袋;液态物品应在安检点单独接受安全检查,不得与其他物品混合;对婴儿食品和药品予以豁免,但要求有验证液体性质的适当手段;并提请各成员国考虑对机场免税店和航空器上购买的液态物品在保证安全控制的情况下给予豁免。

我国民航局于2007年3月17日发布《中国民用航空总局关于限制携带液态物品乘坐民航飞机的公告》(以下简称《公告》),对乘坐国际、地区航班旅客执行"ICAO指导原则"的措施进行了规定,同时理顺国内航班旅客携带液态物品乘机的规定。《公告》自2007年5月1日起实施,2003年2月5日发布的《中国民用航空总局关于对旅客随身携带液态物品乘坐民航飞机加强管理的公告》同时废止。

**扩展阅读**

关于限制携带液态物品乘坐民航飞机的公告

一、对乘坐国际、地区航班旅客(含国际中转国际航班旅客)执行"ICAO指导原则",措施如下。

(一)旅客应将携带的液态物品(液体、凝胶、气溶胶)盛放在容积不超过100毫升(mL)的容器内携带。对于容积超过100毫升(mL)的容器,即使该容器未装满液体,也不允许随身携带,应办理交运。

(二)盛放液态物品的容器应宽松地放置于最大容积不超过1升(L)、可重新封口的透

---

[1] 参见宁波机场网站:"《关于限制携带液态物品乘坐民航飞机的公告》的政策解读",载于http://www.ningbo-airport.com/lvzn/cjzn/gzzd/33.jhtml,最近一次访问在2021年12月28日。

明塑料袋中,塑料袋应完全封好。每名旅客每次只允许携带一个透明塑料袋。超出部分应办理交运。

(三)盛装液态物品的塑料袋应在安检点单独接受安全检查。

(四)携带的婴儿奶粉/牛奶/母乳(需有婴儿随行),糖尿病或其他疾病患者必需的液态药品(凭医生处方或者医院证明,在药店购买的除外),经安全检查确认无疑后,可适量随身携带;容器及塑料袋包装要求不执行第一至三款的规定。

(五)在候机隔离区内购买的液态物品可以带上飞机。候机隔离区免税店、机上免税店工作人员对在国外、境外转机旅客购买免税液态物品负有提醒义务,并应提供符合要求的包装。候机隔离区免税店、机上免税店工作人员出售免税液态物品时,应主动询问旅客是否需要在国外、境外转机,对于需要转机的旅客购买的液态物品应提供符合要求的塑料包装袋,密封后交给旅客,并尽可能用英文打印(或者手写)购买凭证;并提醒旅客在旅行中,塑料袋需明显完好无损,不得自行拆封,并保留登机牌和液态物品购买凭证,以备转机地有关人员查验。

塑料包装袋应符合以下要求。

(1)透明的塑料袋。

(2)可承载内装物品重量。

(3)提交旅客时已经密封(热封或者胶封)。

(4)密封后不能重复打开,整体任何部位一旦打开即不可复原。

(5)袋体应用中文明显标注"在旅行中,袋体不得打开,否则可能导致袋内物品不准携带乘机"的内容。

(六)对国际中转国际航班旅客也执行《公告》要求。其携带入境的免税液态物品的包装应符合上述第(五)项之要求,并须出示机场(机上)免税店的购物凭证,方可予以放行。

二、对乘坐国内航班旅客暂不执行"ICAO 指导原则",措施如下。

(一)旅客可随身携带总量不超过 1 升的液态物品,液态物品经开瓶检查确认无疑后,方可携带。对于部分配备足够数量液态物品安全检查设备的机场,液态物品经设备检查无疑后,可不再执行开瓶检查要求。其他超出部分需要办理交运。

旅客在候机隔离区内购买的液态物品可以带上飞机。

(二)旅客携带的婴儿奶粉/牛奶/母乳等液态奶制品(需有婴儿随行),糖尿病或其他疾病患者必需的液态药品(凭医生处方或者医院证明,在药店购买的除外),经安全检查确认无疑后,可适量随身携带。

三、其他要求及注意事项

(一)对旅客携带酒类物品乘坐民航飞机,数量适度放开,但必须办理托运手续。

对于能够确认是酒类液态物品,在合理范围内不再要求数量上的限制,但是在运输方式上必须办理交运,且应符合民航运输有关规定。根据 Doc 9284《危险物品安全航空运输技术细则》的规定,属于危险品的酒类运输应按照危险品运输规定办理。

(二)各相关部门前期应当做好《公告》的宣传贯彻工作,做好向旅客解释工作,在保障安全的前提下最大限度地方便旅客。

(1)各航空公司和机票代售部门在预订机票、电子客票时应采取有效措施告知旅客关于乘坐民航飞机限制携带液态物品的规定;尤其是各航空公司值机人员在旅客办理乘机手

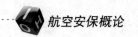

续时,应当明确告知旅客《公告》中关于限制携带液态物品的规定并询问旅客是否携带液态物品,指导携带液态物品旅客按《公告》要求携带。

各机场应在机场显要位置(值机柜台)、安检工作区(国际机场应在联检单位办公区域前)张贴《公告》,安排人员负责《公告》的解释工作,并根据旅客意愿,做好超量(违规)液态物品的托运、自弃和暂存工作。

(2)鉴于日本等国家和地区先于我国实施国际民航组织的新措施,相关机场、航空公司对购买免税液态物品且需要在国外、境外转机的国际航班旅客及时提醒国外、境外机场的规定:即若免税品包装不符合要求,有可能在转机接受安全检查时被没收。

各机场商业机构、航空公司机上免税店若不能提供盛装免税液态物品的相关包装,不应向需在国外、境外转机的国际航班旅客售卖液态免税品,以免在转机地被没收。

(二)我国国内航班的液态物品管制措施

为维护旅客生命财产安全,我国民航局于 2008 年 3 月 14 日,对乘坐国内航班的旅客采取了更为严格的禁止旅客随身携带液态物品乘坐国内航班的相关措施——《禁止随身携带但可以作为行李托运的物品》[①]。要求乘坐国内航班的旅客一律禁止随身携带液态物品,但可办理交运,其包装应符合民航运输有关规定;旅客携带少量旅行自用的化妆品,每种化妆品限带一件,其容器容积不得超过 100 毫升,并应置于独立袋内,接受开瓶检查;来自境外需在中国境内机场转乘国内航班的旅客,其携带入境的免税液态物品应置于袋体完好无损且封口的透明塑料袋内,并需出示购物凭证,经安全检查确认无疑后方可携带。有婴儿随行的旅客,购票时可向航空公司申请,由航空公司在机上免费提供液态乳制品;糖尿病患者或其他患者携带必需的液态药品,经安全检查确认无疑后,交由机组保管。旅客因违反上述规定造成误机等后果的,责任自负。

以上构成旅客随身携带或者作为行李托运有限定条件的物品的具体内容。

三、关于锂电池的管制措施

在航空运输过程中,锂电池可能会由于内外部短路造成电池体系高温过热,从而导致电池的自燃或爆炸。锂电池一旦出现燃烧情况,航空器上所配备的 Halon-1301 灭火剂对熄灭锂电池燃烧很难起到作用。国内外发生多起基于锂电池原因导致的客货舱安全事件。我国民航旅客携带充电宝或者带有锂电池的电子设备乘机旅行比例较高,为降低风险,保障航空安全,2011 年 7 月 28 日,民航局下发《关于加强旅客行李中锂电池安全航空运输的通知》(局发明电〔2011〕1888 号),对于旅客行李中携带锂电池,要求按照国际民航组织《危险物品安全航空运输技术细则(2011—2012 版)》规定执行,并作出了关于锂电池的安全运输提示。要求旅客或机组成员为个人自用内含锂或锂离子电池芯或电池的便携式电子装置(手表、计算器、照相机、手机、手提电脑、便携式摄像机等)应作为手提行李携带登机,并且锂金属电池的锂含量不得超过 2 克,锂离子电池的额定能量值不得超过 100Wh。超过 100Wh 但不超过 160Wh 的,经航空公司批准后可以装在交运行李或手提行李中的设备上。超过 160Wh 的锂

---

① 参见中国民航局:"关于禁止旅客随身携带液态物品乘坐国内航班的公告",载于 http://www.caac.gov.cn/XXGK/XXGK/TZTG/201510/t20151022_2486.html,最近一次访问在 2021 年 12 月 28 日。

电池严禁携带。

便携式电子装置的备用电池必须单个做好保护以防短路（放入原零售包装或以其他方式将电极绝缘，如在暴露的电极上贴胶带，或将每个电池放入单独的塑料袋或保护盒当中），并且仅能在手提行李中携带。经航空公司批准的100～160Wh的备用锂电池只能携带两个。

旅客和机组成员携带锂离子电池驱动的轮椅或其他类似的代步工具和旅客为医疗用途携带的、内含锂金属或锂离子电池芯或电池的便携式医疗电子装置的，必须依照相关运输和包装要求携带并经航空公司批准。

2016年12月发布的《民航旅客限制随身携带或托运物品目录》关于"禁止作为行李托运且随身有限定条件的充电宝、锂电池，随身携带时有以下限定条件（电动轮椅使用的锂电池另有规定）：标识全面清晰，额定能量小于或等于100Wh，当额定能量大于100Wh、小于或等于160Wh时必须经航空公司批准且每人限带两块。"正是基于该文件的要求。

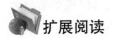 **扩展阅读**

锂电池安全运输提示[①]

1. 可携带的锂电池

可以作为手提行李携带含不超过100Wh锂电池的笔记本电脑、手机、照相机、手表等个人自用便携式电子设备及备用电池登机。

一般来讲，手机的锂电池额定能量多在3～10Wh；单反照相机锂电池的能量多在10～20Wh；便携式摄像机的锂电池能量多在20～40Wh；笔记本电脑的锂电池能量为30～100Wh不等。因此，手机、常用便携式摄像机、单反照相机以及绝大多数手提电脑等电子设备中的锂电池通常不会超过100Wh的限制。

2. 限制携带的锂电池

经航空公司批准，可以携带含超过100Wh但不超过160Wh锂电池的电子设备登机。每位旅客携带此类备用电池不能超过两个，且不能托运。

可能含有超过100Wh锂电池的设备如新闻媒体器材、影视摄制组器材、演出道具、医疗器材、电动玩具、电动工具、工具箱等。

3. 禁止携带的锂电池

禁止携带或托运超过160Wh的大型锂电池或电子设备。

4. 备用锂电池的保护措施

备用电池必须单个做好保护以防短路（放入原零售包装或以其他方式将电极绝缘，如在暴露的电极上贴胶带，或将每个电池放入单独的塑料袋或保护盒当中）。

5. 锂电池额定能量的判定方法

若锂电池上没有直接标注额定能量Wh，则锂电池额定能量可按照以下方式进行换算。

（1）如果已知电池的标称电压（V）和标称容量（Ah），可以通过计算得到额定瓦特小时

---

① 参见中国民航局："关于民航旅客行李中携带锂电池规定的公告"，载于 http://www.caac.gov.cn/XXGK/XXGK/ZFGW/201601/t20160122_27588.html，最近一次访问在2022年1月6日。

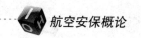

的数值：

$$Wh = V \times Ah$$

标称电压和标称容量通常标记在电池上。

（2）如果电池上只标记有毫安时（mAh），可将该数值除以1000得到安培小时（Ah）。

例如，锂电池标称电压为3.7V，标称容量为760mAh，其额定瓦特小时（Wh）数为

$$760mAh/1000 = 0.76Ah$$

$$7V \times 0.76Ah = 2.9Wh$$

四、关于旅客携带电子设备的建议措施①

电子设备分为便携式电子设备（Portable Electronic Devices，PED），发射型便携式电子设备（Transmitting Portable Electronic Devices，T-PED）和非发射型便携式电子设备（Non-transmitting Portable Electronic Devices，N-PED）。便携式电子设备泛指可随身携带的，以电力为能源并能够手持的电子设备，例如笔记本电脑、平板电脑、电子书、手机、视频播放器和电子游戏机等。发射型便携式电子设备能够主动发射无线电信号的PED，包括但不限于开启蜂窝通信技术、无线射频通信网络，或其他无线通信的PED。非发射型便携式电子设备指不具备无线电发射功能的PED；或具备无线电发射功能，但发射功能已被关闭的PED。

从航空运输安全角度看，《国际民用航空公约》附件十八《危险物品的安全航空运输》及其指导手册《危险物品安全航空运输技术细则》未禁止托运行李中载运便携式电子设备，但建议在客舱中携带此类设备，主要是基于锂电池供电的便携式电子设备会引发危险放热，导致火灾。在客舱中携带此类设备方便在出现情况时立即采取缓解措施。

从航空安保角度来看，便携式电子设备可能成为夹带违禁物品危害航空安全的工具。2017年3月，美国为防止恐怖分子将爆炸装置隐藏在便携式电脑等电子设备中带上飞机危害公共安全，宣布从中东和北非地区一些国家机场始发直达美国的航班开始实施电子设备禁令，禁止旅客随身携带便携式电脑、电子书阅读器、平板电脑、相机等体积大于手机的个人电子设备登机。这些个人电子设备可以托运。该禁令涉及中东和北非等8个国家，9家航空公司，10座城市的机场。之后，英国也公布了从土耳其、黎巴嫩、约旦、埃及、突尼斯和沙特阿拉伯6国飞往英国的直飞航班的电子设备禁令。当年6月，美国宣布加强电子设备检查，要求国外机场和航空公司全面升级赴美航班安检措施并提高安检标准，措施包括加强电子设备扫描、乘客背景审查以及部署更多嗅弹犬等。目前，美国已解除部分中东航企的电子设备禁令，但国际民航组织仍在为全球民航业寻求航班安保与飞行安全之间的有效平衡。

禁止旅客随身携带电子设备或加强旅客随身携带电子设备安全检查的措施，可能会增加货舱旅客托运电子设备的数量，从而加大货舱安全风险，因此，国际民航组织需要在航空安保和航空安全中寻求平衡。基于此，国际民航组织就旅客携带便携式电子设备的安全运输提供了相关建议，同时也鼓励各国积极开展相关的风险评估。

国际民航组织就旅客携带便携式电子设备的安全运输提供了相关建议，同时也鼓励各国积极开展相关的风险评估。国际民航组织提供的建议措施包括：向旅客明确说明：设备

---

① 参见中国民航局："国际民航组织关于携带个人电子设备的建议"，载于http://www.caac.gov.cn/XWZX/GJZX/201704/t20170405_43494.html，最近一次访问在2021年12月30日。

必须完全关闭(不在睡眠或休眠模式),要有保护性包装,以防止损坏或意外启动。可使用硬质手提箱或缓冲材料(如衣服)防止设备移动;目前禁止在托运行李中载运备用电池、充电宝和便携式电子吸烟装置(如电子香烟、个人雾化器)。如采取新措施禁止携带这些物品进入客舱,应告知旅客,托运或随身行李都不能携带这些物品。航空公司应制定适当程序,返还或处置没收旅客的设备。在办理登机手续处或登机口区域,为旅客的便携式电子设备提供安全包装,例如,提供坚固、硬质包装和缓冲材料。需要考虑到锂电池供电的设备之间、锂电子供电的设备与货物和旅客行李中其他危险品紧密相邻,造成密度增高可能带来的风险。可以通过分散放置行李和货物,防止便携式电子设备在货舱中集中在一个位置;或者对任何单一的集装箱或散装货舱中便携式电子设备实行数量限制;采取措施防止存放行李和货物移动。

五、关于新型冠状病毒流行期间的防护物品的携带①

(一)可以携带的个人防护物品

个人防护用品的种类比较多,主要包括口罩、护目镜、防护服、消毒剂等,部分旅客可能还会携带体温计和药品。对于一些不会造成安全隐患的物品,携带乘机是没有限制的,比如医用口罩、N95 口罩、护目镜、普通防护服等。体温计的种类不同,携带乘机的要求也不同。水银体温计是不能随身携带的,只能办理托运,且必须将水银体温计放置在保护盒里。如果要携带体温计乘机出行,建议携带电子体温计。

(二)消毒剂基本不能携带

1.酒精类消毒剂

目前多数免洗洗手液均含有高浓度酒精(无水乙醇),浓度在 60%~80%。酒精的体积百分含量大于 70%,不能托运,也不能随身携带。酒精的体积百分含量小于或等于 70%的消毒剂不能随身携带登机,但可以托运,托运时应放置在零售包装内,每瓶不超过 500mL,允许托运个人自用的合理数量。

市面上还有一些产品标识不含酒精,但有可能含有异丙醇。异丙醇属于航空运输的危险品,不能托运,也不能随身携带。

2.双氧水消毒液

双氧水消毒液也称过氧化氢消毒液,市场上销售的产品,其过氧化氢的浓度在 3.5%~25%,属于航空运输的危险品,不能托运,也不能随身携带。

3.过氧乙酸消毒液

市场上销售的过氧乙酸消毒液,过氧乙酸含量在 15%~20%,属于航空运输的危险品,不能托运,也不能随身携带。

4.84 消毒液

84 消毒液是以次氯酸钠为主的高效消毒剂,市场上销售的 84 消毒液,有效氯含量在 4.0%~6.5%,属于航空运输的危险品,不能托运,也不能随身携带。

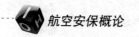

5. 含氯消毒片、消毒泡腾片

根据成分不同分为三氯异氰尿酸、二氯异氰尿酸、三氯异氰尿酸钠盐、二氯异氰尿酸盐或者混合物,二氧化氯等。市场上销售的产品均为固体,类似药片,但都属于航空运输的危险品,不能托运,也不能随身携带。

6. 漂白粉

漂白粉是氢氧化钙、氯化钙、次氯酸钙的混合物,其主要成分是次氯酸钙,有效氯含量为30%～38%,属于航空运输的危险品,不能托运,也不能随身携带。

7. 高锰酸钾消毒片

高锰酸钾含量在85%～95%,属于航空运输的危险品,不能托运,也不能随身携带。

第五节　飞行中的安保措施

飞行中的安保,是确保航空器及其所载人员和财产安全的最后一道防线。通常表现为对机上可疑人员和物品的发现和监控、对机上扰乱行为和非法干扰行为的防范和处置。就广义而言,防范地面和空中对飞行中航空器的破坏和袭击也属于飞行中安保的范畴。

一、"飞行中"的定义

1952 年的《关于外国航空器对地(水面)上第三者造成损害的公约》(以下称为《罗马公约》)第一条第二款规定:"自航空器为实际起飞而发动时起,至着陆冲程终了时止,都被认为是在飞行中。"1963 年《东京公约》的第一条第三款借用了该定义。

后来,在确定机长权力行使的时间范围时,考虑到机舱门关闭后至打开前,虽然航空器可能尚未起飞,但其客观上已经形成了一个相对封闭的独立单元,因此,在规定机长权力时,出于安保工作的需要,同时结合航空安保的实际情况,《东京公约》在第五条第二款给"飞行中"重新下了定义,这个定义也为后来的航空安保公约所确认并沿用。

所谓飞行中,是指航空器从装载完毕、机舱外部各门均已关闭时起,直至打开任一机舱门以便卸载时为止。航空器强迫降落时,在主管当局接管对该航空器及其所载人员和财产的责任前,应当被认为仍在飞行中。

二、飞行中安保工作的实施主体

公共航空运输企业是飞行中安保工作的责任主体,但此项工作的实施主体主要是机组成员、机上安保员,有时也包括空中交通管制部门(以下称为"空管部门")。其中机组成员包括飞行机组成员、客舱乘务组成员和安保组成员[①]。机上安保员是《国际民航公约》附件 17 中的一个定义,是指由运营人所在国政府和登记国政府授权在航空器上部署的一名人员,目的是保护航空器及其乘员免遭非法行为干扰。但为乘坐航空器旅行的一名或多名特定人员

---

① 我国客舱安保组主要由航空安全员组成,虽然现行《民用航空法》尚未将航空安全员列入空勤人员,但在各规章和规范性文件中,基本已经确认航空安全员的机组成员地位。

提供专门个人保护的人员,比如私人侍卫不在这一范围内。机上安保员基本可以等同于空中警察。

(一)机长

机长应当由具有独立驾驶该型号民用航空器的技术和经验的驾驶员担任。机长统一负责飞行中的安全保卫工作。

机长依法享有对飞行中航空器内非法行为的处置权,在履行飞行中安全保卫职责时,可以具体行使下列权力。

(1)拒绝起飞权。在航空器起飞前,发现未依法对航空器采取安全保卫措施的,有权拒绝起飞。

(2)管束权和强制离机权。对扰乱航空器内秩序,妨碍机组成员履行职责,不听劝阻的,可以要求机组成员对行为人采取必要的管束措施,或在起飞前、降落后要求其离机。

(3)命令权。对航空器上的非法干扰行为等严重危害飞行安全的行为,可以要求机组成员启动相应处置程序,采取必要的制止、制服措施。

(4)请求权。处置航空器上的扰乱行为或者非法干扰行为,必要时请求旅客协助。

(5)飞行计划变更权和航空器处置权。在航空器上出现扰乱行为或者非法干扰行为等严重危害飞行安全行为时,根据需要改变原定飞行计划或对航空器做出适当处置。

(6)机上案、事件的移交权。对于飞行中发生的案、事件,机长采取适当的处置措施后,有权将相关人员和证据移交降落地的主管部门或机场公安机关。

(二)其他机组成员

一般来说,绝大部分人都能意识到航空安全员需要承担飞行中的客舱安保职责,但客舱乘务员的安保职责往往并不受到重视。很多人认为客舱乘务员只要做好服务工作,接受应急训练以确保飞行安全即可,殊不知在飞行中客舱安保工作中,乘务员虽然可能起的是辅助作用,但其也是不可或缺的一环,也需要承担一定的安保职责,以保障飞行中安保工作得以有效地开展。

具体而言,航空安全员在机长领导下,承担飞行中安全保卫的具体工作。机组其他成员应当协助机长、航空安全员共同做好飞行中安全保卫工作。

机组成员应当按照相关规定,履行下列职责。

(1)按照分工对航空器驾驶舱和客舱实施安保检查。

(2)根据安全保卫工作需要查验旅客及机组成员以外的工作人员的登机凭证。

(3)制止未经授权的人员或物品进入驾驶舱或客舱。

(4)对扰乱航空器内秩序或妨碍机组成员履行职责,且不听劝阻的,采取必要的管束措施,或在起飞前、降落后要求其离机。

(5)对严重危害飞行安全的行为,采取必要的措施。

(6)实施运输携带武器人员、押解犯罪嫌疑人、遣返人员等任务的飞行中安保措施。

(7)法律、行政法规和规章规定的其他职责。

机上安保员(空中警察)应当承担的安保职责与此类似。

(三)空管部门

空管部门虽然本身可能成为破坏或袭击的对象,但在飞行中安保工作中,空管部门也可

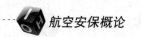

能成为一个重要的协助主体。其所承担的安保职责主要包括以下几个方面。

（1）安保规定的制定。空管部门应当制定并执行适当的安保规定，以满足国家民用航空安保方案的要求。

（2）相关信息的收集。协助收集受到非法干扰的航空器的所有飞行情报，例如机上人数、剩余燃油量、可能出现的危险物质及其性质等。

（3）给予受到非法干扰的航空器优先权。已知或据信航空器遭遇紧急情况，包括受到非法干扰时，必须给予最慎重的考虑和帮助，并按环境需要，给予比其他航空器更高的优先权。

（4）协助确保飞行安全。当发生或怀疑航空器受到非法干扰时，ATS 单位必须及时关注航空器的需求，继续向飞行机组提供任何所要求的情报以及其他相关的资料，例如合适的机场、最低安全高度以及气象资料的细节等，并采取必要的措施，以加速该飞行所有阶段，特别是使航空器能安全着陆。

（5）非法干扰信息的通知。当发生或怀疑航空器受到非法干扰时，ATS 单位必须根据当地商定的程序，立即通知国家指定的有关当局，并与运营人或指定代表联络，以获取关于该航空器的全部现有资料。此外，在不致使情况恶化的情况下，还应当将相关信息通知邻近的航空器。

三、飞行中安保工作的实施

（一）驾驶舱的保护

1. 国际民航组织有关驾驶舱保护的规定

"9·11"事件中，灾难发生的最直接的原因是所有被劫持的飞机都是恐怖分子突入了驾驶舱并获得了飞机的控制权。自此以后，国际民航组织便要求各成员国采取有效措施以保护驾驶舱。

《国际民航公约》附件 6《航空器的运行》第 I 部分，也即"国际商业航空运输——飞机"中要求：所有安装有驾驶舱舱门的飞机，其舱门应能锁住。并且必须制订方法，以便在客舱有可疑活动或安保被破坏时客舱乘务组能够谨慎地通知驾驶机组。

满足以下条件之一的所有载客飞机，必须装备为承受轻兵器火力、手榴弹弹片穿透和非授权人员的暴力闯入而设计的经批准的驾驶舱舱门。此舱门必须能从任意飞行员座位上锁住和打开。这些条件如下。

（1）最大审定起飞质量超过 54500 千克。

（2）最大审定起飞质量超过 45500 千克且旅客座位数超过 19 个。

（3）旅客座位数超过 60 人。

根据上述要求装有驾驶舱舱门的所有飞机在需要出入驾驶舱时，航空器运营人均应做到以下两点。

（1）除非必要时允许授权人员进出外，自登机后外面所有的门关闭开始直至这些门为下飞机打开，此门必须关闭并上锁。

（2）必须提供从任意飞行员座位对整个驾驶舱门外侧区域进行监视的手段，以核实请求进入人员的身份并察觉可疑行为或潜在威胁。

同时，附件 6 还建议所有载客飞机应该满足上述要求。

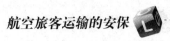

2. 我国有关驾驶舱保护的规定

我国有关驾驶舱保护的内容主要规定在《公共航空旅客运输飞行中安全保卫工作规则》（CCAR-332-R1）和《大型飞机公共航空运输承运人运行合格审定规则》（CCAR-121-R7）中。

除下列人员外，任何人不得进入飞行中的航空器驾驶舱。

（1）机组成员。

（2）正在执行任务的民航局或者地区管理局的监察员或委任代表。

（3）得到机长允许并且其进入驾驶舱对于安全运行是必需或者有益的人员。

（4）经机长允许，并经公共航空运输企业特别批准的其他人员。

除机组成员外，如果机上还搭载有其他乘员，则驾驶舱和乘员舱之间应当装有带锁定装置的门（即驾驶舱门），该锁定装置应当设计成只能从驾驶舱内解锁，并且在使用中有效，以防止其他机上乘员未经驾驶舱内飞行机组成员的同意将门打开，否则只有驾驶舱内的飞行机组成员才能持有驾驶舱门的钥匙。对于从驾驶舱和客舱都能进入的机组休息区的飞机，则该区和客舱之间应当安装有带类似锁定装置的门。

对于最大审定起飞重量超过 45500 千克或者客座数超过 60 人的载客飞机，驾驶舱门还应当符合下述要求。

（1）能抵御未经许可人员的暴力入侵和关键部位能够承受 300 焦耳（221.3 英尺磅）的冲击，同时在旋钮和把手处能够承受 1113 牛顿（250 磅）的拉伸载荷。

（2）能抵御轻型武器火力和爆炸装置的穿透，符合有关适航要求规定的标准。

此外，一般情况下，载运旅客飞机的机长应当保证，如果驾驶舱和客舱有门分隔的话，在飞行期间关闭并锁定该门。

（二）客舱的观察和监控

机组成员应该接受相应的危险品、违禁品的培训，接受客舱异常行为识别的指导，以便其能在飞行中密切观察客舱内的情况，发现可疑的人或物并采取预防和控制措施。

对于发现的可疑人员，应保持持续监控，并随时准备启动机上相关事件的处置程序。对于发现的可疑物品，也须在努力保证安全的前提下，按照可疑物品的处置程序进行处置。

（三）非法行为的预防和处置

1. 在机上饮用含酒精饮料的限制

（1）除运行该飞机的合格证持有人供应的含酒精饮料外，任何人不得在飞机上饮用其他含酒精的饮料。

（2）合格证持有人不得允许任何处于醉酒状态的人进入其飞机。

（3）合格证持有人不得向乘坐其飞机的下列人员供应任何含酒精饮料：①表现为醉酒状态的人。②按照适用的飞机安保要求，正在护送别人的人或者被护送的人。③按照适用的飞机安保要求，在飞机上持有致命性或者危险性武器的人。

（4）当发现有人拒绝遵守本条前述（1）、（2）项的规定，或者发生由于处于醉酒状态的人进入飞机引起的骚扰事件时，机长和机长授权人员应当场制止，合格证持有人应当在事发后5 天内向局方报告。

2. 非法行为的处置规定

机组成员应当按照机长授权处置扰乱行为和非法干扰行为。

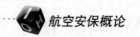

根据机上案(事)件处置程序,发生扰乱行为时,机组成员应当口头予以制止,制止无效的,应当采取管束措施;发生非法干扰行为时,机组成员应当采取一切必要处置措施。

出现严重危害航空器及所载人员生命安全的紧急情况,机组成员无法与机长联系时,应当立即采取必要处置措施。

机组成员对扰乱行为或非法干扰行为处置,应当依照规定及时报案,移交证据材料。

四、特殊类型旅客的安保

《国际民航公约》附件17对特殊类型旅客的安保措施制定了专门规定。特殊类型的旅客主要是指外交官和要客、受到司法或行政程序管制的旅客(受押解或遣返的人员)和除机上安保人员以外携带武器乘机的人员。

我国对上述类型的旅客均规定了专门的安保程序和措施。其中,我国《公共航空运输企业航空安全保卫规则》对运输被押解、遣返和携带武器乘机人员时应采取的安保措施作了相应的规定。

(一)运输被押解人员的安保措施

公共航空运输企业运输因司法或行政强制措施而被押解的人员,应按照国家有关规定执行。

机场公安机关应当提前将押解计划通知公共航空运输企业航空安保部门。

公共航空运输企业应当制定程序,确保:在接到押解计划后及时将该信息通报机长;被押解人员在其他旅客登机前登机,在其他旅客下机后下机;被押解人员的座位应当安排在客舱后部,位于押解人员之间,且不得靠近过道、紧急出口等位置;在航空器内不向被押解人员提供金属餐具和含酒精饮料;未经押解人员允许,不向被押解人员提供食品、饮料。

(二)运输被遣返人员的安保措施

公共航空运输企业应当对遣返非法入境人员的运输申请进行安保评估,决定是否运输或是否在运输中采取额外的航空安保措施。对不准入境人员的遣返运输,应当采取必要的航空安保措施。运送遣返人员,应当在运输24小时前通知公共航空运输企业。

(三)运输携带武器乘机人员的安保措施

公共航空运输企业应当按照航空安保方案规定的程序,防止未经授权人员携带武器乘机。

1. 携带武器乘机人员须满足的条件

(1)经国家警卫部门确定的警卫对象的警卫人员。

(2)持有工作证、持枪证、持枪证明信。

2. 公共航空运输企业应采取的措施

在接到警卫人员乘坐航空器的通知后,公共航空运输企业应当做好下列工作。

(1)在登机前告知警卫人员必须随时保管好其武器,不得将武器放在行李箱内,并遵守携带武器乘机的相关规定。

(2)通知机长航空器上警卫人员的数量及每个警卫人员的位置。

(3)不得向警卫人员提供含酒精的饮料。

外方警卫人员在没有中方人员陪同乘坐境内公共航空运输企业航班的,应当遵守携带武器乘机的相关规定。

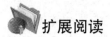扩展阅读

以色列的航空安保措施①

一、安保问询

顺利通过以航安检之方法,只在心底坦荡情况下适用。

(1)除非对英语有十足的把握,否则当被询问"Do you speak English?"要断然说"No",以免人家拐弯抹角地套话时,你听不出弦外之音,或者你的回答让人家产生歧义。不用担心沟通问题,因为会有以航的翻译,确保你听明白每一句话。

(2)听明白问题后,要据实回答,不要出于隐私或某种考虑,试图让自己显得更清白。以航多年来,形成了一套行之有效的询问体系,问题之间或有关联性,一旦被发现有一点不符,他们就有理由怀疑全篇的回答。这样就会问更多的问题?

(3)通常会被问到的问题有:你到以色列的目的?你在以色列有没有认识的人?你的行李是谁收拾的?你知道行李里有什么吗?在此之前,还去过其他中东国家吗?有没有帮别人带的东西?行李一直在你身边吗?有没有别人碰过你的行李?

以色列和很多中东国家的关系十分敏感。有人到以色列机场后,曾经看到一个人因为护照上有很多其他中东国家的签证,而被扣了许久。据说是被反复询问去那些国家做些什么。

这些很简单的问题,有可能被反复问。如果是真话,每次的回答不用思考都会是一样的。以航人员会问到确认你的回答没有漏洞时,结束询问。

也许你会觉得这是想当然的问题,会觉得厌倦。但这也恰恰是这套系统的高明之处。在询问期间,你的一言一行都被人看在眼中。他们认为厌倦也许会让某些人露出马脚。

询问关通过后,询问人员会决定你的行李是否需要打开检查。通常只身前往以色列的人,行李会被查得很仔细。或者他们时间充足的话,每个旅客都会被要求打开行李。

打开行李后,以航人员会用探测器,一层层探测行李内部的物品。如果有疑问,会先问你"这是什么",然后打开检查。

独自赴以的人,甚至会把行李内的物品全部取出,放在一个大篮中,逐一检查。

无论你遇到哪种方式,都要保持平常心。你的一言一行,此时依然被观察中。

毕竟对于我们来说,严格的安检并不是坏事,飞机的安全是大家所希望的。

二、客机反导系统

以色列新一代客机配备反导装置"天盾"系统。这一反导装置被安装在客机机身下方,包括一个高敏感度的红外探测器,可在远距离发现来袭导弹;还包含一套激光发射器,可自动照射来袭导弹,干扰其红外引导头。据媒体报道,这一装置的最大特点是能有效对抗目前的肩射防空导弹。

---

① 参见网易新闻:"以色列打造世界最安全航企 客机配反导系统",载于 https://www.163.com/news/article/B19VISDC00014P42.html,最近一次访问在 2022 年 1 月 1 日。

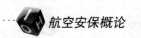

目前,以色列航空公司所有国际航班上都装有导弹对抗装置,与以色列空军现役大型飞机上所使用的导弹对抗系统相似,包括了360°覆盖范围的导弹接近告警系统和与之交联的红外干扰弹抛射器。

以色列之所以为客机安装反导系统,主要还是由于该国客机曾遭遇埋伏在机场边的恐怖分子肩射导弹威胁。恐怖分子常用肩射防空导弹来伏击客机,因此以色列才会开始研制主动发射激光来迷盲导弹引导头的新一代对抗装置。

三、安检始自购票环节

除了使馆办理签证,几乎没有航空公司在客人购票的时候要求出示护照首页之外的签证页,而这个航空公司就是以色列航空。而被问及航空公司为什么要有如此举动,回答是:交给机场做调查。后来才知道,购票的同时,安检已经开始了……

以色列人将这种安检方式称为"行为模式分析"。"发现可能存在的恐怖分子比尝试寻找他的炸弹要有效得多",一位以色列高级官员说,"'9·11'劫机者没有使用真正的武器或爆炸物就杀害了3000人。为了安全起见,你必须得阻止那些不怀好意的人。这就是我们这套系统的工作原理。"

以色列顶级安全顾问拉菲·塞拉将该技术称为"基于信任的安全(Trust Based Security)",简称TBS。在拉菲·塞拉看来,除非采取真正有效的检查措施,不然使用任何技术手段都于事无补。恐怖分子总会更快一步。因此,较之专注于对危险物的检查,高效精确的"行为模式分析"系统更像是未来安检的趋势。

于是,购票时开始对客人进行资料统计调查也就属于这项分析中的一部分了。当然,据说,那些付现金在机场售票处购买单程票的乘客比使用信用卡通过网络购买返程票的乘客更可能会引起安检人员的注意。

四、高科技助力航空安检

技术一:"敌意检测系统"测试眼部活动,比虹膜指纹还精确。

在过去,这一系统主要靠人力来维持,负责安检的探员们每天都要向乘客提出大量尖刻的问题,接受过询问的乘客可以很快抵达登机口。现在利用机器就可以自动完成这项检查,极大地提升了安检速度。有研究表明,每个人在跟随着一点去追踪屏幕上的简单图案时,其眼球都会呈现某种独特的曲折图案,这套识别系统比一般的指纹或虹膜识别系统要安全得多。新型身份系统就是基于人们对屏幕上移动物体的眼动反应。

眼动反应设备衍生出的敌意检测装置,可以同时测定受试者皮肤的温度、心率、出汗、血压和呼吸变化等多达14项参数的装置。当这套设备开始工作时,为了设定一个"生物基准线",所有这些读数几乎都是瞬间采集完毕。在随后30秒的时间内,机器将会显示一个使那些涉及恐怖主义的受试者出现反应的刺激主题,而普通人对此主题并无反应。

技术二:高嫌疑乘客接受"生理扫描",问答技术进行"测谎"。

敌意检测装置可以在不打断机场正常人流的前提下使用,不需要人为审讯,不会侵犯人权。被敌意检测装置测出有较高嫌疑的乘客会被转送到"自动生理记录仪"处。

这种基于问答式侦测技术的机场设备本质上是自动扫描记录脉搏、呼吸速率的多种波动描记器。这种设备包括一个小隔间,旅客可以坐在里面,然后戴上耳机回答问题。问题在显示在屏幕上的同时,也会用语音读出。旅客将左手置于特别的支架中,传感器从旅客的眼睛和左手中读取并记录从皮肤电导率到皮肤运动的一系列数据。

检测仪器以机体对这些问题的下意识生理反应为依据，将所有信息收集归拢并通过计算机算法进行统计分析。大多数受试者的信息将会 1 分钟后删除。极少数人将被要求继续回答更多的问题，这将持续 5～7 分钟。随后机器将决定受试者的信息应该清除或者受试者应当接受人工审讯。

技术三："痕迹侦测"设备可检出密封包，手提电脑不用拿出过检。

新的 TBS 系统中，还有很多极具创造性的技术，比如"痕迹侦测"设备。这种设备能够检测出所有类型的密封包——不论是手提行李还是货物集装箱中含有的爆炸物粉末，乘客甚至都不用把笔记本电脑或其他设备拿出来进行检查。

行李包在通过机器的同时，分析结果就可以出来。据称，这一设备可以检测出小到一微克的已知爆炸物，而现阶段用于扫描爆炸物的中子探测器，也只能发现 0.1 克的爆炸物。这项技术在使机场的安检速度加快的同时也增强了安全性。

如果必要的话，以色列这套安检系统可以从安全服务网络的数据库中运行。通过一个隐蔽的软件平台，机场和其他的机构可以通过智能计算机或警察局的网络进行全球实时联络。

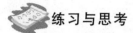 **练习与思考**

(1) 有效乘机身份证件有哪些？

(2) 人身检查通道的岗位配置有哪些岗位？需要具备什么样的能力条件？

(3) 交运行李 CT 机操作岗位，交运行李开箱检查岗位，需要具备什么样的能力条件？

(4) 随身携带或者托运管制刀具，是否应当报告公安机关，为什么？

(5) 哪些情况旅客可以申请非公开检查？

(6) 大功率充电宝、管制刀具是否可以委托机场暂存保管？为什么？

(7) 旅客及其行李物品的安全检查包括哪些环节？安全检查方式有哪些？

(8) 自热式餐盒是否可以携带？鸡蛋是否可以携带？为什么？

(9) 不超过 100 毫升的 84 消毒液是否可以携带，为什么？

(10) "飞行中"的定义是什么？

(11) 驾驶舱的保护措施有哪些？

(12) 特殊类型的旅客主要有哪几种？

本章配套资源

第七章
货邮及配餐、机供品的安保

学习目标：通过本章的学习，帮助学生理解货邮及机供品、配餐安保措施的必要性，强化学生对航空器货舱安保及机上旅客用品和餐食安全保障措施的掌握和理解。

随着航空货物和航空邮件体量的日益增长，航空货运和邮件运输链条正在变得越来越复杂，其面临的安保风险也越来越引起国际社会的重视。2010 年 10 月 29 日，在英国某机场一架由也门飞往美国的航班上发现以打印机墨盒伪装的炸弹包裹，后被称为"邮包炸弹"。邮包炸弹案策划者把爆炸装置巧妙藏在打印机墨盒中，手法相当复杂，以至于英国安全人员险些未能截获包裹炸弹。这一爆炸物针对的目标很可能是一架飞机，如果被引爆将可能导致飞机坠毁。随后，全球升级了航空货运安保措施。

航空货物及邮件运输，面临两个主要威胁，一方面是将爆炸装置放置在货物或邮件中装上航空器，造成对旅客运输航空器以及全货机的安全威胁；另一方面类似于"9·11"事件，通过将航空器作为武器袭击其他目标的可能性也需要规避。因此，加强航空货物和邮件的安保措施非常必要。

在 2010 年的"邮包炸弹"之前，考虑到全货机所面临的威胁较小，国际航空货运大多采取有限的安保措施，比如，以一定比例抽检的方式进行安全检查，"邮包炸弹"发生之后，全球加强了航空货运的安保措施。

第一节　航空货邮的安保

航空货物是指在航空器上载运的除了邮件、供应品和随行或错运行李之外的任何物品。邮件是根据《万国邮政联盟法》开展邮政业务的指定邮政运营人交运并准备送交其他指定邮政运营人的所有邮递物品。航空货邮安保主要有两种形式，一种是我国以机场和航空公司安检为主的航空货邮安保模式；另一种是国际上推荐采用的安保供应链做法。本节首先介绍国际航空货邮安保的供应链，然后介绍我国的航空货邮安保做法。

一、国际做法

提到航空安保货运的供应链,首先需要理解管制代理人和已知代理人两个货邮安保常用概念。管制代理人是指货物运输的中间商,获得航空安保主管当局的审查批准,管制代理人可以对货物进行安检及安保运输服务。这一点与我国航空货运不同,我国航空货运没有实施管制代理人制度,而且要求必须经过民航局认可的民航安检机构进行安全检查。目前我国可以设立民航安检机构、满足设立条件的只有机场和公共航空运输企业。安保供应链中的已知托运人也称已知发货人,是指发起货物或邮件运输的经济实体,取得了航空安保主管当局的审查批准,其托运的货物称为"已知托运货物",可以不需在他处安检而装载于客货机和全货机。安保供应链是指货物经由已知托运人交给管制代理人或直接送交给航空器运营人,各环节运输相关人承担货物安保的责任,运输途中直至装载进航空器货物始终受到监管和保护,货物在机场不再进行安全检查,如图 7.1 所示。

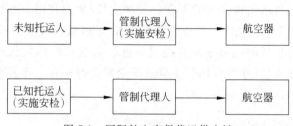

图 7.1　国际航空安保货运供应链

安保货邮供应链模式[①]极大地减少了机场或航空公司终端安检负担,由货运供应链所有参与者共同分担安保成本和责任,实现货物供应链全程安保。未知托运人可选择有价格优势的管制代理人从而降低托运成本;同时,成为已知托运人和管制代理人,避免机场终端安检费用,减少货运供应链参与者安检成本,也能提高货物运输效率,增强市场竞争力,尤其是有些特殊货物,如大型医疗器械本身就无法实施常规安检,采用已知托运人制度,安保防范措施前置,提速增效。2010 年年底,全世界已有 128 个国家(地区)[②],包括美国、加拿大、欧盟各国、日本、韩国、澳大利亚等国以及中国香港、中国台湾和中国澳门等地区已陆续签署并实施"管制代理人"制度。根据国际民航组织 2016 年第 39 届会议 A39-18 号决议《国际民航组织关于航空安保持续政策的综合声明》,鼓励各成员国就航空货物邮件安保采取整体安保供应链做法,替代机场终端安检模式。实施安保供应链的做法需要整体配套的法律制度支撑。我国民航曾于 2003 年在深圳机场开展管制代理人制度试点,由于法规措施保障、信用体系建设等原因,未能全面推广实施。

二、我国基于终端安检的货邮安保模式

我国的航空运输货物,通常来自"航空货物托运人"或者"航空货运销售代理人"。航空货物托运人是指为航空货物运输与承运人订立合同,并在航空货物托运书或者航空货运单或者航空货物记录托运人栏署名的人。"航空货运销售代理人",是指取得航空货运销售代

①　王赢.国际航空货运安保模式对中国民航的启示[J].民航管理,2020(08):88-92.
②　罗军.借鉴他山之石　发挥协会作用 落实空防责任 构建已知托运人体系[J].民航管理,2014(02):85-88.

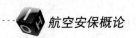

理人资格认定单位颁发的"中国民用航空运输销售代理业务资格认可证书"。接受公共航空运输企业委托,依照双方签订的航空货物委托销售代理合同,在委托的业务单位内以自己名义从事航空货物运输销售代理经营活动的企业法人。他们并未经过民航局授权设立民用航空安全检查机构的资质。所有货物都需要经过民航安检机构的安全检查或者民航局认可的其他安保措施。

航空货运销售代理人是基于 2005 年民航局颁布的《中国民用航空运输销售代理资格认可办法》,中航协开展销售代理资格行业许可,简化程序,提高国内航空货运市场的活力。但是,伴随活力增强的同时,航空货代市场管理形势依然严峻。如航空货代行业职业入门门槛低、缺乏培训,安全意识淡薄。[①] 有媒体对包括寄递类的货代进行跟踪调查,发现发货人实名制、开箱验视等安全措施得不到有效落实,有些收货员不具备对危险品违禁品的识别能力,折射出安全漏洞依然严峻。

伴随着世界航空贸易和航空货运不断发展的今天,传统的航空托运人实际上越来越少了,取而代之的是航空货运销售代理的不断壮大和成长,他们利用本身所具有的"中间人"角色,提供一系列增值服务的优惠后,正逐渐由传统的点到点代理业务扩展到集运的代理业务,并在我国呈现迅速扩展的趋势。而真正引导这些航空货运销售代理企业如何处理好这些"已知货物"和"未知货物"才是我国航空货运安全的关键所在。毕竟所有的货物安全源头都是来自这些已知或未知的托运人。

三、我国航空货物收运程序

航空货物收运作为航空货运安保供应链的首要环节,是指相关主体在收到航空货物后,经过一系列核查程序,最终接收货物并拟予以承运的过程。我国的货物收运是"收运在前,安检在后"。

(一)航空货物托运人托运航空货物

1. 填写航空货物托运书

航空货物托运人凭本人居民身份证或者其他有效身份证件,以及单位介绍信或其他有效证明,填写航空货物托运书。"航空货物托运书"是航空货物托运人办理航空货物托运时委托承运人填制的,是航空货物托运人和承运人之间为在承运人的航线上承运航空货物所订立合同的证据。

2. 如实、规范填写

航空托运人如实、规范地在航空货物托运书中填写托运的货物,申报航空货物种类、品名和数量,并对航空货物托运书、航空货运单真实性、准确性负责。

托运的航空货物种类和品名无法在航空货物托运书、航空货运单货物品名栏内全部列明的,托运人应当提供航空货物品名清单附件,作为航空货物托运书、航空货运单的组成部分。航空货物托运人不得托运国家法律、法规和有关规定禁止航空运输的物品,不得使用泛指品名、商品代号申报运输航空货物,不得在航空货物中夹带危险品、违禁品,不得伪报品名托运危险品、违禁品。航空货物托运中出现伪报品名,大多基于危险品运输价格较高,使用

---

① 李大军.航空货运代理行业航空安保风险隐忧与对策研究[J].民航管理,2014(03):53-57.

普通物品的单位运输价格更便宜。

3. 特殊物品运输申请与报备

在特殊情况下,如遇有体育赛事,参赛的国家队可能需要运输参赛的用具,如标枪等,托运属于国家规定限制运输的航空货物,需向公安、检疫等有关部门办理手续,并附有效证明。办理托运时根据国家民用航空危险品运输管理规定可申报作为非限制货物运输的危险品,需要提供民航局认可的鉴定机构出具的航空运输条件鉴定文件,并对该文件的真实性负责。

4. 航空邮件

航空邮政企业需要如实提供航空邮包路单和航空邮件品名、数量清单。不得在航空邮件中运输危险品、违禁品。2016年12月16日,国家邮政局网公布《国家邮政局、公安部、国家安全部关于发布〈禁止寄递物品管理规定〉的通告》,根据《禁止寄递物品管理规定》所附《禁止寄递物品指导目录》,枪支(含仿制品、主要零部件)弹药,管制器具,爆炸物品,压缩和液化气体及其容器,易燃液体,易燃固体、自燃物质、遇水易燃物质,氧化剂和过氧化物,毒性物质,生化制品、传染性、感染性物质,放射性物质,腐蚀性物质,毒品及吸毒工具、非正当用途麻醉药品和精神药品、非正当用途的易制毒化学品,非法出版物、印刷品、音像制品等宣传品,间谍专用器材,非法伪造物品,侵犯知识产权和假冒伪劣物品,濒危野生动物及其制品,禁止进出境物品,其他物品19类物品禁止寄递。《禁止寄递物品管理规定》明确规定,用户交寄邮件、快件应当遵守法律、行政法规以及国务院和国务院有关部门关于禁寄物品的规定,不得交寄禁寄物品,不得在邮件、快件内夹带禁寄物品,不得将禁寄物品匿报或者谎报为其他物品交寄。航空邮件还需要符合民航安保要求。

(二)航空货运销售代理人接收货物

航空货运销售代理人接收托运人托运的航空货物时,应当告知托运人危险品运输要求和航空货物运输安全保卫要求。核查托运人信息,如有效身份证件、航空货物托运书、航空货运单等有效航空运输文件。对托运人托运的航空货运及其包装进行查验,确保托运的航空货物与航空货物托运书申报内容相符,确保包装符合运输要求。

对收运后尚未交付承运人的航空货物,采取隔离存放等安全保卫措施,防止混入违禁品和其他危险物品。

(三)承运人及其地面服务代理人收运货物

承运人是指包括接受航空货物托运人填开的航空货运单或者保存航空货物记录的航空承运人和运送或者从事承运航空货物或者提供该运输的任何其他服务的所有航空承运人。

地面服务代理人是指代理公共航空运输企业提供航空货物进出港,航空货物地面存储、运输、装卸服务的单位。承运人及其地面服务代理人收运航空货物时,要认真核查托运人证件、航空货物托运书、航空货运单等文件资料,并进行安全核查。对拒绝接受安全核查的,承运人及其地面代理人拒绝运输。

承运人收运属于国家规定限制运输的航空货物以及需向公安、检疫等有关部门办理手续的航空货物,应当要求托运人随附有效证明文件。

承运人收运根据国家民用航空危险品运输管理规定可申报作为非限制货物运输的危险品,应当要求托运人提供民航局认可的鉴定机构出具的航空运输条件鉴定文件。

承运人不得收运属于国家法律、法规和有关禁止航空运输的物品,不得收运使用泛指品

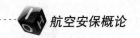

名、商品代号申报的航空货物,不得收运夹带危险品、违禁品的航空货物,不得收运伪报品名的危险品、违禁品。

四、我国航空货物安全检查措施

收运航空货物在装入航空器腹舱前需要接受安全检查或者民航局认可的其他安全保卫措施。货邮快件安全检查岗位设置包括货邮快件 X 光机操作和货邮快件开箱检查岗位,其岗位要求具备国家安检职业资格证书四级(含)以上能力要求。检职业资格证书四级(含)以上。

(一)一般检查程序

航空货物托运人、航空货运销售代理人主动向安检机构出示航空货物运输文件,并配合安检机构开展安全检查工作。

安检机构审核航空货物托运人、航空货运销售代理人提交的航空货运单、报关单、航空货物安检申报清单及由民航局认可的鉴定机构出具的运输条件鉴定书等航空货物运输文件资料。

对通过 X 射线安全检查的航空货物,安检机构会在航空货运单上加盖安检验讫章,并留存航空货物安检申报清单等相关单据。

对经过 X 射线安全检查存有疑点的航空货物,安检机构应当采取开箱检查等其他检查措施;开箱检查时,托运人应当在场。对采取开箱检查等其他检查措施后,仍无法排除疑点的,需要在航空货运单上加盖安检退运标识后,做退运处理。

(二)特殊情况

对单体超大、超重等无法接受 X 射线安全检查的航空货物,在采取隔离停放至少 24 小时安全防范措施的同时,还须采取爆炸物探测等其他检查措施。对申报航线运输的危险品,安检机构应根据航空货物运输文件,对交运危险品的物理形态等进行复合型检查,防止夹带、隐匿运输与申报内容不符的危险品和国家法律、法规规定的违禁品。

(三)违规处置

若安全检查中发现普通航空货物中夹带危险品、违禁品的、伪报品名运输危险品、违禁品的、伪报、变造航空运输文件及其他有效证明文件的、扰乱安检现场秩序,影响安全检查工作顺利进行或者其他严重影响航空货运区公共秩序的情况时,需要报告民用机场公安机关处理,不得做退运处理;同时,这些情况也将纳入航空货物托运人、航空货运销售代理人不良行为管理制度,对存在严重违规行为的航空货物托运人、航空货运销售代理人托运的航空货物可以采取从严安全检查措施。

五、航空邮件

对航空邮件实施安全检查前,邮政企业应当提交经公共航空运输企业或其地面服务代理人审核的邮包路单和详细邮件品名、数量清单等文件资料或者电子数据。

航空邮件装机之前需要接受 X 射线安全检查。航空邮件应当依照航空邮件安检要求通过民航货物安检设备检查,对通过民航货物安检设备无疑点的,民航安检机构应当加注验讫标识放行。

对经过 X 射线安全检查仍无法排除疑点的,安检机构应当会同邮政企业开箱检查。对无法排除疑点的,应当在航空邮包路单上加盖安检退运标识,退回邮政部门处理。航空邮件与航空货物的区别在于,邮件受邮政法的保护,涉及个人隐私保护,因此如若发现邮件有疑点的,需要退运或者会同邮政部门进行查验。

对在航空邮件中发现的属于国家规定禁止寄递的物品,直接报告民用机场公安机关处理,不得做退运处理。

六、航空货物的存放与装运

(一) 存放

待装航空货物存放在航空货物控制区。航空货物控制区实施分区封闭管理,保证进港货物和出港货物、已检货物与未检货物、单体超大或超重货物与普通货物、危险品与普通货物隔离存放。

短期存放在机坪的待装航空货物,承运人及其地面服务代理人会采取安全保卫措施,防止无关人员接触航空货物,防止混入违禁品和其他危险品。在威胁增加时,可以对所有航空货物和航空邮件在机场控制区内实施安全检查或采取其他更严密的安全保卫措施。

对来自境外,且在境内民用运输机场过站或中转的航空货物或航空邮件应实施安保管制。

(二) 装运

待装航空货物在航空货物控制区与航空器之间的运输途中,承运人及其地面服务代理人应当采取安全保卫措施,防止无关人员接触航空货物,防止混入违禁品和其他危险品。

航空货物装机前,承运人及其地面服务代理人应当对飞机货舱进行检查,确保货舱内无可疑物品。在航空货物装卸航空器过程中,承运人及其地面服务代理人应当采取监装监卸措施,防止无关人员接触航空货物,防止混入违禁品和其他危险品,直至装入航空器货舱。

 扩展阅读

美国受信任的托运人体系[1]

"9·11"事件之后,美国强烈追求国家安全战略利益的行动,从通过航空保安法令、民航组织管理体系的整合及寻求全球各主要贸易对手国家,联合积极推动 CSI(货柜保全倡议)、C-TPAT(海关贸易伙伴反恐联盟)、24-Hours Rule(24 小时舱单预报规则)、10plus 2 Security Filing(10+2 安全申报)、AMS(自动舱单系统)、RA(管制代理人制度)、KSMS(已知托运人管理系统)等全球性反恐计划作为杜绝恐怖主义的源头。近年来,美国推出的间接航空承运人(即货运代理人,简称 IACS)、间接航空公司管理系统(IACMS)、已知托运人管理系统(KSMS)计划和货运评估系统(FAS)等都是针对受信任的托运人的具体措施。例如:美国 TSA(运输安全署)在 2012 年最近试行的航空货运安全体系——受信任的托运人概念,其主要措施就是"航空货运预先安检(简称 ACAS)"。制定的规则将在未来触发强制

---

① 罗军.借鉴他山之石 发挥协会作用 落实空防责任 构建已知托运人体系[J].民航管理,2014(02):85-88.

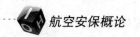

提交数据的要求。美国国土安全部认识到该规则制定过程需要公众参与的重要性。符合行政命令的发布,边境管理局(CBP)认识到规则制定过程应该不仅能够保护公众健康和福利,而且可以促进经济增长、创新、竞争力提高和创造就业机会。CBP在起草过程中将积极推动公众参与,在通过公开征求意见的基础上,实现被通知和被改进。TSA可能不实施正式规则的制定,但会发出SSI安全方案,以规范行业扫描程序和合并使用的ACAS程序。CBP和TSA继续致力于支持供应链系统,以此能够以安全和快速的方式为我们的生活提供必要商品。我们(CBP和TSA)将继续以识别、评估、并优先考虑努力为国土安全的风险管理服务,并通过分层防御系统,增强了信息分配和提起的能力,以致很容易适应不断变化的安全和运行环境。ACAS服务支持这种风险管理的做法,他们提供了一个额外的安全层以提高美国空运货物流量的安全性和高效性。ACAS通过预加收集装载货物的数据和与国际社会合作,将增强针对性和实施动态响应协议,最终实现加强美国空运货物的安全性。"受信任的托运人"的概念在客运航空公司实现中是一个重要因素,以此实现对进口货物100%的扫描处理,而与此同时不中断全球航空进口货物的运输供应链。目前实施的概念,TSA安全指令标准需要在未来实施时得到航空公司的决定。通过ACAS的一个自动化数据驱动的和中立的平台,可用于测定"可信的"托运人的发货状态。这些货物的自动分割将使行业更容易采取适当的分层扫描方案,在适当的安全程序中,将协助客运运营商和全货运航空公司对于额外扫描概述中处理"不信任"的货物出现。由此可见,美国政府的"受信任的托运人"也是一种管制代理人制度的形式。

 **扩展阅读**

伪报品名案例

2020年11月,某国际机场货运安检查获一起货物伪报品名并在托运货物中夹带违禁品的事件。该货物申报品名是"衣服、鞋子",安检货运X光机检查员在检查货物时,发现X光机图像显示与所报品名不符,货物内含疑似锂电池物件。检查员立即暂停检查,通知开包员对该票货物进行开包检查,对该票货物仔细进行手工检查后从货物中检查出充电宝1个,安检员立即控制货主和货物,同时上报值班领导,并连人带物移交候机楼派出所处理。

航空邮件中夹带禁运货物案例[①]

2021年某机场货运安检在邮件中查获夹带易燃物品钢丝棉。当时某机场货运安检员在对一票邮件执行开机任务时,图像中出现了几个X光射线无法穿透的包裹图像,本着"不排除疑点不放过"的原则,开机员立即按下停机键,并通知开包员及邮局报检员对可疑物品进行了联合开包检查,经检查后发现其为易燃物品钢丝棉6包。安检员随即对相关代理人证件及违禁品实施扣留,并将情况上报值班领导,此事目前已移交机场公安机关处理。"网红"钢丝棉属冷烟花系列,是易燃危险物品,燃烧时具有烟花效果,其喷口温度高达700~

---

① 参见中国航空网:"机场货运安检在邮件中查获违规夹带钢丝棉",载于http://www.aero.cn/2021/0406/112563.html,最近一次访问在2021年12月31日。

参见中国民用航空网:"机场安检查获邮件中夹带锂电池易燃易爆物品",载于http://www.ccaonline.cn/hqtx/230480.html,最近一次访问在2021年12月31日。

800℃,燃烧温度高达 2000℃以上,极易引发火灾或造成人身伤害,按照航空运输相关规定,禁止随身携带和托运。

2016 年某机场货检室 X 光机操机员检查民航快递物流有限公司的一票邮件时,发现其中一个邮件 X 光机图像中有疑似锂电池物品,检查员会同公安及邮件部门代理进行开包检查,在货物中查出含"锂电池"的笔记本电脑 1 个。同时在检查另一票邮件时,查出货物中夹带易燃易爆物品"发动机清洗剂"气罐 2 个、易燃液体"超浓缩节油宝"24 个,后移交机场公安处理。

第二节　配餐和机上供应品的安保控制

航空配餐(Catering supplies)是指航空器上为旅客提供的所用一切食品、饮料及相关设备。机上供应品(Catering stores)除航空配餐供给品外的与空中旅客服务有关的一切物品,如报纸、杂志、耳机、声像带、枕头、毯子和化妆包等。两者均可能成为将违禁物品带入机场控制区甚至带入航空器的渠道。因此,也需要实施安保管制措施,以确保配餐和机上供应品不会藏匿可能危及旅客、机组和航空器安全的违禁物品。机场供应品的安保措施与航空配餐的安保要求相似。这里以航空配餐的安保措施介绍为主。

一、航空配餐的安保措施

航空配餐是由专业的航空配餐公司生产,从社会采购原材料,经过加工、配置、包装、整理后,按订单及航班时刻配送至出港航班机上厨房,供机上人员使用,提升旅客客舱体验,并将进港航班使用完毕的餐食和用具回收、复运场外处置。由于其服务对象的特殊性,其生产运营以及设施需在民航安全保卫规则框架内受到管控。国内绝大多数的航空配餐楼远离机场控制区,进出机场的食品和机上供应品需要通过专用配餐车经过机场道口进出机场控制区送上航空器。航空配餐不仅包含机组用餐,也包含旅客所用餐食,不同舱位的旅客餐食可能还不太相同。这里仅从安保角度介绍旅客的配餐安保几个重要环节,如原材料采购、配餐与存储安全、配送、交接以及相关管理制度。

(一)原材料采购安全

配餐的原材料安全是整个配餐安全链条中非常重要的环节,除了采用可信任的采购人员和供应方,采购的原材料也需要实施备案制度并进行检查。

(二)配餐区和配餐存储安全

原材料采购回来后,进行加工和配置,配餐工作区、存放区需要实行封闭管理,对进入人员及随身物品进行安全检查;配餐工作区、工作人员出入口实施视频监控;明确专人负责管理配餐工作区内使用的刀具、化学物品等对航空安全有潜在威胁的物品,并采取管控措施,如实名制登记,确保这些物品得到妥善保管。

(三)配送安全

航空配餐有专门运送航空配餐的车辆,其停放区和装卸区需要实施视频监控;在装车前,需要对车辆进行检查,确保车厢内没有其他不允许装载的物品。机上餐车进行签封,封条有编号;运输餐食的车辆在运输过程中全程锁闭加签封,并有专人押运;签封需要采取管

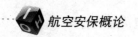

控措施,建立管控制度,防止被盗或滥用。

（四）交接保障

配餐车经过机场控制区道口的安全检查措施进入机场控制区,按照提供航空配餐的单位与机组人员制定的程序,核对航空配餐信息以及签封信息,确保运输过程中没有遭遇非法干扰行为,从而保障航空培训安全。

（五）制度保障

航空配餐企业需要制订安全保卫方案,将以上内容纳入本单位的安全保卫方案,地处机场控制区外的航空配餐企业应当采取安全保卫措施,确保配餐供应品在制作、存储、运往机场途中受到保护,防止未经授权的人员 进入其工作场所,防止将武器、爆炸物和其他危险装置放入航班的配餐供应品和机上供应品中。

公共航空运输企业及其授权的经营代理人应当在各自的安全保卫方案中列入安保程序与管制措施,以防止武器、爆炸物和其他危险装置放入航班的配餐供应品和机上供应品。

二、机上供应品的安保措施

机上提供给旅客的供应品,也要确保其安全且不会夹带违禁物品。因此,要求提供机上供应品的单位采取安保措施,如对采购机上供应品实施备案和检查,确保采购安全;对机上供应品存放区实行封闭管理,机上供应品库实施安保控制措施;对进入人员及随身物品进行安全检查;运输机上供应品的车辆在运输过程中全程锁闭加签封,并有专人押运;签封应当进行管控,防止被盗或滥用;提供机上供应品的单位应当制定与机组人员核对机上供应品的程序,确保程序得到有效实施。

因此,我们作为旅客,在航空器上使用的耳机、毛毯,阅读的杂志、报纸等任何物品均是经过了多道航空安保措施。

 练习与思考

(1) 何为管制代理人？何为已知托运人？

(2) 管制代理人制度有哪些优点？

(3) 我国航空货物交运和收运主体有哪些？

(4) 航空货物托运人托运航空货物的程序有哪些？

(5) 航空货物一般检查程序有哪些？

(6) 航空货物的装运有哪些要求？

本章配套资源

第八章
航空安保应急管理

学习目标：通过本章的学习，帮助学生理解航空安保应急管理的必要性，厘清航空安保应急管理相关环节及具体措施，使学生掌握航空安保应急管理的基本原则及处置程序，强化学生的航空安保应急管理意识，增进学生对民航安保应急管理工作的认识和理解，促使学生在工作岗位上能够更好地履行职责。

应急管理是指政府及其他公共机构在突发事件的事前预防、事发应对、事中处置和善后管理过程中，通过建立必要的应对机制，采取一系列必要措施，保障公众生命财产安全，促进社会和谐健康发展的有关活动。应急管理是一个动态管理，包括预防、预警、响应和恢复四个阶段。民航应急管理是民航治理体系和治理能力的重要组成部分，承担着防范和化解重大航空安全风险的重要职责。航空安保应急管理工作，主要指有确切信息表明即将发生非法干扰事件或者正在、已经发生非法干扰事件的预防与处置。

第一节　航空安保应急管理的组织

航空安保的首要目标是保障旅客、机组和地面人员的安全，并采取足够的措施确保遭受非法干扰行为的航空器上旅客和机组人员的安全，直至他们可以继续航行。为了达到这一首要目的，建立航空安保应急管理机制是必要的。因为一方面，在有情报信息来源时能及时研判，提前处置，比如"2006 年恐怖分子企图携带液态爆炸物在英国希思罗机场登上航空器爆炸十几架航空器"事件，正是有情报信息部门提前获取情报，在即将发生之前，抓捕了相关人员，及时制止了一起严重的非法干扰事件。另一方面，对于正在遭受非法干扰行为的，需要采取相应的措施保障人员安全，降低风险、降低损失。航空安保应急管理相对于航空安全应急管理有其差异性。

一、航空安保应急管理的特点

（一）航空安保应急管理更关注外部威胁的防范

航空安保应急管理侧重于劫炸机等事件的防范与处置，与当前面临的主要、重大威胁是对应的。这与航空安全关注基于工作差错、工作人员不安全行为导致的事故征候或事故防

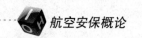

范与处置有比较大的差异。基于航空安保事件涉及国家安全,其应急管理的架构更复杂,不仅涉及民航行业内部职责分工,它还包括国家安全部门、军事部门、武警部队、公安等机构的参与。

(二) 基于应对外部威胁变化莫测,需要充分考虑航空安保措施的局限性

尽管我们制订了诸多预防性航空安保措施,如通行管制的措施,旅客及其客舱行李的措施,货舱行李的措施,货物、邮件和其他物品(含危险品)的措施,空中安全保卫措施,航空器安全保卫,要害部位安全保卫,特殊旅客的安全保卫,特殊物品的运输,公共区安全保卫等。但是,航空犯罪的手段在不断变化,航空安保预防性措施总是有其局限性,如 2009 年 12 月 25 日,在一架飞往美国底特律的航班上,一名男子在机舱启动爆炸装置,企图炸毁飞机,但因爆炸装置失灵,278 名乘客和 11 名机组人员逃过一劫,犯罪嫌疑人供认自己接受"基地"组织指派,将爆炸装置缝在内裤上(裤裆内)成功通过安全检查登上飞机。此次事件的发生反映出民用航空安保的诸多漏洞或者薄弱点,其中最典型的就是对旅客裆部安全检查的局限性,随后全球民航也开始强化裆部检查。再如 2001 年圣诞节期间恐怖分子里德炸机未遂行动中使用的"鞋内炸弹",也是利用了当时航空安保的一个薄弱点——对旅客鞋底检查的缺失。随后鞋底检查措施纳入航空安保工作。人体检查仪器的应用正是基于民用航空切实面临这些威胁,需要达到威胁与措施相称。

任何措施均不能保障 100% 的安全。防线一旦被突破,是否有其他措施弥补和应对,对保障旅客、机组、地面人员安全、降低损失起着至关重要的作用。因此,航空安保应急管理需要随着外部威胁的变化不断与之匹配与适应。

(三) 航空安保事件的国际性和重大性,促使各国充分重视航空安保应急管理的协作

非法干扰行为经常会演变为国际问题的原因主要在于两个方面。一方面,基于航空运输的国际性,国际航空运输使得非法干扰行为源于一个国家,但其破坏结果却可能发生在目的地国;另一方面,基于航空运输的脆弱性,一旦发生非法干扰事件,后果通常是巨大的,极易引起全社会的关注与担忧,常常导致全球的民用航空加强航空安保措施,增加人力和物力投入,来不断弥补航空运输中的各种安保漏洞,且这种进程是无止境的。因此,每一个国家均需要在非法干扰行为的预防、预警、响应和恢复整个过程中通力协作,以期能够及时获得详尽的情报信息,尽可能防止航空安保事件的成功实施,或者降低损失并成功处置。因此,为了维护国际航空安全,各国需要建立应急管理的协作程序,与其他国家分享相关的威胁信息,同时考虑保护信息源和信息收集方法。

(四) 基于应对威胁所需投入成本的考量

任何措施均需要人力、物力和财力的综合投入,当一项非法干扰行为产生比较严重的后果,但对于这种行为的防范措施成本极高,同时其发生概率比较低的情况下,管理者会更多地考虑通过强化应急管理措施以应急处置的形式进行弥补和管理。例如将航空器作为武器袭击其他人员、建筑等行为,再如利用航空器抛洒危及环境安全物质的行为。虽然是小概率事件,但是要 100% 预防此类事件的发生是需要极大的成本,在有限的资源下,对此类行为强化采取应急管理机制,节约社会公共资源。

还有一部分是基于航空安保措施不能够得到有效执行时,对于航空安保关键环节应当设置应急处置程序,因为作为航空安保关键环节一旦被突破极易造成不可估量的灾难或损

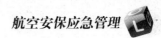

失,需要设置突发事件应急响应机制。

二、航空安保应急管理的组织

根据《民航突发事件应急管理规定》,民航管理部门成立应急工作领导机构,统一领导全国或所辖地区的民航应急工作,监督、检查和指导下级民航管理部门、企事业单位的民航应急工作。企事业单位的民航应急工作应当接受民航管理部门的监督、检查和指导。

航空安保的应急管理涉及反恐工作和国家安全,其应急处置涉及更多职能部门,如民航局及其派出机构、地方人民政府及其有关部门、军事部门和机场管理机构、公共航空运输企业、空中交通管制部门、驻场单位以及机场租户等。相关机构均应当根据国家预案制定各自的航空安全保卫应急处置预案,装备通信系统,向工作人员发布指令并进行培训,以便应对发生在我国、影响到我国以及可能对我国民航安全造成不利影响的非法干扰行为。

当前,我国航空安保应急管理分为由国家处置劫机领导小组负责的重特大非法干扰事件的处置,以及民航局根据职责负责的其他非法干扰事件的应急处置工作。

目前,民航局制定有非法干扰行为处置程序,航空安保应急演练要求,以及信息发布的规定、媒体发言人制度,包括保证不得擅自将信息泄露给媒体或可能危及民用航空安全的任何人的信息安全制度。

机场管理机构和公共航空运输企业等单位按照《民用航空运输机场航空安全保卫规则》《公共航空运输企业航空安全保卫规则》制订航空安全保卫/非法干扰事件应急处置预案,并能够按照预案进行演练,保证能够得到实施预案所需的资源、设备和人员方面的支援;采取适当措施,保证受到非法干扰的航空器上的旅客和机组能够继续行程。

机场管理机构按照《民用运输机场突发事件应急救援管理规则》需要设立机场应急救援指挥管理机构,即机场应急救援指挥中心,作为机场应急救援领导小组的常设办事机构,同时也是机场应急救援工作的管理机构和发生突发事件时的应急指挥机构。按照《民用航空运输机场航空安全保卫规则》,机场管理机构明确要害部位安全保卫主责单位,并由其制订安保应急处置预案,采取相应的航空安保措施。机场管理机构应当确保预案中包含的所有信息及时更新,并将更新内容告知相关单位、人员。

机场公安机关应当与机场管理机构、有关驻场单位共同制定机场公共区域重大治安案件、刑事案件、群体性事件和治安灾害事故的应急处置预案,并每年至少进行一次桌面演练和实战演练。空中交通管制部门应当对受到非法干扰的航空器提供优先服务等。

三、航空安保应急管理的基本原则

由于每一起航空安保事件均有其典型性和特殊性,航空安保处置预案不可能面面俱到,面对不同情况如何把握现场处置和决策,需要制定一定的处置原则,如在资源保障方面,尽可能保障航空器留于地面,以确保航空器能够获得更多支援;在保障人的安全方面,将保护人的安全如旅客、机组、地面人员和一般公众的安全作为防范非法干扰行为的最高目标,优先于其他一切考虑;在生命、财产和环境受到严重威胁时,应当采取有效措施,防止或尽可能将损失和伤害减至最小;谈判始终优先于武力的使用;尽可能保证通信渠道的畅通、程序的执行和设备的使用;采取施救措施时积极借助该航空器经营人所在国、生产厂商所属国和登记国的经验和能力等。

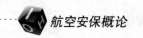

按照应急管理体系建设原则,各单位需要制定航空安保应急处置的管理制度,明确管理主体,明确应急预案程序及其编制、修订;应急处置的培训与训练,明确航空安保演习演练等内容。

第二节　航空安保应急预案及其演练

一、应急预案编制的相关要求

《中华人民共和国反恐怖主义法》第三十二条规定,重点目标的管理单位应当制定防范和应对处置恐怖活动的预案、措施,定期进行培训和演练;《中华人民共和国突发事件应对法》第二十四条规定:"公共交通工具、公共场所和其他人员密集场所的经营单位或者管理单位应当制定具体应急预案,为交通工具和有关场所配备报警装置和必要的应急救援设备、设施,注明其使用方法,并显著标明安全撤离的通道、路线,保证安全通道、出口的畅通。有关单位应当定期检测、维护其报警装置和应急救援设备、设施,使其处于良好状态,确保正常使用。"第五十六条规定:"受到自然灾害危害或者发生事故灾难、公共卫生事件的单位,应当立即组织本单位应急救援队伍和工作人员营救受害人员,疏散、撤离、安置受到威胁的人员,控制危险源,标明危险区域,封锁危险场所,并采取其他防止危害扩大的必要措施,同时向所在地县级人民政府报告;对因本单位的问题引发的或者主体是本单位人员的社会安全事件,有关单位应当按照规定上报情况,并迅速派出负责人赶赴现场开展劝解、疏导工作。突发事件发生地的其他单位应当服从人民政府发布的决定、命令,配合人民政府采取的应急处置措施,做好本单位的应急救援工作,并积极组织人员参加所在地的应急救援和处置工作。"

《中国民用航空应急管理规定》第十六条规定:"应急预案应当明确适用的情境条件,并根据其性质、特点、影响、应对需要,明确工作原则、组织体系与职责分工、指挥与运行机制,规定预防与应急准备、预测与预警、应急处置与救援、善后处理等工作环节的操作程序、相关标准和保障措施。"第十九条规定:"应急预案的制定单位应当定期组织预案演练,演练的周期应当在预案中明确规定。"确保预案中包含的所有信息及时更新,并将更新内容告知相关单位、人员。

国家层面的航空安保应急预案侧重于涉及空中航空器的事件,而机场航空安保应急预案更侧重于机场发生的事件的处置。

二、应急预案的制定

应急预案一方面需要根据本国、本单位面临的威胁、威胁等级以及风险等级进行制定和调整,同时还应当是各职能部门通力合作进行编制。国家层面的预案通常包括关于政策、责任以及从最高层到现场指挥及管制当局的指挥与通信链的详细说明。企事业单位应急预案需要明确工作原则、组织体系与职责分工、指挥与运行机制,规定预防与应急准备、预测与预警、应急处置与救援、善后处理以及应急救援设备保障等工作环节的相关要求。航空安保应急处置预案应包含启动相应等级应急处置预案的程序。明确启动应急处置预案的情况。机

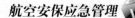
场管理机构应当制定程序,按照本机场所在地区的威胁等级,启动相应级别的航空安保措施。预案程序的内容应科学、合理,符合国家的有关要求。

三、应急预案的种类

应急预案程序种类应符合国家的有关要求,与本单位的航空安保突发事件类型相适应。目前,我国航空安保应急管理并没有明确专门的预案指定科目,而是以非法干扰行为处置程序的要求建立相应的应急处置机制。考虑到非法干扰行为处置程序文件制定较早,而机场、机场公安机构属地化改革已经完成,后期陆续出台了针对机上案、事件的空地对接程序,以及空中案、事件的处置指引,地面公安机构有相应的执法规范化要求,已经初步形成新的地面——空中——地面的模块化应急处置机制,并通过培训和应急演练的方式不断实践和探索。此处,本书借鉴《民用航空安全保卫应急演练管理规定》(民航发〔2012〕14号中规定的演练科目的种类进行介绍)。

通常民用航空运输机场的应急科目包括处置地面劫机事件(包括空中劫机事件地面处置)、处置地面炸机(纵火)事件;处置武装冲击机场事件;处置暴力破坏机场事件(破坏手段如打砸抢、爆炸、纵火、核生化沾染、网络攻击等);处置机场内发现疑似爆炸物、危险物品事件;处置机场内劫持人质事件;处置群体性骚扰事件;处置强行冲闯航空器事件;处置故意传播威胁机场安全的虚假恐怖信息事件;处置机场区域发生的其他严重暴力犯罪事件。

公共航空运输企业的应急科目包括处置空中劫机事件;处置空中炸机(纵火)事件;处置航空器内劫持人质事件;处置航空器内发现疑似爆炸物、危险物品事件;处置故意破坏航空器及其设备事件;处置飞行中使用暴力事件;处置强行冲闯航空器事件;处置强行冲闯驾驶舱事件;处置旅客霸机、拒绝登机事件;处置故意传播威胁航空器安全的虚假恐怖信息事件;处置航空器内发生的其他严重暴力犯罪事件。

当然还有其他应急处置和演练的内容,以不同的形式展现,比如针对机场发现可疑物品的应急处置预案,冲闯机场安检通道、冲闯航空器等扰乱性旅客的应急处置程序,机上各类案、事件的处置程序等。

四、航空安保应急演练及其组织管理

航空安全保卫应急演练(以下简称"安保演练"),是指针对民用航空领域特定的安保突发事件风险,组织相关人员,在预设情境下,按照应急预案规定的职责和程序,对应急预案启动、应急响应和应急保障等工作环节进行的应对过程训练。安保演练的目的在于熟悉应急预案规定的职责和程序,一旦发生安保事件,能够按照预案有序采取相关措施。

应急演练的组织管理方面,由民航局公安局指导全国机场管理机构和公共航空运输企业的安保演练工作并监督其执行。民航各地区管理局公安局监督指导本辖区机场管理机构和公共航空运输企业的安保演练工作,并对演练材料备案。民用机场公安机关根据应急处置职责具体承办或参与实施所在民用航空运输机场的安保演练工作。

机场管理机构和公共航空运输企业至少每3年举办一次综合实战演练(包括联合演练),未举办综合实战演练的年度应根据自身实际情况,定期组织本单位内部机构举办单项或桌面演练,保证本单位应急组织的主要组成单位、应急预案中规定的基本响应功能全部通过安保演练得到检验和评价。

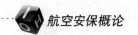

五、应急演练的形式

安保演练可采取不同方式进行。按演练内容,可分为单项演练和综合演练;所谓单项演练按演练形式,可分为桌面演练和实战演练;按演练目的,可分为程序性演练、考核性演练和检验性演练。

(1)单项演练是由负有应急处置责任的单一应急机构针对某一模拟突发事件进行的演练活动。此类演练注重对一个部门内部,针对自身某一个特定环节或功能的检验。

(2)综合演练是由多个应急机构参与,共同针对某一类或者几种类型模拟突发事件的组合而开展的演练活动。此类演练注重对多个环节和功能进行检验,特别是参与应急处置的单位之间的通知程序、通信联络、应急反应、现场处置、协同配合和指挥协调等方面的总体情况。

(3)桌面演练是以语言表述的方式进行的室内演练活动,由相关参演单位人员,按照应急预案,讨论和模拟进行应急状态下应采取的行动。此类演练主要检验参演人员对突发事件通知程序的熟悉程度及其现场处置、协同指挥能力。

(4)实践演练是一种模拟突发事件真实场景条件下的演练活动,由相关参演单位和人员,按照应急预案,运用真实装备,采取实际行动进行演练。此类演练主要检验和提高相关人员的现场组织指挥、队伍调动、应急处置和后勤保障等应急能力。

(5)程序性演练是参演人员根据事先编制的演练方案和脚本,结合各自职能分工,逐条分项推演,熟悉突发事件的应对工作流程,对工作程序进行验证的演练活动。

(6)考核性演练是事先编制多场景的演练方案和脚本,由导演人员随机下达演练场景的信息指令,使参演人员依据信息和指令自主进行响应,对参演人员的应对能力进行考核的演练活动。

(7)检验性演练是在不预先编制演练脚本的情况下,由参演人员根据突发事件情景梗概,依据相关预案和自身应急工作经验自主响应。对参演人员自主应对事件的能力进行检验的演练活动。

总之,不同的演练方式,检验的是不同方面的应急反应能力。

六、安保应急演练的基本原则

安保应急演练应包括计划、准备、实施与评估四个基本阶段。安保应急演练应遵循精心组织、贴近实战、科学评估、确保安全的原则。尽量减轻对民航正常生产运输秩序的影响。如确有影响的,应提前公告,并做好应对方案。应急演练需要充分考虑演练过程中可能出现的突发情况,采取必要的防护措施,预留足够的应急处置人员和设备,做好演练过程中发生真实安保事件或其他意外事件的应对准备。

机场管程机构和公共航空运输企业要从应对安保突发事件的实际需求出发,针对本地区、本单位面临的主要安保风险,结合安保突发事件发生发展规律,及时考虑应急预案内容的更新情况,科学安排演练内容。

七、安保演练准备与演练脚本

大部分安保演练科目属于在日常安保管理中发生概率比较小但危害结果比较严重的行

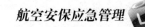
为,这些演练科目有些安保人员可能工作几十年也未必经历,即使有过经历,个人经验也是极为有限的。一旦遭遇,相应的人员能够掌握程序、把握原则、快速反应、准确应对。因此,航空安保演练的开展需要进行充分准备,确保演练目标的实现。演练准备工作包括组织安排、文件编制、人员培训,演练保障等。必要时,还可进行预演。

（一）安保演练的指挥机构

应急演练需要在相应的领导机构或指挥机构的领导下组织开展,这一要求应在相关预案中有明确。成立相应的演练领导小组,明确各参演人员的职责、任务和相互关系,以保证演练准备工作有序进行。

（二）安保演练方案的编制

安保演练方案应结合有关应急预案和实施程序,组织编制演练方案。演练方案的内容应包括:演练目标;演练场景设计,包括模拟安保突发事件的发生时间、地点、事件类型、状态、危险性、波及范围等事态要素,与哪一种类的非法干扰行为应急处置相关;参演单位和主要人员的任务及职责;演练实施步骤;演练的评估标准与方法;附件,如演练技术支持、后勤保障、参演单位联系方式、安全注意事项等。其中,实战性的综合演练对组织方的保障能力要求相对比较高,需要提前详细计划,提前报备。

（三）安保演练方案的审批与实施

演练方案完成后应由演练领导小组审批。对于综合性较强或风险较大的安保演练,应组织专家进行评审,确保演练方案科学可行。

安保演练应按照审批的演练方案实施。实施过程中,应当做好演练记录工作。

（四）安保演练工作评估

安保演练的目标是否达成,在演练过程中的优缺点,在安保演练结束后需要及时进行评估,总结经验。演练评估要在全面分析演练记录及相关资料的基础上,对比参演人员表现与演练目标要求,对演练活动及其组织过程作出客观评价,并编写演练评估提告。评估报告的内容包括演练的基本情况;演练的主要收获和经验;演练中所发现的问题(包括预案的合理性与可操作性、应急指挥人员的指挥协调能力、参演人员的处置能力、演练所用设备装备的适用性、演练目标的实现情况等);改进有关工作的建议和意见。

（五）演练后的整改与完善

演练结束后,演练单位应当针对演练中暴露出的问题采取措施予以改进。改进措施主要包括修改完善安保突发事件应急预案、加强应急人员的教育和培训、更新应急设备等。

演练改进工作实行"督办制"。演练领导小组应当建立演练改进工作台账,制订整改工作计划表,按照既定时间对演练问题涉及单位或部门的改进工作落实情况进行督办。

（六）安保演练的保障

安保演练的成功组织与经费和人力保障等密不可分。为了确保演练的有效性,达到演练目的,通常会要求提前做好演练规划,对本单位未来某段时期内的安保演练工作作出总体安排和部署,根据年度演练计划编制演练经费预算,纳入本单位的年度财务预算,并对经费使用情况进行监督检查,确保演练经费专款专用。

演练规划遵循"先单项后综合、先桌面后实战、循序渐进、时空有序"的原则,内容应主要

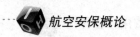

包括在规划年度内的演练方向和目标、拟举办的演练次数、演练类型、演练科目、参演部门、任务落实与经费保障等。

第三节　信息收集与处置

航空安保应急管理首先涉及前端信息的收集,即是否有情报信息表明即将或正在发生非法干扰行为,一旦有明确信息,应当明确如何处理。这里涉及威胁信息的收集、传递、评估与处置,威胁信息的收集涉及情报部门,同时,民航各个职能单位和部门均应当建立情报信息收集管理机制,民航局通过《民用航空安全保卫事件信息管理规定》对行业发生的安全保卫事件信息进行管理,也正在制定航空安全保卫信息管理规定,对行业内发生的信息进行收集汇总分析评估。

一、信息收集、报送和传递工作

在《民用航空运输机场航空安全保卫规则》《公共航空运输企业航空安全保卫规则》中明确机场管理机构和公共航空运输企业分别负责本单位民航安保事件信息的管理工作,建立航空安保信息报告制度,当发生非法干扰事件、重要威胁信息、因安保原因造成的安全事故、重大空防安全隐患、其他紧急事件时,机场管理机构和公共航空运输企业均应当立即报告。同时根据《民用航空安全保卫事件信息管理规定》,各单位建立信息员制度,确保信息收集、报送、传递的畅通。驻外机构对驻在国或地区安全状况以及涉及民航安全的信息,也需要定期报告。遇有境外通航机场发生重大航空安保事件的;当地突发暴力恐怖或治安事件有可能影响航线航班安全的;驻外机构办公场所遭遇恐怖袭击的;对境外通航机场以及通航航线航班进行安保评估时发现重大安保隐患的;驻外机构工作人员、机组发生非正常伤亡事故的;其他紧急重大情形,均应当立即报告。且机场和航空公司应当主动收集可能危及航空安全的信息,并进行主动的评估分析。

二、信息评估及其结果应用

信息的收集、传递、分析的目的在于及时准确地获得信息,并采取相应的对策维护航空安全。那么谁来做威胁评估工作呢?民航局、机场公安机构以及机场、航空运输企业等均有责任和义务开展主动的威胁评估工作,制定相应的威胁评估工作程序,明确威胁评估的目的、主体、启动、信息收集、研判方法、等级发布和协作配合等内容。

民航局根据威胁评估结果或针对民用航空的具体威胁,发布安保指令和信息通告,规定应对措施。

机场管理机构和航空运输企业等单位应当执行民航局发布的安保指令和信息通告,并制定在收到安保指令和信息通告后执行安保指令和信息通告各项措施的具体办法。我国在《民用航空运输机场航空安保管理体系(SeMS)建设标准》《民用航空运输机场航空安全保卫规则》中明确了机场根据本机场所在地区不同的威胁等级,启动相应级别的航空安保措施。机场管理机构和航空运输企业等单位也可以在符合国家的有关要求情况下,根据本单位的威胁评估结果,及时调整安保措施内容或等级。

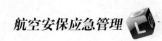
三、国际航空安保信息的传递与协作

考虑到航空运输的国际性,各缔约国获得的非法干扰行为信息需要向国际民航组织提供,国际民航组织将对各国提供的信息加以汇总分析和评估,从而确定是否需要调整《国际民航公约》附件 17 中相关航空安保措施的标准和建议措施,或者对全球航空安保工作发布风险提示。国际民航组织建立了航空安保信息联络机制用于及时分享相关敏感信息。对于影响到其他国家的航空安保信息需要建立国家间的信息分享机制;同时,考虑到信息安全和网络安全,需要建立双边甚至多边的信息传送和保护机制,包括敏感信息的存储、传递渠道和程序、信息获取方式等。并鼓励各缔约国在防止非法劫持民用航空器和其他非法干扰民用航空的行为方面的共同协作。

四、非法干扰事件处置

(一)先期处置

当收到的信息表明即将发生、正在发生或已经发生的非法干扰行为信息时,所有单位均应按照各自预案采取相应措施。收到信息的机构负责尽可能多地收集和记录此信息的相关资料,并对该事件做出评估。做出评估后,应当立即通知有关方面,并按照各自的预案采取进一步行动。

(二)指挥

根据威胁预警的等级,分别启动国家、地方、机场的应急处置预案,并按照应急处置预案采取进一步行动。处置发生在我国境内的带有政治性目的、恐怖性劫机、爆炸等严重非法干扰行为的指挥,由国家处置劫机事件领导小组组长或由其授权的副组长实施;其他非法干扰行为的处置由国家航空安保主管部门主要负责人或其授权的人员负责实施。

(三)应急装备保障

1. 通信保障

通信保障是指建立和完善应急指挥的通信保障和信息管理系统,利用先进的计算机技术、网络技术、无线通信技术、卫星技术等现代化手段,配备必要的有线、无线通信器材和计算机网络软、硬件设备,确保应急处置工作中,各方面的联络畅通、迅速、高效且形式多样。通信保障还包括应急处置中心设施、设备的定期维修测试,确保其始终处于良好的工作状态。

2. 人力资源保障

人力资源保障,即加强应急处置队伍的建设,通过经常性的培训、演练提高应急处置人员的业务素质和技术水平。同时建立值班备勤制度,满足特殊情况下的人力保障。

非法干扰事件可能涉及人质、爆炸物以及语言问题,因此需要相关专业人员的支持,如谈判人员、爆炸器械处理人员、翻译人员等。

3. 技术保障

技术保障是指加强技术支持部门的应急基础建设工作,增加技术投入,如远程可移动通信车;吸收国际先进经验,为应急状态下的处置提供技术支持与保障。

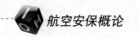

（四）媒体应对

媒体应对是危机管理中重要的一部分。如何监控社交媒体,并酌情利用社交媒体散发信息,确保公众适当的知情权,引导公众正确对待且又不会引发公众恐慌,同时又能确保信息始终处于可控范围,不会泄露敏感信息。需要建立相应的新闻发言人制度,掌握媒体应对技能;除了新闻发言人,其他所有相关人员均不得直接与媒体交流。

（五）与旅客家属朋友和公众的沟通

航空安保事件通常涉及该航班上的国际旅客,其家属、朋友以及大量公众急迫需要了解相关信息,预计会有大量问询电话,同时事件所涉人员的亲属和朋友可能提供有利于解决事件的有用信息,如姓名、年龄、国籍、相貌或健康状况等。因此,需要设立单独的设施应对个人询问,并配备经过训练的人员和足够的通信设施。

（六）针对非法干扰事件的总结报告

任何一起非法干扰事件的发生,均意味着航空安保各项措施存在系统性漏洞。航空安保事件发生后,需要对该事件进行系统性原因分析,并提出针对政策措施以及应急预案等各个方面的改进和完善措施,避免类似事件再次发生。同时需要将相关信息报告国际民航组织。

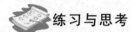 练习与思考

(1) 航空安保应急管理的特点有哪些?

(2) 航空安保应急管理的基本原则有哪些?

(3) 航空安保演练的基本原则有哪些?

(4) 何为单项演练和综合演练?

(5) 何为桌面演练和实践演练?

(6) 航空安保演练只是作为预演练习,演练结束不需要分析总结,对吗? 为什么?

(7) 航空安保应急处置是否需要明确启动预案的时机,为什么?

(8) 谈谈你对航空安保应急管理工作功能作用的认识。

本章配套资源

第九章
危害空防安全的行为

学习目标：通过本章的学习，使学生了解危害空防安全行为的主要类别，了解劫持航空器等典型危害行为的发展、分类和特点等。帮助学生理解和掌握劫持航空器、扰乱行为等概念及其界定，在全面了解危害空防安全主要行为的基础上，努力使学生形成较强的安保意识，进而形成安保的责任意识。

人类社会总是存在着违法和犯罪活动，在航空活动出现以后，这些危害行为也随之蔓延到了空中，对航空安全产生了威胁，也扰乱了航空活动的正常秩序。据说当初热气球飞行的时候，就有人试图将其劫持，但这一说法至今也没有足够的证据予以证实。在航空器事故档案局的网站上，从第二次世界大战结束至今，其数据库所记录的因劫机、恐怖主义和蓄意破坏的行为造成的飞机全损事故约有 577 起，在这些事故中，死亡人数总和达到了 9433 人。需要说明的是，这些数据中也包括了被击落的军用飞机。[①]

从目前航空资料来看，1919—1931 年，有记载的大都是航空意外事件，绝大部分都是飞行安全和地面事故两个方面的问题。在第二次世界大战结束之前，由于商业航空并不发达，涉及商业航空的危害行为很少，自然也少有人去关注这个问题。第二次世界大战以后，世界格局发生了巨大的变化，以美、苏为首的两大阵营对峙，两个超级大国在"掰手腕"角力的过程中，对地缘政治和各国战后经济的恢复和发展都产生了极大的影响，这些因素带来的负面效应也同样反映到了战后快速发展的商业航空运输活动中。同时，在战后殖民地民族独立和解放运动中，一些极端行为也开始出现。就国际航空而言，在那数十年间，国际社会所关注的危害空防安全的行为主要集中在劫持航空器、破坏航空器、危害机场安全等严重暴力行为方面。直到 20 世纪末 21 世纪初，国际民航才开始逐渐关注不循规旅客和扰乱行为。

危害空防安全的行为主要包括以下两类。

（1）非法干扰行为。其中包括但不限于以下行为或未遂行为：非法劫持航空器；毁坏使用中的航空器；在航空器上或机场扣留人质；强行闯入航空器、机场或航空设施场所；为犯罪目的而将武器或危险装置或材料带入航空器或机场；利用使用中的航空器造成死亡、严重人身伤害，或对财产或环境的严重破坏；散播诸如危害飞行中或地面上的航空器、机场或民航设施场所内的旅客、机组、地面人员或大众安全的虚假信息。

---

① 参见 https://www.baaa-acro.com 网站数据，2022 年 3 月登录。

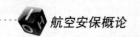

（2）扰乱行为。出于审慎和立法实践的考虑,国际社会对危害空防安全的行为的具体类型只在非法干扰行为方面达成了共识,《国际民航公约》附件 17 对非法干扰行为作了明确定义和主要行为的列举,《蒙特利尔公约》及其议定书和《北京公约》等也对部分非法干扰行为进行了明确定义。对于扰乱行为,国际社会并没有具体的界定。鉴于此,从航空安保实际出发,本章将围绕一些主要的非法干扰行为和扰乱行为进行阐述。

第一节　劫持航空器

一、劫持航空器的用词来源与界定

（一）劫持航空器英语用词的来源

劫持航空器,即我们通常所称的劫机(下文通用)。在航空业发展之初,各国对劫持航空器的行为并没有什么概念,也没有意识到这一行为后来会"疯狂"到国际社会难以回避。

一开始,由于英语、法语和西班牙语中并没有表达劫持行为的词,因此,在 1961 年 7 月 25 日美国《纽约时报》的报道中,编辑所使用的标题是"美国飞机被强夺飞往哈瓦那",当中使用了 seize 一词来表示劫持行为。随后,同年 8 月 4 日,《纽约时报》在报道另一起劫机逃往古巴的未遂事件中使用了 hijack 这个词,虽然后来在各种场合还出现了 skyjacking、plane jacking、air robbery 等说法,但 hijack 这个词却一直沿用到了现在,在很多正式文件中,人们依然使用 hijack 作动词来表示劫机。在美国法律中,他们又使用了 air piracy 一词用来侧重表达劫持航空器的犯罪行为。例如,在 2001 年的《美国航空运输安全法案》中,有 3 处使用了 air piracy 来表示空中劫持行为,有 1 处使用了 hijacker 来表示劫机行为人,还有 1 处使用了 hijack any aircraft 来表示劫机行为。

hijack 原本并非用来表示劫机,关于这个词的来源有很多种说法。为航空业界多数著作和文章所认可的说法源自 1920—1933 年美国的禁酒令时期,当时美国全国范围内禁酒,禁止酿造、运输和销售含酒精饮料。禁酒令不但没有解决因公民酗酒引发的许多社会问题,反而催生了美国地下黑市酿酒和贩酒的畸形经济,同时催生了一批黑势力。经常有黑势力为了争夺酿酒和贩卖渠道而相互争斗。高速公路上经常会有某一黑势力拉酒的卡车被其他黑势力截停,大喊一声"Hi, Jack",然后帮众便冲上去连车带酒都抢走。于是,这种经常发生在 highway(高速公路)上的抢劫就被称为 hijack。

还有一种说法认为,1923 年前后的美国俚语 hijack 是个名词,指的是 hold-up man 和 thug,即歹徒、抢劫犯的意思。当时的美国报纸上第一次出现了 hijack 这个词,意思就是 rob(抢劫),后来又发展为用来指代劫机的单词。

当然,有关这个词的来源还有很多说法,例如东欧移民语言说、密苏里州锌矿工人盗窃锌矿说和法语 échaquer 来源说等,此处不做详述。

国际公约方面,考虑到法语和西班牙语的语汇问题,经过仔细斟酌,在 1963 年《东京公约》的第十一条中,对于劫持航空器做了如下表述:"...seizure, or other wrongful exercise of control of an aircraft..."。1970 年《海牙公约》的英语全称为"Convention for the Suppression of Unlawful Seizure of Aircraft",其中对劫持航空器的定义做了和前文第十一

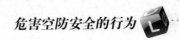

条中类似的表述。

（二）劫持航空器的界定

国际社会首次对劫持航空器的行为进行界定是 1963 年《东京公约》的第十一条,其第一款规定:"如航空器内某人非法地用暴力或暴力威胁对飞行中的航空器进行了干扰、劫持和非法控制,或行将犯此类行为时,缔约国应采取一切适当措施,恢复或维护合法机长对航空器的控制。"

1970 年《海牙公约》第一条规定:"凡在飞行中的航空器内的任何人:(一)用暴力或用暴力威胁,或用任何其他恐吓方式,非法劫持或控制该航空器,或企图从事任何这种行为,或(二)是从事或企图从事任何这种行为的人的同犯,即是犯有罪行。"

2010 年《北京议定书》的第一条第一款则规定:"任何人如果以武力或以武力威胁,或以胁迫,或以任何其他恐吓方式,或以任何技术手段,非法地和故意地劫持或控制使用中的航空器,即构成犯罪。"

从以上公约中相关内容的演变来看,变化主要体现在两个方面:第一,体现在非法劫持或控制航空器的手段上。在《东京公约》中,手段主要是暴力或暴力威胁。《海牙公约》中规定的手段除了暴力或暴力威胁外,加上了"任何其他恐吓方式"。实际上,恐吓一般也可以理解为威胁,都是对人施加某种精神压力,迫使其服从行为人发出的指令。也就是说,《海牙公约》认为任何方式的威胁都可以成为非法劫持和控制航空器的手段。例如,以受害人的隐私或者违法犯罪事实进行威胁都是题中之义。《北京议定书》则在航空业和科学技术发展的基础上,结合对现实威胁可能性的评估,在《海牙公约》所列举的手段外,增加了"任何技术手段"的方式,即行为人可能通过技术侵入飞机控制系统或空中管制系统等方式达到非法劫持和控制的目的。第二,体现在犯罪行为实施的时间适用上。在《东京公约》和《海牙公约》中,出于当时的历史背景和审慎的原则,将非法劫持和控制航空器的行为限定在了飞行中。所谓飞行中,是指航空器从装载完毕、机舱外部各门均已关闭时起,直至打开任一机舱门以便卸载时为止。航空器强迫降落时,在主管当局接管对该航空器及其所载人员和财产的责任前,应被认为仍在飞行中。事实上,在国际劫机历史上,航前或航后的地面劫机也时有发生,为了适应这些情况,2010 年的《北京议定书》将非法控制或劫持航空器的时间适用范围扩大到了使用中。所谓使用中,是指从地面人员或机组人员为某一特定飞行而对航空器进行飞行前的准备时起,直至降落后 24 小时止。

我国《刑法》第一百二十一条是有关于劫持航空器罪的规定的,表述为:"以暴力、胁迫或者其他方法劫持航空器的,处十年以上有期徒刑或者无期徒刑;致人重伤、死亡或者使航空器遭受严重破坏的,处死刑。"由此可见,作为国内法的《刑法》,其就劫持航空器的规定中所使用的兜底的"其他方法"给劫持航空器现在或将来的适用留下了足够的空间。此外,我国刑法条文中虽未明确本罪所应适用的航空器的状态,但应当理解为使用中的航空器。

二、劫持航空器行为的产生和发展

（一）国际劫持航空器行为的产生和发展

大部分书籍和文章都认为世界上第一次劫机事件发生在 1931 年 2 月 21 日南美洲的秘鲁,利马至阿雷基帕的航班,飞机降落后,立即被武装的士兵包围,他们要求飞往另一个目的

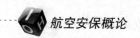

地,但遭到了飞行员的拒绝。对峙持续了10天。3月2日,这些士兵突然通知飞行员他们的革命已经成功,决定恢复飞行员的自由,但同时要求飞行员同意带其中一名士兵飞到首都利马。[①] 就第一次劫机而言,还有资料记载的是发生在1930年,秘鲁的革命者劫持了一架泛美航空运送邮件的飞机,并利用这架飞机在利马上空散发传单。[②]

此后,人类经历了第二次世界大战,在此期间,不少民用航空器遭到了击落或在轰炸中被摧毁,但由于当时的特殊的社会背景和实施主体,很难说这是我们今天所评价的危害空防安全的行为。

秘鲁劫机16年之后,劫持航空器的行为再次进入人们的视野。1947年7月25日,在罗马尼亚发生了国际社会第二起劫机事件。当天,飞行员瓦西尔·西奥巴努、飞行工程师米特罗凡·贝西奥蒂和无线电电报员作为机组执飞Jaur航空公司从首都布加勒斯特飞往罗马尼亚西南部克雷奥瓦市的航班。在订了机票的8名乘客中,有3名军官。起飞仅10分钟后,西奥巴努被枪指着头,并被命令离开既定航线飞往土耳其。在抵抗中,飞行工程师米特罗凡·贝西奥蒂被其中一名中尉军官奥雷尔·多布雷亚击中身亡。在抵达土耳其伊兹米尔地区的卡纳卡尔后,这3名军官被逮捕、审判,并因在飞机上谋杀,多布雷亚被定罪。

基于航空安全网站的数据[③],我们做了以下基本的统计和分析。需要特别说明的是,由于《国际民航公约》附件17有关"非法干扰行为"的定义中将"劫持航空器"和"利用使用中的航空器造成死亡、严重人身伤害,或对财产或环境的严重破坏"作为两种不同的行为进行列举,因此,我们在统计劫机数和伤亡人数时,并未将"9·11"事件所涉4架飞机统计进去。

首先,我们基本按年代划分作为时间单位进行了劫机数、死亡人数和飞机全损数的统计和折线图的绘制(见表9.1和图9.1);其次,我们按劫机发生地所在的洲进行了分洲统计[④](见图9.2)。

表9.1　各年代劫机情况统计表

项　目	年　代						
	1947—1959年	1960—1969年	1970—1979年	1980—1989年	1990—1999年	2000—2009年	2010年至今
劫机数	44	153	351	245	200	75	17
死亡人数	26	16	343	212	238	8	3
飞机全损数	5	1	16	5	6	1	0

通过统计我们发现,各年代情况呈现出了非常显著的变化。20世纪四五十年代,劫机主要是发生在东西欧之间的叛逃事件,当时总体劫机数较少,死亡人数和飞机全损数不多。进入60年代后,由于古巴和美国之间的政治对立,发生了大量的报复性劫机事件,劫机热点地区由欧洲转移到了美洲,尤其是在60年代末,劫机数量突然暴增,总体而言,这10年间,

---

① 参见航空安全网数据,载于 https://aviation-safety.net/database/record.php? id=19310221-0,最近一次访问在2021年10月12日。

② 参见 *A Brief and Moveable History of Aviation Security*,载于 https://www.rossbar.com/a-brief-and-moveable-history-of-aviation-security/,最近一次访问在2021年10月12日。

③ 参见航空安全网数据,虽然并不全面,但大致是完整的。

④ 统计主要包括亚洲、欧洲、美洲和非洲,大洋洲由于数量很少,未纳入统计范围。此外,地点记载为未知的劫机事件也未纳入统计。

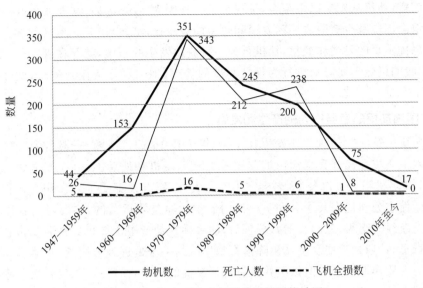

图 9.1　1947 年至今分年代劫机情况统计图

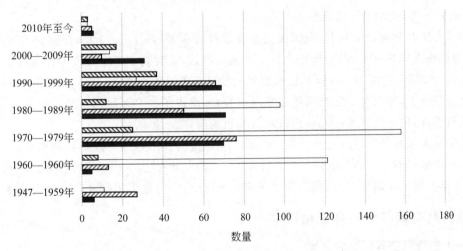

图 9.2　1947 年至今劫机事件各洲分布图

劫机总数有了较大的增加,死亡人数和飞机全损数略有降低。在 70 年代,由于受"冷战"的影响,东西方阵营的对立较为强烈,恐怖主义劫机开始在后期兴起,劫机数量继续保持高位,同时,飞机全损数和死亡人数出现了飙升,各大洲的劫机数量都出现了较大幅度增加,而美洲地区依然"一枝独秀"。80 年代和 90 年代,劫机数量虽略有下降,但仍然处于相对高位。由于大型飞机的使用,虽然飞机全损数不多,但死亡人数却不少。从地域上来看,80~90 年代,亚洲和欧洲劫机数量变化不大,但非洲出现了较大幅度增长,美洲劫机数则大幅降低。进入 21 世纪以后,劫机事件明显减少,尤其是从 2010 年至今,无论是劫机数还是死亡人数都降到极低,飞机全损数甚至出现了"零纪录",这种变化和国际合作的加强以及国际政治环境的变化不无关系。

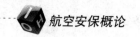

总体而言,劫机从发生以来至今,呈现出了一种倒 V 形的走势,这种变化并不意味着劫机事件一定会逐步减少至消失。随着国际政治局势变化,宗教、民族和地区间冲突的紧张或缓解以及恐怖主义的发展和变化,劫机行为一旦获得发生的土壤,就存在着"死灰复燃"的可能。因此,我们仍然需要对劫机行为保持高度的警惕,加强国际协作与配合,做好防范和打击工作。

(二)国内劫持航空器行为的产生和发展

我国历史上第一次劫机事件发生在 1948 年 7 月 16 日。当天,一架名为"澳门小姐"的卡塔琳娜水上飞机在离开我国澳门波尔图外部水上飞机基地后不久,在撞击珠江河口水域时被摧毁。3 名机组人员以及 23 名乘客中除一人外,所有人都受了致命伤并死亡。这架飞机是由国泰航空公司代表其子公司——澳门航空运输公司运营的,主要经营我国香港和澳门之间往返航线。当天,从起飞七八分钟后,四名乘客劫持了该航班。三名劫机者携带手枪并威胁飞行员,计划是迫使水上飞机降落在海岸线的一个偏远地方附近,对乘客实施抢劫并将他们作为人质换取赎金。但机组并没有听从歹徒的命令,在反抗中,机长头部中弹死亡后压在操纵杆上,飞机因此失去控制并俯冲撞向大海。除一名劫机者幸存外,机上成员全部死亡。据网络资料记载,1949 年 1 月 30 日,在原中国航空公司上海飞青岛的航班上,还发生了6 人劫机的事件,但细节不得而知。

中华人民共和国成立初期,我国民航业发展较为缓慢,截至 1977 年,民航共有飞机 511架,其中运输飞机只有 151 架,通用飞机 360 架。因此,针对航空运输的危害行为很少发生。

1949 年以后,我国第一次针对民航客机的劫机事件发生在 1977 年 6 月 16 日,在机组人员的英勇斗争下,劫机分子张楚云绝望地跳机身亡,落得了一个可耻的下场。这是新中国第一起劫机事件,也是我国第一起机组成功反劫机的事件。

从中华人民共和国成立起至 2021 年,我国大陆地区共发生了约 60 起劫机事件。比较典型的劫机事件有 1983 年的"五·五"劫机案和 1988 年的"五·一二"劫机案。此后,我国在 1993 年出现了所谓的"劫机潮",发生了多起劫机事件,引起了国际社会的极大关注。

三、劫持航空器行为的分类和特点

(一)劫持航空器行为的分类

据不完全资料统计,从 1931 年至今,全球共发生了约 1100 起劫机事件。虽然劫持各有差异,但也能从不同角度对主要的劫持航空器的行为做大致分类。

(1)依据劫机动机的不同,可以将劫机分为政治性劫机、个人利益需求型劫机和无明显动机型劫机。

政治性劫机是指出于一定的政治目的和需求,或与政治相关的劫持航空器的行为。政治性劫机又可以分为政治要挟和报复性劫机、政治叛逃型劫机和意识形态宣传型劫机三类。按照国际社会对恐怖主义的普遍定义,恐怖主义通常都具有政治目的,我国《反恐怖主义法》也对此持相同观点,其中第三条规定:"本法所称恐怖主义,是指通过暴力、破坏、恐吓等手段,制造社会恐慌、危害公共安全、侵犯人身财产,或者胁迫国家机关、国际组织,以实现其政治、意识形态等目的的主张和行为。"从既往发生过的主要劫机事件看,恐怖主义劫机并不是和政治性劫机并列的另一类,由于其实施动机通常都是出于报复、要挟或宣扬其意识形态的目的,因此,无论从政治性劫机的内涵和外延看,恐怖主义劫机均应归属于政治性劫机。例如,1970年9月6日,巴勒斯坦人民阵线游击队在一天之内劫持了四架从欧洲不同国家飞往纽约的大型客机,其发言人称,劫持美国飞机的目的是给美国以教训,从而实现中东问题的和平解决,劫持瑞士飞机的目的是用其劫持的人质换取瑞士法院在前一年关押的巴勒斯坦劫机者,这起事件充满了政治意味,同时具有了要挟和报复的性质。此外,在1931年全球第一次劫机事件中,秘鲁革命者劫机是为了撒传单,则其目的无疑是宣传他们的意识形态。至于政治叛逃型劫机,1947年罗马尼亚三名军官的劫机外逃事件就是一个典型的例子。

个人利益需求型劫机是指劫机者出于自身当时的条件、状况和利益需求,通过劫持航空器并利用航空器快速位移的特点到达劫机目的地,以实现自己所追求的利益的行为。具体到劫机者的目的却表现得各不相同。既有为了实现经济目的而敲诈勒索的,如1971年11月24日,丹·库珀劫持美国西北航空公司并成功勒索20万美元的事件;也有为了追求所谓自己的理想生活的,例如1983年1月5日的金义兴等的劫机案和1988年5月12日的张庆国、龙贵云劫机案,都是为了追求所谓"更好"的生活而劫持飞机;还有为了逃避国内法律制裁的,如1989年4月24日的梁奥真劫机案等便属于此类。值得一提的是,在劫机事件中,不少劫机者会打着政治避难的旗号,但这也只是他们妄图利用政治犯不引渡的国际法原则并意图以此获得同情而留在劫机目的地的手段而已,他们追求个人利益的丑陋目的在事件调查后都尽露无遗。更有甚者,有劫机者的目的是看女朋友,例如,2003年2月7日,土耳其航空公司从安卡拉飞伊斯坦布尔的TK143航班遭遇劫持,劫持者在飞机降落在伊斯坦布尔机场后,挟持了两名空乘人员,并声称自己有爆炸物,要求飞到奥斯卡看自己的女朋友,后被逮捕。事实证明,无论劫机分子怀有怎样的目的,打着什么样的幌子,劫机作为国际社会联合打击的犯罪活动,都是不可能得逞。

无明显动机型劫机。一般来说,人类所有的行为都有动机驱动。无明显动机的劫机通常都是由精神病人实施的。例如,2019年1月22日,俄罗斯国际航空公司的SU1515航班在一名乘客试图劫持飞机后在俄罗斯汉特—曼西斯克国际机场紧急降落,2019年8月28日,尤格拉法院判处劫机者在精神病院接受强制治疗。

(2) 依据劫机事件严重程度的不同,可以分为一般劫机事件和重大劫机事件。所谓重大劫机事件,是指劫持民用航空器,以危及国家安全、伤害人员生命为要挟,向国家或政府提出政治、经济要求,或者是制造机毁人亡等恐怖活动的劫机事件。除此之外的劫机事件可以归为一般劫机事件。这主要是我国对劫机的一种分类。

(3) 依据劫机人员和手段的不同,可以分为内部人员型劫机、携带武器型劫机和武器诈欺型劫机等。

国际社会和我国国内都发生过内部人员劫持航空器的事件。例如,1951年10月17日,前南斯拉夫航空公司一架道格拉斯DC-3飞机被两名飞行员劫持飞到瑞士的苏黎世机场。后来我国也发生了类似案例。为此,我国在空防安全方面还提出了"地面防、空中反、内部纯"的工作原则。2018年11月,在蒙特利尔举行的第二次高级别航空安保会议上,与会代表深入讨论了内部人员对航空安保造成的威胁和影响,奥地利在代表欧盟和欧洲民航会议提出的"内部威胁和安保文化"的报告中指出:"恐怖分子一直在寻求利用安保控制中的漏洞,试图找到对其目标的抵抗力最小的路径。这可能意味着利用在航空部门或为航空部门工作的雇员(承包商)的人员,其角色使他们有特权进入控制区域,接触安保控制下的物品或航空

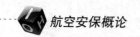

安保信息。通过利用这些享有特权的个人,他们可以在实施或促进非法干扰行为方面获得潜在的战术优势。可能被利用的人员包括机组人员和机场或其他与航空运输及其供应链有关的设施的所有地面雇员,包括合同、临时或个体人员以及全职或兼职人员。"[1]

大多数劫机事件中,行为人通常都会随身携带武器。行为人是否持有武器是客舱安保措施采取前非常重要的评估内容,也是反劫机能否成功的重要因素。航空安保工作中有不少环节都是为了防止违禁物品和危险品被带上飞机,这样方能最大限度地降低携带武器劫机的概率,降低航空器在空中运行时的风险。机场安检是防范武器被带上航空器的最有力措施。在人的因素,尤其是内部人员的威胁被重视起来之前,人们甚至一度以为,机场安检是防范空中劫炸机等行为几乎唯一的手段。然而,无论如何,防范武器被带上飞机始终是航空安保工作的重中之重,机场安检设备的不断升级,安检要求和措施的不断更新,都是为了这个目的。在国际社会的努力下,目前要携带武器进入客舱的可能性已经大大降低。

武器诈欺型劫机是指劫机者用普通的生活物品冒充武器、弹药或爆炸物,以此威胁机组人员和旅客而进行讹诈劫机的行为。机组人员在真伪无法确定的情况下,往往不能贸然采取措施,因此,这种类型的劫机既有出于安全考虑按劫机者要求飞往劫机目的地的案例,也有被识破而被机组控制的案例。例如,1988年2月22日,在我国台湾地区中华航空一架台北飞高雄的波音737客机上,有人意图用两个假手榴弹劫持飞机,后被机组制服。在我国历次劫机事件中,有不少劫机者就是谎称自己身上有爆炸物而实施犯罪行为的,冒充炸药和雷管等火工品的东西更是五花八门。

(二)劫持航空器行为的特点

从1931年至今,全球发生的劫机事件尽管形形色色、手段各异,但劫机行为依然具有一些普遍性的特点。

1. 劫持航空器的行为具有预谋性

劫持航空器的行为几乎没有临时起意的情形,绝大部分劫机行为都具有预谋性,劫机者在行为实施前往往会做大量的工作,既包括对航空知识的学习和既往劫机案例的分析,也包括对前往劫机目的地航线和航路情况的了解和武器或工具的准备。例如,"9·11"事件之后,土耳其籍头号恐怖分子阿尔—萨卡被逮捕,他后来向记者讲述了他培训恐怖分子的经过,据他说,在所有的19名劫机者中,有7人原本就是飞行员,其他人也在各地参加过飞行学校的学习。

2. 多数劫持航空器的行为具有政治相关性

世界政治格局在很大程度上影响了劫机行为的发生。劫机行为能够成功实施并逃避惩罚的关键在于降落地国或地区对劫机行为人的收容和接纳,而这一结果产生的前提往往是行为人所在国和劫机目的地国处于一种政治对立的状态,如此才有可能利用所谓政治犯不引渡的原则对劫机行为人予以庇护,劫机行为人的最终目的才可能实现。在劫机历史上,无论是东、西欧之间的劫机外逃还是古巴与美国之间的高频率劫机事件,都能找到其中的政治根源。从目前的趋势和国际合作的程度看,传统的劫机行为正处于发生的低谷期,其将来的变化将主要取决于国际政治形势的发展和变化。

---

[1] 参见国际民航组织工作文件 HLCAS/2-WP/16。

3. 劫持航空器的目的和手段具有多样性

尽管多数劫持航空器的行为都具有政治性动机,但相同动机下,劫机目的也各不相同。此外,除了政治性动机,还有部分是出于个人利益需求的劫机行为,其中的目的也是千差万别。例如,从 1947 年开始至 20 世纪 50 年代末,劫机的主要目的是个人的政治性叛逃,60 年代的劫机主要出于政治报复和要挟的目的,70 年代开始有了经济目的的劫机,70 年代后期恐怖主义劫机又盛行起来,直至现在,恐怖主义劫机仍然是我们所面临的主要威胁。满足个人需求动机下的劫机目的差异性更大,有为了改善当前的生活状况的,有为了摆脱个人情感和家庭矛盾的,有为了发泄对社会不满的,还有为了逃避法律制裁的,等等。至于劫持航空器的手段也表现各异,多数劫机行为依靠的是暴力或暴力威胁,也有利用内部人员身份实施劫机的。具体到采用的方式,既有利用真实武器实施暴力打击或威胁的,也有利用虚假的武器和爆炸物威胁实施的。随着科技的发展,更多的方式和手段可能会运用到劫机行为中,我们应该对此做好充分的预判和各方面的准备。

第二节 破坏航空器

依据 1971 年《蒙特利尔公约》第一条第一款第(二)项的规定,破坏航空器是指"破坏使用中的航空器或对该航空器造成损坏,使其不能飞行或将会危及其飞行安全"。我国《刑法》第一百一十六条对破坏交通工具罪做出了规定:"破坏火车、汽车、电车、船只、航空器,足以使火车、汽车、电车、船只、航空器发生倾覆、毁坏危险,尚未造成严重后果的,处三年以上十年以下有期徒刑。"

从以上定义或定性可以看出,《蒙特利尔公约》对破坏航空器的定性着重点在行为给航空运输造成的影响,而我国《刑法》则侧重于对行为所造成的航空器的状态的描述。从最终结果看,二者并无太大差异,都是破坏了航空运输的正常秩序或危及了公共安全。

综上所述,破坏航空器是指利用各种手段,对使用中的航空器进行破坏,足以造成其产生倾覆、毁坏的危险,从而使其不能飞行或危及其飞行安全,最终破坏航空运输的正常秩序或危及公共安全的行为。

从已发生的事件看,在第二次世界大战结束前,主要是军用飞机的相互击落,但也发生了多起民用飞机被战斗机击落的事件。第二次世界大战结束后至今,破坏航空器的行为主要有爆炸和机上纵火两种形式。

破坏航空器的行为造成的危害要远远大于劫持航空器,尤其是爆炸航空器,一起爆炸就足以引起整架飞机解体坠毁,机上人员几乎不可能幸免于难,无论是人员的伤亡和财产的损失都极其巨大,对航空运输带来的负面影响也难以估量。

一、爆炸航空器

1. 爆炸航空器行为的产生

从所查找的资料看,世界上第一起爆炸飞机事件发生在 1933 年的美国,一架美联航的航班被机上放置的硝化甘油炸药炸毁,机组和旅客共 7 人全部身亡。

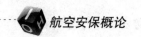

航空安保概论

有资料言及,世界上第一起机上爆炸事件是 1945 年 5 月发生在菲律宾航空公司的一架 DC-3 飞机上的,但经过查询,只能找到 1949 年 5 月 5 日发生在菲律宾航空公司 DC-3 飞机上的一起爆炸,当地时间 16:00 左右,在从达特飞往马尼拉的途中,这架飞机在空中爆炸并坠毁在拉蒙湾。在水中几乎没有发现碎片,3 名机组成员和 10 名旅客共 13 人全部遇难。据调查,两名刑满释放犯在机舱后部放置了定时炸弹爆炸,飞机在空中解体,这两人受雇于一名妇女和机上的一名乘客,他们试图杀死该女子的丈夫。[①] 此外,资料记载,这架飞机的出厂年份是 1945 年,因此,基本可以确定,该起事件便是其他资料中所记载的他们认定的第一起爆炸航空器的事件,而实际上这已经是第二起了。

2. 爆炸航空器的典型事件

自首起爆炸飞机事件后,类似事件不断出现,后来逐渐发展为恐怖分子针对航空业实施恐怖行为的主要手段。近年来引起国际社会震动和普遍关注的主要爆炸飞机的图谋或事件包括:1985 年 6 月 23 日印度航空一架波音 747 客机在蒙特利尔飞伦敦的航段中被炸毁,飞机坠入大西洋,造成机组和旅客共 329 人全部遇难,是历史死亡人数最多的爆炸飞机事件;1988 年 12 月 22 日,美国泛美航空公司一架波音 747 客机在伦敦飞往纽约的航段中被炸毁,原因是有人在托运的行李箱内的录音机中藏有 280~400 克的塑性炸药,此次爆炸共造成机上 259 人和地面 11 人死于非命,泛美航空公司也在 3 年后破产倒闭,这次事件推动了托运行李随人在航班上的运输原则的确立,也是 1991 年 3 月《关于注标塑性炸药以便探测的公约》得以签订的主要因素;2004 年 8 月 24 日晚,俄罗斯西伯利亚航空公司一架图—154 飞机和伏尔加航空快线一架图—134 飞机从莫斯科起飞后不久相继发生空中爆炸坠毁,事后调查发现是车臣恐怖分子实施的自杀性爆炸,此次事件造成两架飞机上共 90 人死亡,同时也再次提醒国际民航关注内部人员犯罪的预防和控制;2006 年 8 月 10 日,英国警方宣布挫败一起炸毁英国飞美国多架航班的图谋,恐怖分子计划将液体炸药装入饮料瓶带上飞机再引爆,为此,他们还训练了 7 名自杀性爆炸的袭击者,这起事件直接催生了全球范围内关于客舱行李的"限液令"和"禁液令"。

当然,爆炸航空器的动机并不总是由恐怖主义引发的。1949 年 9 月,一架加拿大太平洋航空公司(Canadian Pacific Airlines)的 DC-3 客机在升空 45 分钟后发生爆炸,飞机坠毁,机上 4 名机组成员与 14 名乘客全部遇难。1955 年 11 月,美国联合航空 629 航班,一架 DC-6 飞机,从丹佛机场起飞后 11 分钟,在空中化作一团火球,5 名机组成员与 39 名乘客全部遇难,最小的遇难者仅仅 13 个月。在以上两起爆炸事件中,行为人都是出于谋杀和骗取巨额保险金的目的。

3. 我国爆炸航空器情况

中华人民共和国成立以来,相对于劫机事件的发生数,我国爆炸航空器的事件并不多,有部分是劫机企图失败后的绝望行为,在机组人员和旅客的英勇斗争下,未造成机毁人亡的事故,也有部分机上爆炸行为是出于骗保的动机。

虽说我国境内未发生严重的爆炸飞机事件,但 1955 年 4 月 11 日发生在境外的"克什米尔公主号"事件却是国民党反动派为阻止新中国正常的外交活动,阴谋策划的爆炸航空器的事件。

无论如何,作为损害后果极其严重的爆炸航空器的行为,始终是航空安保工作所需要重

---

① 参见 *CRASH OF A DOUGLAS-47B-35-DK INTO THE LAMON BAY:13 KILLED*,载于 https://www.baaa-acro.com/crash/crash-douglas-c-47b-35-dk-lamon-bay-13-killed,最近一次访问在 2021 年 10 月 5 日。

点防范的对象,是我们工作的重中之重。

4. 爆炸航空器的方式

爆炸航空器的事件发生了很多,但方法不外乎以下两种:一是自杀性爆炸,即爆炸行为人将炸药随身带上飞机,采取同归于尽的方式实施爆炸行为,这种方式为很多恐怖组织采用,充分反映了恐怖活动的残忍性和破坏性;二是在飞机上放置爆炸装置,包括亲自放置或使他人放置。1971年《蒙特利尔公约》对此也予以了明确,其第一条第一款(丙)项规定:任何人非法地和故意地"用任何方法在使用中的航空器内放置或使别人放置一种将会破坏该航空器或对其造成损坏使其不能飞行或对其造成损坏而将会危及其飞行安全的装置和物质",即是犯有罪行。

二、航空器上纵火

航空器上纵火主要是指出于恐怖活动或个人利益需求等多种动机和目的,行为人在航班上放火燃烧飞机的破坏行为。航空器上纵火若是扑救不及时或者导致机上秩序混乱,旅客无序躲避奔跑,极易导致飞机被烧毁或因配载失衡而坠毁的后果,因此,航空器上纵火的危害同样不容小觑。

不同于劫持航空器和爆炸航空器,在机上纵火企图烧毁航空器的行为已很难找到源头,国际社会对于此类事件的记载几乎没有发现。

三、其他破坏航空器的行为

需要注意的是,爆炸和焚毁航空器的行为并不一定发生在航空器飞行中的阶段,从多数国家达成共识的国际公约来看,爆炸和焚毁使用中的航空器,甚至是停放在机场不在使用中的航空器,仍可以被认定为应受惩罚的罪行。例如,2020年1月26日,沙欣航空一架波音737-200(AP-BIS)客机在巴基斯坦卡拉奇机场被人故意纵火烧毁。

破坏航空器的方式并不仅限于爆炸和纵火,在地面破坏航空器而导致其在飞行中发生事故的案件也曾有发生。例如,1947年5月4日,哥斯达黎加一架尼科亚飞圣何塞的定期航班坠毁,后经调查,事故是由破坏行为造成的,调查能够确定发动机在旋转后不久便发生了故障,原因在于燃油箱内被掺入了一定数量的沙子。2018年,我国台湾地区中华航空一架在桃园机场维修厂进行大保养的A-330客机,机舱内的接地线路无故遭人剪断。事后发现,该破坏行为是由一名清洁工人实施的。

此外,近年来,便携式防空系统(man-portable air defence systems,MANPADS)失控可能给民航带来的威胁也逐渐引起国际社会的深切关注。2006年,据国际知名的军控组织"瓦森纳安排"介绍,现在大约有5万枚便携式防空导弹已处于失控状态,每年约有1000多枚通过非正规渠道流到危险组织和恐怖分子手中。时任澳大利亚外长的唐纳称,恐怖组织已储备了足够数量的这类导弹,并有能力将其投入袭击各国民用航空领域。美国兰德公司的一份报告指出,从1975年到1992年,共有40架民用飞机被这两类导弹击落,造成760人死亡。"9·11"事件后,便携式导弹袭击民航客机的事件仍屡屡发生。2002年11月,两名恐怖分子乘坐一辆越野车,埋伏在肯尼亚首都内罗毕国际机场附近,当看到一架以色列客机起飞后,只用了不到30秒的时间就连续发射了两枚"萨姆-7"导弹,然后迅速逃逸。幸亏"萨姆-7"导弹只能从飞机尾部发起攻击,再加上客机驾驶员曾在空军服役,采取了快速转向措施,

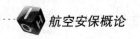

使客机侥幸摆脱了导弹追击。①

扩展阅读

世界第一起商业航班爆炸案②

United Airlines Trip 23 是一架由美国联合航空公司运营的波音 247 客机,注册号为 NC13304,1933 年 10 月 10 日在美国印第安纳州切斯特顿附近坠毁。这架横贯大陆的航班载有三名机组人员和四名乘客,从新泽西州纽瓦克起飞,最终目的地是加利福尼亚州奥克兰。这架飞机第一段降落在克利夫兰,在前往下一站芝加哥的途中发生了爆炸,所有机上人员都在坠机事故中丧生,这是由飞机上的爆炸装置引起的。地面目击者报告说,在晚上 9 点后不久听到爆炸声,并看到飞机在 1000 英尺(约 300 米)左右的高度起火。飞机坠毁后发生了第二次爆炸。坠机现场毗邻切斯特顿外约 5 英里(8 千米)的碎石路,位于詹姆斯·斯迈利杰克逊镇农场的林区中心。

调查人员对碎片进行了梳理,发现了不寻常的证据,厕所和行李舱被砸成碎片。厕所门里面到处都是金属碎片,而门的另一边却没有金属碎片。机尾在厕所后被切断,整体保持完好,单独落在离主残骸大约 1 英里远的地方。

美国调查局调查员梅尔文·珀维斯(Melvin Purvis)说:"我们的调查使我确信,这起悲剧是飞机后部行李舱区域某处发生爆炸造成的。舱前的一切都被吹向前了,后面的一切都被吹走了向后,侧面的东西向外。"他还指出,汽油罐"被压碎了,表明它们没有爆炸"。

波特县验尸官办公室的卡尔·戴维斯(Carl Davis)博士和西北大学犯罪检测实验室的专家检查了坠机事件的证据并得出结论,它是由炸弹引起的,其中硝酸甘油可能是爆炸物。曾有人看到其中一名乘客在纽瓦克将一个棕色包裹带上飞机,但调查人员在残骸中发现了包裹,并排除了爆炸源的可能性。调查人员在残骸中发现了一支步枪,但他们确定一名乘客在前往芝加哥北岸枪支俱乐部射击的途中将其作为行李携带上飞机。在这次事件中没有发现任何嫌疑人,它仍然悬而未决,但这是商业航空史上第一次被证实的空中破坏行为。

飞行员特兰特(Terrant)机长、副驾驶、乘务员爱丽丝·斯克里布纳(Alice Scribner)和所有四名乘客均遇难。斯克里布纳是第一位在飞机失事中丧生的美联航乘务员。

爆炸飞机典型案例简介

1. 印度航空爆炸案③

1985 年 6 月 23 日,一架印度航空公司的波音 747 飞机 Kanishka 号在从蒙特利尔飞往伦敦,然后前往孟买的途中,在 31000 英尺的高空时,炸弹在机舱前部爆炸,后飞机坠入大西洋。机上乘客和机组共 329 人全部遇难。这也成为历史上死亡人数最多的一次爆炸飞机事

---

① 参见环球在线:"5 万肩扛式导弹散落全球 对民航威胁最大",载于 http://www.chinadaily.com.cn/hqjs/2006-12/14/content_758520.htm,最近一次访问在 2021 年 10 月 5 日。

② 参见"United Airlines Trip 23",载于 https://wikimili.com/en/United_Airlines_Trip_23,最近一次访问在 2021 年 10 月 5 日。

③ 整理自"June 23 1985:Air India Boeing 747 'Kanishka' Crashes into the Atlantic Ocean",载于 https://www.mapsofindia.com/on-this-day/june-23-1985-air-india-boeing-747-kanishka-crashes-into-the-atlantic-ocean,最近一次访问在 2021 年 10 月 5 日。

件。在这次致命的空中爆炸前几个小时，东京成田机场发生炸弹爆炸，炸死两名行李搬运工。后来的调查证明，这枚炸弹是为从东京飞往曼谷的印度航空 301 航班准备的。据信，这两起爆炸事件都是居住在加拿大的锡克教极端分子所为。

2. 洛克比空难①

1988 年 12 月 22 日（格林尼治时间 1988 年 12 月 21 日），泛美航空公司 PA103 航班执行德国法兰克福—英国伦敦—美国纽约—美国底特律航线。它成为恐怖袭击的目标，飞机在英国边境小镇洛克比上空爆炸解体。巨大的火球从天而降，狠狠地砸在了苏格兰小镇洛克比的谢伍德新月广场上，航班上 259 名乘客和机组人员无一幸存，地面上 11 名洛克比居民死于非命，史称"洛克比空难"。这次空难被视为利比亚针对美国的一次报复性恐怖袭击，是"9·11"事件发生前针对美国的最严重的恐怖袭击事件。此次事件亦重挫泛美航空的营运，该公司在空难发生的三年后宣告破产。1998 年 8 月 24 日，美国和英国分别宣布，同意在荷兰海牙审讯涉嫌于 1988 年制造震惊世界的洛克比空难的两名利比亚人。经审讯，法庭于 2001 年 1 月 31 日达成裁决：迈格拉希罪名成立，被判终身监禁，建议最少服刑二十年；费希迈被判罪名不成立，并在望日回到利比亚家中。2002 年 3 月 14 日，迈格拉希的上诉被驳回，后被移送到位于苏格兰格拉斯哥的巴连尼监狱（Barlinnie Prison）。2009 年 8 月 20 日，英国苏格兰司法部门宣布，释放因制造洛克比空难惨案而正在英国服刑的利比亚特工迈格拉希，理由是他已被确认患有晚期前列腺癌，离生命终止最多只有 3 个月的时间。2012 年 5 月 20 日，洛克比空难唯一被定罪者、60 岁的利比亚前情报官员阿卜杜勒·巴塞特·阿里·穆罕默德·迈格拉希在利比亚去世。

3. 俄罗斯航班自杀性爆炸袭击案②

2004 年 8 月 24 日晚，西伯利亚航空公司 1047 号班机（图-154）和伏尔加航空快线 1353 号班机（图-134）分别于 21:40 和 22:30 起飞离开莫斯科多莫杰多沃国际机场，不久即发生了空中爆炸，两架飞机上共载有机组及旅客分别为 46 人和 44 人，所有人员在飞机爆炸坠毁后死亡。事后调查发现，这是一起自杀性的恐怖袭击事件，实施爆炸的是两名车臣女性——格罗兹尼居民 Satsita Dzhebirkhanova（西伯利亚航空公司 1047 号班机）和 Amanta Nagayeva（伏尔加航空快线 1353 号班机）。售票员 Armen Aratyunyan 被贿赂了大约 140 欧元（约 170 美元），在没有获得适当身份证件的情况下向这两名女性出售机票。Aratyunyan 还帮助 Dzhebirkhanova 贿赂检票员 Nikolai Korenkov 25 欧元（约 30 美元），让他们在没有适当身份证件的情况下登机。2005 年 4 月 15 日，Aratyunyan 和 Korenkov 分别因行贿和受贿罪被定罪。

4. 英国图谋爆炸飞美客机案③

2006 年 8 月 10 日，英国警方宣布挫败一起通过手提李携带炸药炸毁英国飞往美国的航班的图谋。炸机阴谋的执行者计划把液体炸药装入饮料瓶中，然后将这些炸药装在手提行李箱中携带进飞往美国航班的客舱内，等到通过安检登机以后，利用一次性照相机闪光灯

---

① 整理自百度百科："洛克比空难"，载于 https://：baike.baidu.com，最近一次访问在 2021 年 10 月 15 日。

② 整理自 timenote："2004 Russian aircraft bombings"，载于 https://timenote.info/en/events/2004-Russian-aircraft-bombings。

③ 整理自环球在线："误捕头目致行动提前 英警方发现液体炸弹"，载于 http://www.chinadaily.com.cn/hqkx/2006-08/13/content_663516.htm。

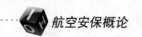

的光、iPod 播放器或手机发出的电子信号引爆这个装置,炸毁整架飞机。这个任务将由 7 名在巴基斯坦接受过所谓"烈士"训练的"人弹"承担。对于目前被关押在伦敦的 23 名嫌疑犯,一位安全官员表示:"我们认为 7 人将实施炸弹袭击,其他人则向他们提供后勤服务。"这个恐怖袭击计划被挫败时已经处于实施前夕,嫌犯原定在 11 日或者 12 日做最后的演练,然后在 16 日发动袭击。虽然他们已经将目标锁定为飞往美国的航班,但他们尚未决定确切班次,也还没有购买机票,他们打算等到最后时刻再出手。

第三节 扰乱行为

一、扰乱行为概述

国际社会对扰乱行为并没有一个明确定义。在航空安保公约中,《东京公约》是最早提及扰乱行为的国际文件。其在第一条第一款中提到,该公约适用于"危害或能危害航空器或其所载人员或财产的安全或危害航空器上的良好秩序和纪律的行为,无论是否构成犯罪行为"。所谓危害航空器上良好秩序和纪律的行为,便是如今我们所称的扰乱行为。然而,《东京公约》并未对这一类行为进行明确的界定。因此,由于各国立法的差异,缔约国在实际适用公约的过程中无法做到统一,该条款并未真正发挥实际的作用。

《国际民航公约》附件 17 仅仅对扰乱性旅客做出了定义,其中规定,所谓扰乱性旅客,是指在机场或在航空器上不遵守行为规范,或不听从机场工作人员或机组人员指示,从而扰乱机场或航空器上良好秩序和纪律的旅客。从这个定义中,我们似乎可以推导出扰乱行为的外延。

从 20 世纪 90 年代初至今,涉及扰乱性旅客的事件总体呈上升趋势。2002 年,国际民航组织发布了第 288 号通告——《不循规/扰乱性旅客法律问题指导材料》(Circular 288-LE/1),其中公布了国际航空运输协会(International Air Transport Association,IATA)曾进行的一项调查结果,有约占国际航空公司 23% 的 62 家航空公司参与,1994 年报告 1132 件涉及扰乱性旅客的事件,1995 年 2036 件,1996 年 3512 件,1997 年 5416 件。其中还载明,2000 年,国际民航组织也发布了一份调查问卷,有 62 个缔约国参与,这些缔约国 1999 年定期航班所载运的旅客数约占全球旅客总数的 80%。虽然许多国家尚未建立报告系统,但参与调查问卷中约 67% 的国家表示,近年来他们经历的"不守规矩"的旅客数量有所增加。

由于涉及扰乱性旅客的事件之后仍保持屡增不止的态势,国际民航组织在 2019 年发布了对第 288 号通告的更新——《不循规和扰乱性旅客法律问题手册》(Doc.10117)。其中载明,根据国际航空运输协会(IATA)从其航空公司成员处收集的统计数据,2007 年至 2016 年共提交了 58000 份关于不循规和扰乱性旅客的报告。在此期间,不循规和扰乱性旅客报告有上升趋势,2016 年平均每 1424 次飞行中就有一例此类事件发生。所报告的事件涉及各种类型的犯罪以及不循规和扰乱性行为,包括攻击机组成员或旅客、酒醉乘客之间打架、侵犯儿童、性骚扰和攻击、因醉酒引发的行为不检、机上非法使用药物、拒绝遵循机组成员的合法指示、洗劫和破坏航空器座椅和客舱内饰、未经允许使用便携电子装置、破坏机上安全设备和其他不守秩序或骚乱行为。人们还注意到"通常在街上发生的事情正在航空器内发生"。这些事件的发生具有普遍性,它们直接威胁到了飞行安全。有时候出于安全原因,机长不得不中途降落以便将这些旅客驱离航空器。

二、扰乱行为的定义和常见类型

(一)扰乱行为的定义

由于受立法时的安保形势等情形和条件的影响,我国 1996 年 7 月 6 日颁布实施的《中华人民共和国民用航空安全保卫条例》只在其中第十六、第二十四和第二十五条以清单或清单加兜底条款的方式列举了一些在机场和航空器内禁止的行为或受禁止的扰乱民用航空营运秩序的行为,并未对扰乱行为进行有效定义。

在落实国际公约或指导性材料对缔约国要求和建议的过程中,我国在《公共航空旅客运输飞行中安全保卫工作规则》(CCAR-332-R1)第 49 条中参照《国际民航公约》附件 17"扰乱性旅客"的定义,给"扰乱行为"做了界定,并列举了一些在航空器内禁止的常见扰乱行为。其中规定,所谓扰乱行为,是指在民用机场或在航空器上不遵守规定,或不听从机场工作人员或机组成员指示,从而扰乱机场或航空器上良好秩序的行为。

(二)扰乱行为的常见类型

综合国际民航组织《不循规和扰乱性旅客法律问题手册》(Doc.10117)、我国《民用航空安全保卫条例》《公共航空旅客运输飞行中安全保卫工作规则》以及航空安保的实践,我们可以将扰乱行为进行如下分类,并对常见行为进行列举。

(1)扰乱机场秩序的行为包括:攀(钻)越、损毁机场防护围栏及其他安全防护设施;违反机场控制区出入管理规定的行为,如拒绝安检、强闯控制区等;未经许可,在机场控制区内从事非机场正常运行必要的活动,如晾晒、放牧等;违反机场航空器活动区道路交通安全管理规定的行为,如随意穿越航空器跑道、滑行道等;强行登、占航空器;其他扰乱机场秩序的行为。

(2)扰乱航空器内秩序的行为包括:强占座位、行李架;打架斗殴、寻衅滋事;违规使用手机或其他禁止使用的电子设备;盗窃、故意损坏或者擅自移动救生物品等航空设施设备或强行打开应急舱门;吸烟(含电子香烟)、使用火种;猥亵客舱内人员或性骚扰;传播淫秽物品及其他非法印制物;妨碍机组成员履行职责;扰乱航空器上秩序的其他行为。

扰乱航空运输秩序的行为并不局限于以上两类的列举,其他如干扰地空通话、无人机干扰等行为实质上都影响了航空器的正常运行,情节或后果不严重的情况下,都属于扰乱航空运输秩序的行为,若情节或后果严重时,则可能构成犯罪。此外,谎报恐怖威胁信息或扬言、戏言威胁航空运输安全的行为同样会对航空运输活动造成干扰。因这类行为既可能发生在机场,也可能发生在航空器内,因此,本书并未将其并入前两个分类。

三、扰乱行为的特征

(一)行为性质相对不严重

行为人实施扰乱行为通常都没有故意造成严重危害后果的动机或目的,很多时候,行为人的行为可能只是为了发泄情绪或者因为法律意识的淡薄,主观恶性并不强。尽管行为人实施扰乱行为是出于故意,但他们往往对可能造成的返航、备降或延误等危害后果表现出一

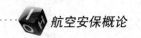

种应预见未预见或预见了而轻信能够避免过失的心理状态。此外,行为人在实施行为的时候,手段通常有一定的自我收敛和控制,例如,在打架斗殴或攻击机组成员时往往不会采取杀伤性的手段或者只是停留在口头威胁的阶段。

(二)危害后果相对较轻微

扰乱行为之所以在国际航空安保公约制定过程中未引起各国的重视和推进纳入公约强制规范的范围,最重要的原因还是扰乱行为一般仅限于扰乱机场或航空器内良好纪律或秩序的行为,这些行为在一般情况下不会导致机毁人亡等严重的危害后果。正因如此,在很多国家,扰乱行为通常只是作为一般的行政违法或者轻微的治安犯罪案件来处理。例如,我国对扰乱行为的处罚通常都是依据《中华人民共和国治安管理处罚法》作出行政处罚。

需要说明的是,这个特征并不表示扰乱行为一定不会产生严重后果,例如,打架斗殴造成的客舱秩序混乱和围观等行为就可能引起客舱配载失衡,从而酿成大祸。

(三)扰乱行为大多具有随机性

行为人通常不会有计划、有组织、有预谋地去实施扰乱行为,大多数扰乱行为都是在特定场景下由特定情绪支配发生的,例如,航班延误、对服务不满和争抢座位行李架等,旅客一旦不能正确处理和对待,就有可能因为不满而导致情绪和行为失控。也有部分扰乱行为,如抽烟等,是由于法制观念和安全意识薄弱造成的。无论如何,扰乱行为人较少在事前预谋、准备并付诸行动,与此相对应的表现便是这类行为大多具有随机性。

四、扰乱行为的危害

(一)侵害航空活动参与各方的权益

旅客的扰乱行为也许只是扰乱秩序,也许是针对其他旅客实施,但无论怎样,这些行为都会导致对他人权益的侵犯。一方面,其可能直接侵害他人人身权利或财产利益,例如,对机上人员的暴力、猥亵和性骚扰、破坏公私财物和强行打开应急舱门导致滑梯释放等。另一方面,这些行为在扰乱秩序的同时,也会给机场或航空公司等主体带来人、财、物的损失,例如,因扰乱行为导致的航班延误、返航或者备降所产生的损失。

(二)扰乱正常的航空运输秩序

扰乱行为的实施会引发现场的混乱和失序,同时造成航班延误,引发后续航班晚点或取消等一系列后果,严重打乱航空公司原有的运行计划,甚至会导致机场关闭通道等情形的出现,大量旅客的行程可能会因此受到影响。

(三)危及航空运输安全

尽管扰乱行为一般不会产生严重后果,但其仍然存在导致严重后果的可能性。例如,不遵守机长或其授权人员安全指令的行为,极有可能给机上人员或者航空器带来巨大的灾难。例如,2006年8月11日,国内某航班刚正常起飞8分钟,一位男旅客将座椅靠背放低时,碰到了邻座女旅客的腿,两位旅客因此争吵起来,很快双方同伴都卷入其中,十几人互相辱骂推搡。后舱的吵闹声,让不明就里的其他旅客不顾飞机正在爬升时应在座位上系好安全带的安全规定,纷纷站起来一探究竟,甚至有人直接涌到飞机后部看热闹。飞机顿时有失去平衡的危险,幸亏空警迅速出面制止了双方的举动,才得以避免酿成大祸。

第四节　其他危害空防安全的行为

一、破坏机场安全的行为

（一）破坏机场安全的行为界定

破坏机场安全的行为主要包括破坏机场的航行设施、设备的行为和对机场内的人实施暴力的行为。

破坏机场的航行设施、设备是指行为人通过破坏机场用于航行的设施、设备，如跑道、导航或助航设施以及无线电通信设备等，或中断机场服务，危及或足以危及机场及航空运输安全的行为。

对于破坏机场的行为，1971 年的《蒙特利尔公约》及其 1988 年的补充议定书中均有规定。《蒙特利尔公约》第一条第一款第四项规定了"破坏或损坏航行设备或妨碍其工作，如任何此种行为将会危及飞行中航空器的安全"，即构成罪行。《蒙特利尔公约》补充议定书则在原公约第一条第一款中增加了"破坏或严重损坏用于国际民用航空的机场的设备或停在机场上未在使用中的航空器，或者中断机场服务危及或足以危及该机场的安全"的罪行。

（二）破坏机场安全行为的表现

在过往案例中，真正破坏航行设施、设备或中断机场服务的事件较为鲜见。更多的是在机场实施各类恐怖袭击，这一类暴力恐怖事件造成了机场大量的平民伤亡。《蒙特利尔公约》制定不久，1972 年和 1973 年就发生了多起恐怖分子袭击机场候机楼造成多人伤亡的事件。如 1972 年，巴勒斯坦武装分子在特拉维夫的洛德机场制造了血腥的袭击事件，导致 26人死亡、78 人受伤；1973 年 8 月，在希腊雅典机场，正当旅客排队经过安检而登机的过程中，两名恐怖分子投掷手榴弹，当场炸死 5 人、炸伤 55 人。

1988 年签署的《蒙特利尔公约》补充议定书除在原公约第一条第一款中增加破坏航行设备的罪行外，还增加了"在用于国际民用航空的机场内对人实施暴力行为，造成或足以造成重伤或死亡"的罪行。尽管如此，后来在机场候机楼和机场停车场等场所仍然发生了多起袭击事件。如 2011 年 1 月 24 日 16 时 32 分（北京时间 21 时 32 分），莫斯科多莫杰多沃国际机场抵达大厅内发生自杀式炸弹爆炸，造成 35 人死亡、180 人受伤；2016 年 3 月 22 日 8 时左右，比利时布鲁塞尔扎芬特姆国际机场出发大厅发生爆炸，共造成 14 人遇难，另有 81 人受伤；2016 年 6 月 28 日，土耳其伊斯坦布尔阿塔图尔克国际机场发生连环自杀式爆炸袭击，事件导致 42 人死亡，另有 239 人受伤。

这些机场发生的袭击让国际社会意识到，仅仅做好机场空侧安保是不够的，陆侧安保工作对于保障机场安全同样有着重要的作用。根据《国际民航公约》附件 17 的定义，空侧是指机场的活动区域及其邻近的地带和建筑物或其一部分，进入该区域是受管制的。陆侧则需要各国给予适当的界定，就一般理解而言，陆侧是指附属于机场的，出入不受管制的公共区域，例如，进出机场候机楼公共道路和停车场等，这些区域的安保往往相对薄弱。

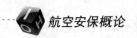

二、以航空器作为武器的攻击行为

（一）以航空器作为武器进行攻击的界定

所谓以航空器作为武器进行攻击，是指利用各种手段控制或利用使用中的航空器攻击地面或空中的目标，以此造成死亡、严重人身伤害，或对财产或环境的严重破坏的行为。

（二）以航空器作为武器进行攻击的表现

以航空器作为武器攻击预定目标的最典型案例莫过于 2001 年发生在美国的"9·11"事件，但实际上早在 1994 年，这种恐怖袭击的方式就已出现征兆。1994 年 12 月 24 日，一架法国航空公司的空客 A300 早班飞机 8969 号从巴黎起飞，降落在非洲南部海岸的阿尔及尔机场，计划短暂停留后返回巴黎。在停场期间，有 4 名阿尔及利亚恐怖组织伊斯兰武装集团的成员冒充警察上了飞机，后被识破，于是他们将机上人员劫为人质，在和阿尔及利亚特种部队对峙了一天多之后，飞机于 12 月 26 日凌晨起飞，由于油料不足，只能飞往法国马赛，后在法国国家宪兵特勤队的突击下，所有机组人员和旅客得到解救，4 名恐怖分子全部被击毙。后经伊斯兰武装集团的前头目欧玛奇基证实，他们这次劫持飞机的目的，的确是要利用飞机去撞击埃菲尔铁塔，以此报复法国向阿尔及利亚政府出售军火，并且表示以后不会再进行类似的尝试。虽然这次撞击没有实现，但却为 7 年之后"9·11"事件的发生埋下了伏笔。

（三）以航空器作为武器进行攻击的原因

恐怖分子之所以选择将航空器作为武器撞击目标，主要有以下两个原因。其一，航空器作为武器撞毁时具有巨大的破坏性。航空器所载的燃油燃烧爆炸后产生的破坏性足以匹敌巨量炸药爆炸的后果，其对攻击目标的打击极具破坏性，极易造成重大财产损失和大量人员伤亡，如在"9·11"事件中，纽约世贸中心双子塔全部因为撞击而坍塌，五角大楼遭到严重破坏，2996 人死亡，6000 多人受伤，直接或间接经济损失达到数千亿美元。其二，这种攻击行为造成的社会影响极大。基于航空器撞击的巨大破坏性，这类事件足以产生恐怖组织所需要造成的恐慌和社会影响，他们更是企图以此来增加要挟和报复的砝码。

无论是对航空安保还是世界反恐而言，"9·11"事件都是一个重大而具有历史意义的事件，这次袭击推动了航空安保很多措施的产生和落地，促进了国际反恐合作，也深刻地改变了世界政治格局，对地缘政治产生了极大的影响。

以航空器作为武器实施攻击行为的事件很难说将来是否会重现，摆在国际社会面前的唯一选择便是努力加强合作，采取综合性的手段和措施，尽量避免类似这种灾难性的后果再次发生。

三、编造、传播虚假恐怖信息

（一）编造、传播虚假恐怖信息的界定

编造、传播虚假恐怖信息是指行为人故意编造爆炸威胁、生化威胁、放射威胁等恐怖信息，或者明知是编造的恐怖信息而故意传播，严重扰乱航空运输秩序或危及航空运输安全的行为。

《蒙特利尔公约》和《国际民航公约》附件 17 中对这类行为都有明确规定。《蒙特利尔公约》第一条第一款第（五）项规定，公约认定的罪行包括"传送明知是虚假的情报，从而危及飞

行中的航空器的安全"。附件 17 则在非法干扰行为的定义中,对于典型行为的列举中包含了"散播诸如危害飞行中或地面上的航空器、机场或民航设施场所内的旅客、机组、地面人员或大众安全的虚假信息"。

(二)编造、传播虚假恐怖信息的表现

编造、传播虚假恐怖信息的行为在国内外都发生过多起,如早在 1971 年,《蒙特利尔公约》尚未签署之前,美国就发生过通过虚假炸弹信息勒索钱财的事件。2002 年 10 月 20 日,法国航空驻墨西哥的一个办事处突然接到恐吓电话,说法航一架从巴黎飞往墨西哥城的飞机上可能被安置了炸弹。地面人员立即和飞机取得联系,然后飞机就近降落在加拿大的温哥华。但经过几个小时的搜索后,飞机上并没有发现任何爆炸物。2013 年 5 月 15 日,我国 3 家航空公司共计 5 架次航班因接到航班上有炸弹的电话,被迫启动紧急预案,调查后发现是行为人出于报复警察的目的所为。这次事件导致 5 个航班共 758 名乘客备降、返航或延迟起飞,无法正常抵达目的地,给乘客带来极大心理恐慌,并导致后续 20 多个航班 2000 多名旅客延误,对相关航空公司造成了巨大的经济损失。

这类行为的动机复杂多样,既有出于恐怖威胁的动机,也有为了发泄对社会的不满,还有出于个人获取物质利益的动机,在我国甚至还出现过为了自己能改签航班,为了阻止债主向其索债或者因为怕赶不上飞机而谎称飞机上有炸弹的。

(三)编造、故意传播虚假恐怖信息的危害

编造、故意传播虚假恐怖信息的危害性主要体现在三个方面。一是严重扰乱航空运输秩序,进而扰乱社会管理秩序。虚假恐怖信息往往会迫使航空公司、机场等部门启动紧急预案,采取返航或备降的措施,影响相关航班的正常运行,造成大量旅客的行程受到影响,使得社会秩序陷入混乱。二是造成巨大的经济损失。航空器返航或备降以及随后采取的航空器安保搜查措施会给相关单位带来极大的人力、物力损失。三是危及航空运输安全。计划外的返航或备降等应急措施的实施可能会给航班运行安全带来意想不到的风险,危及航空器及相关人员和财产的安全。

四、危害空防安全行为的发展

事实上,除了以上传统或者主要的危害行为以外,还有很多行为也逐步为国际社会所认识并确定为犯罪。这些行为主要是指 2010 年《北京公约》第一条第一款中新增的除"利用航空器作为武器"以外的几类行为,原文表述如下。

"……

(七)从使用中的航空器内释放或排放任何生物武器、化学武器和核武器或爆炸性、放射性、或类似物质而其方式造成或可能造成死亡、严重身体伤害或对财产或环境的严重破坏;或

(八)对一使用中的航空器或在一使用中的航空器内使用任何生物武器、化学武器和核武器或爆炸性、放射性、或类似物质而其方式造成或可能造成死亡、严重身体伤害或对财产或环境的严重破坏;或

(九)在航空器上运输、导致在航空器上运输或便利在航空器上运输:

(1)任何爆炸性或放射性材料,并明知其意图是用来造成、或威胁造成死亡或严重伤害

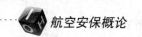

或损害,而不论是否具备本国法律规定的某一条件,旨在恐吓人群,或迫使某一政府或国际组织作出或放弃作出某种行为;或

（2）任何生物武器、化学武器和核武器,并明知其是第二条中定义的一种生物武器、化学武器和核武器;或

（3）任何原材料、特种裂变材料、或为加工、使用或生产特种裂变材料而专门设计或配制的设备或材料,并明知其意图将用于核爆炸活动或未按与国际原子能机构的保障监督协定置于保障监督措施下的任何其他核活动;或

（4）未经合法授权的任何对设计、制造或运载生物武器、化学武器和核武器有重大辅助作用的设备、材料或软件或相关技术,且其意图是用于此类目的……"

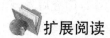 扩展阅读

"9·11"事件①

"9·11"事件(September 11 attacks),是2001年9月11日发生在美国纽约世界贸易中心的一起系列恐怖袭击事件。

2001年9月11日上午(美国东部时间),两架被恐怖分子劫持的民航客机分别撞向美国纽约世界贸易中心一号楼和世界贸易中心二号楼,两座建筑在遭到攻击后相继倒塌,世界贸易中心其余5座建筑物也因受震而坍塌损毁;9时许,另一架被劫持的客机撞向位于美国华盛顿的美国国防部五角大楼,五角大楼局部结构损坏并坍塌。

此次事件中,共有19名恐怖分子参与了劫机行动,除美联航93号航班上有4名恐怖分子外,其他3个航班上均有5名恐怖分子。在所有的劫机者中,有7人原本就是飞行员,其他人也在各地参加过飞行学校的学习。13人是在2001年4月23日至6月29日到达美国的。抵达之后,他们立即分散到全美各地,一般居住在比较偏远的城郊,并且都改了英文名字。在随后的数个月时间里,他们主要在美国的8个州活动。

这些劫机者出高价弄到汽车驾照,租了公寓、设立了银行账户,参加健身俱乐部。他们从网上购买机票,一般到哪儿都是用现金付账。

"9·11"事件发生后,全美各地的军队均进入最高戒备状态。虽然塔利班发表声明称恐怖事件与本·拉登无关,但美国政府仍然认定本·拉登是恐怖袭击事件的头号嫌犯。作为对这次袭击的回应,美国发动了"反恐战争",入侵阿富汗以消灭藏匿基地组织恐怖分子的塔利班,并通过了美国爱国者法案。2001年10月7日,美国总统乔治·沃克·布什宣布对阿富汗发动军事进攻。

"9·11"事件是发生在美国本土的最严重的恐怖袭击行动,遇难者总数高达2996人(含19名恐怖分子)。对于此次事件的财产损失各方统计不一,联合国发表报告称,此次恐怖袭击对美经济损失达2000亿美元,相当于当年生产总值的2%。此次事件对全球经济所造成的损害甚至达到1万亿美元左右。此次事件对美国民众造成的心理影响极为深远,美国民众对经济及政治上的安全感均被严重削弱。

---

① 参见百度百科:"9·11"事件,载于 https//:baike.baidu.com,最近一次访问在2021年10月10日。

练习与思考

(1) 劫持航空器的定义是什么？

(2) 请简述全球劫持航空器的发展趋势。

(3) 危害空防安全的行为主要有哪些？

(4) 扰乱行为的定义和特征是什么？

(5) 试分析当前空防安全面临的最大威胁是哪类行为？为什么？

(6) 劫持航空器的行为具有哪些特点？

(7) 非法干扰行为主要包括什么？

(8) 为什么未遂的非法干扰行为也要得到惩治？

(9) 以航空器作为武器进行攻击的原因有哪些？

(10) 编造、故意传播虚假恐怖信息的危害有哪些？

本章配套资源

第十章
航空安保的发展及恐怖主义威胁

学习目标：通过本章的学习，使学生了解国际社会，包括我国为应对航空安保威胁所做的努力，掌握恐怖主义的发展和界定以及恐怖主义对航空运输造成的威胁，使学生了解航空安保的最新发展趋势，了解各国航空安保的主要措施，掌握其中重要的概念或定义等，使学生在前一章掌握危害空防安全行为的基础上，更好地理解各项航空安保措施出台的背景和原因。

第一节　航空安保的发展

在航空活动发展的早期，由于技术不成熟，人们将更多目光投向了飞行安全。因此，由32国于1919年在巴黎签署的《空中航行管理公约》中并未提及航空安保问题。随着技术的进步，商业航空的发展，参与航空活动的人越来越多，原先在地面的一些违法犯罪活动逐渐出现在了空中，各国开始意识到航空安保是航空业发展绕不开的话题。事实证明，航空安保的发展和危害空防安全行为的发生和变化总是密切相关。航空安保也经历了从初期单一手段或各种措施分别发挥作用到后来系统化的安全管理模式的运用。

综观整个航空安保的发展，国际社会和各国国内采取的安保措施主要集中在国际及国内的立法、运行安保措施、新技术的开发与利用和组织保障措施等方面。

一、联合国在航空安保方面的努力

第二次世界大战接近尾声时，各国都已不堪战争的破坏和重负，在渴望和平的愿景下，1945年4月25日至6月26日，50个国家的代表齐聚美国加利福尼亚州旧金山，举行了联合国国际组织会议。在为期两个月的会议中，代表们着手起草并签署了《联合国宪章》，建立了一个新的国际组织——联合国，以期防止世界大战再次发生。旧金山会议结束四个月后，《联合国宪章》经中国、法国、苏联、英国、美国以及大多数其他签署国批准，联合国于1945年

10 月 24 日正式成立。自成立以来,联合国在国际社会各项事务中都发挥了一定的作用,对于持续困扰国际社会的航空安保的问题,联合国大会及安全理事会都予以了聚焦并形成了相关决议。

(一)联合国大会的相关决议

1. "民用飞机在航行中被迫改道"的决议①

鉴于 20 世纪 60 年代末劫机数量的暴增,1969 年 12 月 12 日,在第 24 届联合国大会第 1831 次全体会议上,通过了"民用飞机在航行中被迫改道"的决议。决议认为,考虑到可能危及旅客及机务人员②之生命及健康,为切实保障国际民航的业务安全和空中旅行自由,必须对一切形式之劫持或任何其他非法夺取或控制飞机之行为,建议有效之防范措施。要求各国采取适当的法律措施防范这些非法行为,同时促请各国确保对此类行为人依法追诉,促请各国支持国际民航组织制定有关制止此类非法行为的公约的工作,教促各国加紧批准或加入 1963 年的《东京公约》。

2. "空中劫持或干预民用航空旅行"的决议③

在 20 世纪 60 年代末,除劫持航空器事件不断发生外,针对机上人员、航空器及航行设施和设备的行为也不断发生,国际民航组织也在加紧相关公约的制定。因此,1970 年 11 月 25 日,在第 25 届联合国大会第 1914 次全体会议上,通过了"空中劫持或干预民用航空旅行"的决议。决议谴责了一切空中劫持行为和非法干预民用航空旅行的行为,包括将旅客、机务人员、飞机、所有民用航空设备和航空通信作为对象的一切暴力行为;促请各国依管辖权限采取措施对以上行为进行全面的阻止、防范和镇压,并研究规定对这类行为的追究、惩处及引渡办法;宣告对为获取人质利用非法夺取飞机之行为应予谴责;谴责了对旅客及机务人员的非法扣留;促请被劫持飞机的降落国保护旅客及机务人员,使其尽快恢复旅行,并将飞机和载货归还有权合法占有之人;促请各国采取一致行动,镇压危及国际民航安全顺利发展的行为;促请各国加强与联合国和国际民航组织的合作;促请各国支持国际民航组织的工作,竭力使 1970 年 12 月为通过非法夺取飞机问题公约在海牙召开之外交会议获得圆满结果,使该公约能早日得以实施;再次促请各国加紧批准或加入 1963 年《东京公约》。

3. "国际民航的安全"的决议④

1977 年 11 月 3 日,在第 32 届联合国大会第 56 次全体会议上,通过了"国际民航的安全"的决议。在决议中,大会重申和确认了对空中劫持或以威胁或使用武力干扰民用航空旅行的其他行为和可能针对旅客、机组人员和飞机的一切暴力行为的谴责,无论犯者是个人或国家;要求各国采取措施防止上述行为,包括改善机场和航空公司的安全安排,互相交换情报,并与联合国和国际民航组织合作;呼吁各国加紧考虑批准或加入 1963 年《东京公约》、1970 年《海牙公约》和 1971 年《蒙特利尔公约》;要求国际民航组织作出进一步努力,包括加强《国际民航公约》的附件 17,以期确保空中旅行的安全;呼吁各国政府认真研究与劫机有关

---

① 原文参见联合国大会决议 A/RES/2551(XXIV)。
② 此处"机务人员"即指"机组人员",本部分下同。
③ 原文参见联合国大会决议 A/RES/2645(XXV)。
④ 原文参见联合国大会决议 A/RES/32/8。

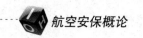

的不正常情况。

4."谴责美利坚合众国境内的恐怖主义攻击"的决议①

2001年9月12日,也即"9·11"事件发生第二天,在联合国第56届大会第1次全体会议上通过了"谴责美利坚合众国境内的恐怖主义攻击"的决议,强烈谴责恶毒的恐怖主义行为,紧急要求国际合作,将2001年9月11日发生的令人发指的暴行的行凶者、组织者和发起者绳之以法,同时要求国际合作,预防和根除恐怖主义行为,并强调凡是援助、支持或包庇这种行为的行凶者、组织者和发起者的人,定将追究责任。

(二)安全理事会的相关决议

1. 安理会简介

作为联合国的主要机关之一,根据《联合国宪章》,安全理事会(简称"安理会")负有维护国际和平与安全的首要责任。安理会有15个理事国(5个常任理事国和10个非常任理事国)。所有理事国都有义务履行安全理事会的决定。安理会率先断定对和平的威胁或侵略行为是否存在。安理会促请争端各方以和平手段解决争端,并建议调整办法或解决问题的条件。在某些情况下,安理会可实行制裁,甚至授权使用武力,以维护或恢复国际和平与安全。

2."商用飞机劫持事件日增所造成的情势"的决议②

1970年9月6日,发生了震惊世界的劫机事件,在同一天,巴勒斯坦人民阵线游击队劫持了瑞士航空公司、以色列航空公司、美国泛美航空公司和环球航空公司共4架飞机,除以色列航空公司的飞机自救成功外,泛美航空的飞机先是被劫持到贝鲁特,后由于不确定B-747机型是否能降落在约旦道森机场,飞机落在埃及开罗,随后被炸毁。其余2架飞机则被劫往约旦沙漠地带的道森机场,后在9月12日与9月9日被劫持的英国海外航空公司的飞机一起被炸毁。劫机事件发生3天后,1970年9月9日,联合国安理会在1552次会议上通过"商用飞机劫持事件日增所造成的情势"的决议,其中吁请所有关系方面将因国际航行上之劫持及其他干预行为而遭拘留之所有旅客及机务人员立即释放,不得有例外;促请各国采取一切可能之法律步骤,以防止再度发生劫持或任何其他干预国际民航旅行之情事。

3."塑料炸药或薄片炸药加添标记以利侦测"的决议③

鉴于1988年发生的洛克比空难所使用的是280~400克塑性炸药(怀疑是一种捷克所制,名叫Semtex的强力塑性炸药),考虑到塑性炸药威力大且隐蔽性强,难以被检测出来,1989年6月14日,安理会在2869次会议上通过了"塑料炸药或薄片炸药加添标记以利侦测"的决议。决议谴责一切非法干扰民航安全的行为;呼吁所有国家合作拟订并执行种种措施,以防止一切恐怖主义行为,包括使用炸药的恐怖主义行为;促请国际民航组织加紧工作,以期防止一切干扰国际民航的恐怖主义行为,特别是加紧进行关于塑性炸药或薄片炸药加添标记以利侦测的国际制度的设计工作;促请所有国家,特别是此类炸药的生产国加紧合作,研究出使此类炸药易于侦测的方法,同时要求所有国家发表这类研究与合作成果,便于

---

① 原文参见联合国大会决议 A/RES/56/1。
② 原文参见安理会决议 S/RES/286(1970)。
③ 原文参见安理会决议 S/RES/635(1989)。

在此类炸药中加添标记以利侦测的国际制度的出台。

4. "打击恐怖主义"及"国际合作防止恐怖主义行为"的决议和"全球努力打击恐怖主义的宣言"①

2001 年,在"9·11"事件发生的第二天,即 9 月 12 日,在第 4370 次会议上,联合国安理会迅速做出反应,通过了"打击恐怖主义"的 1368 号决议,决议中"最强烈地断然谴责了 2001 年 9 月 11 日在纽约、华盛顿特区和宾夕法尼亚州发生的令人发指的恐怖主义攻击,认为这种行为,如同任何国际恐怖主义行为,是对国际和平与安全的威胁;吁请所有国家紧急进行合作,将这些恐怖主义攻击的行凶者、组织者和发起者绳之以法,强调对于援助、支持或窝藏这些行为的行凶者、组织者和发起者的人,要追究责任;还吁请国际社会加倍努力防止并镇压恐怖主义行为,包括加强合作和充分执行各项有关的国际反恐怖主义公约及安全理事会决议。"随后,安理会又在 9 月 28 日和 11 月 12 日的第 4385 和第 4413 次会议上分别通过了"国际合作防止恐怖主义行为"的 1373 号决议以及"全球努力打击恐怖主义的宣言"的第 1377 号决议。在这两个决议中,安理会重申每个国家都有义务不在另一国家组织、煽动、协助或参加恐怖主义行为,或默许在本国境内为犯下这种行为而进行有组织的活动;要求各国加强行政和司法合作,通过交流情报等预警手段努力切断各类涉恐主体(犯下或企图犯下或协助或参与犯下恐怖主义行为的个人、这种人拥有或直接间接控制的实体以及代表这种人或按其指示行事的个人和实体)的资金来源并冻结其资产和其他金融资产或经济资源;要求各国对支持和资助行为予以严厉打击;呼吁所有国家尽早加入有关恐怖主义的国际公约和议定书,并鼓励会员国推进这方面的工作。

此外,安理会还做出了一系列涉及航空安保和反恐的决议,例如,2016 年 9 月 22 日第 7775 次会议通过的 2309 号决议就对民航安保提出了全面的要求。此外,由于航空业对于恐怖主义而言,始终是一个极具诱惑力的攻击目标,因此,从这个层面来讲,反恐决议绝大部分都关系到航空安保工作的有效实施。

二、国际民航组织的航空安保措施

(一)概述

国际民航组织(ICAO)是联合国的一个专门机构,为促进全世界民用航空安全、有序的发展于 1947 年正式成立。国际民航组织总部设在加拿大蒙特利尔,通过许多活动以及成员国和利益攸关方的合作,制定政策和标准、进行合规审计、进行研究和分析、提供援助和建设航空能力,帮助真正在全球范围内实现安全、可靠和可持续的空中运营,在促进国际民航事业的发展方面起到了非常重要的作用。截至 2021 年,共有 193 个缔约国。

随着国际航空安保形势的变化,国际民航组织对航空安保问题越来越重视。为了应对不断变化的对国际航空运输的威胁,国际民航组织主要通过组织制定国际航空安保公约和利用理事会通过的标准和建议措施(SARPs)及秘书长批准的指导材料(Doc./Cirs)来对航空安保问题进行指导、规范和建议,促进航空安保标准的统一和国际合作,确保航空安全。

---

① 原文参见安理会决议 S/RES/1368(2001)、S/RES/1373(2001) 和 S/RES/1377(2001)。

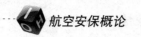 航空安保概论

（二）航空安保公约及其修订

1.《关于在航空器内的犯罪和犯有某些其他行为的公约》

国际民航组织针对航空安保的举措始于 1963 年 9 月 14 日签订的《关于在航空器内的犯罪和犯有某些其他行为的公约》（即《东京公约》）。该公约制定的目的主要是解决航空器上犯罪行为的管辖和机长的权力问题，并首次对劫持航空器的行为进行了规定。此外，《东京公约》还规定了一些国际公认的原则，如在飞机受到非法干扰时立即归还飞机，让旅客和机组人员恢复旅行等。

2.《关于制止非法劫持航空器的公约》

当 20 世纪 60 年代劫机事件愈演愈烈之时，国际民航组织表达了对这类事件的严重关注，并鉴于《东京公约》在有关劫持航空器行为规制方面的不足，于 1970 年 12 月 16 日迅速通过并签署了《关于制止非法劫持航空器的公约》（即《海牙公约》），旨在通过该公约的实施来有效打击当时日益严重的劫机风潮。

3.《关于制止危害民用航空安全的非法行为的公约》及其补充议定书

1970 年，在国际民航组织法律委员会尚在讨论草拟《海牙公约》时，国际社会又发生了几起爆炸航空器的事件，各国对此深感忧虑。有鉴于此，为了通过国际合作来惩治包括劫持航空器在内的破坏航空运输安全的行为，1971 年 9 月 23 日，各国签署了《关于制止危害民用航空安全的非法行为的公约》（即《蒙特利尔公约》）。此后，由于机场内的暴力和破坏行为频发，为了增加对此类行为的打击，国际民航组织又于 1988 年通过了《蒙特利尔公约》补充议定书，该公约及其补充议定书定义了国际民航组织成员国承诺严惩的一系列危害民用航空安全的非法行为。

4.《关于注标塑性炸药以便探测的公约》

在国际民航组织的主持下，1991 年 2 月 12 日至 3 月 1 日在蒙特利尔举行的国际航空法会议通过了《关于注标塑性炸药以便探测的公约》。该公约旨在促进防止使用塑性炸药的非法行为，降低塑性炸药的检测难度。在国际民航组织立法的历史上，该公约不仅刷新了公约的制定速度，而且是通过国际民航组织制定的第一个适用性和影响不限于国际民航的多边条约。

5. 传统航空安保公约的修订

为了应对航空安保领域新的挑战和恐怖主义威胁，"9·11"事件之后，2001 年国际民航组织大会第 33 届会议上发布了"关于滥用民用航空器作为杀伤性武器和涉及民用航空的其他恐怖行为的宣言"（A33-1），其中表示认识到恐怖组织造成的新型威胁需要各国作出新的一致努力和采取新的、一致的合作政策。同时，指示理事会和秘书长紧急行动，以处理新的和正在出现的对民用航空的威胁，特别是审查现有航空安保公约是否充分；审查国际民航组织航空安保方案，包括审查《国际民航公约》附件 17 及其他有关附件。①

国际民航组织也努力推动了三大传统航空安保公约的修订。2010 年 9 月 10 日，《制止与国际民用航空有关的非法行为的公约》（即《北京公约》）和《制止非法劫持航空器公约的补充议定书》（即《北京议定书》）在北京签订，二者分别对 1971 年《蒙特利尔公约》和 1970 年

---

① 参见国际民航组织：《大会有效决议》（Doc.10140）。

《海牙公约》进行了修订和补充。《北京公约》在原有公约的基础上增加了四类犯罪,扩大了国际合作打击犯罪的范围,同时,更好地将民航安保和国际反恐结合起来。考虑到现实及未来的发展,《北京议定书》也在劫持航空器的手段和时间范围等方面进行了扩展,增加了对劫持航空器行为的打击力度。2014 年 4 月 4 日,《关于修订〈关于在航空器内的犯罪和犯有某些其他行为的公约〉的议定书》(下文称《蒙特利尔议定书》)得以签订,该议定书是对 1963 年《东京公约》的修订,加强了对不循规和扰乱性旅客的打击。

值得一提的是,为了增加对不循规和扰乱性旅客的规范和惩罚,国际民航组织还分别于 2002 年和 2019 年发布了第 288 号通告——《不循规/扰乱性旅客法律问题指导材料》(Circular 288-LE/1)及对第 288 号通告的更新——《不循规和扰乱性旅客法律问题手册》(Doc.10117)。

(三)《国际民航公约》附件 17 及其指导性材料

为了适应改变被动应对航空安保威胁的局面,国际民航组织理事会于 1974 年 3 月 22 日通过了附件 17(安保——保护国际民用航空免遭非法干扰行为),全面系统地提出了航空安保的标准和建议措施。其指导性材料《航空安保手册》(Doc.8973)详细载明了航空安保方面的程序和指南,试图以此帮助各国根据《国际民用航空公约》各附件规定的要求,执行本国的民用航空安保方案。随着航空安保威胁的变化和技术的发展,这两个文件也在不断被审查和修订。

(四)其他

1. 全球航空安保计划

基于联合国安理会 2309 号决议,国际民航组织于 2017 年制定了全球航空安保计划(Global Aviation Security Plan,GASeP)。计划通过一系列国际商定的优先行动、任务和目标,解决国家和行业在指导航空安保强化措施方面的需求。全球航空安保计划的目标是帮助国际民航组织、各国和利益攸关方提高全球航空安保的有效性。考虑到民用航空界面临的威胁和风险在不断演变,计划力求团结国际航空安保界并鼓励朝这个方向努力。它还旨在实现全球航空安保共同和普遍的目标,并帮助各国共同履行联合国安理会第 2309 号决议(2016 年)和相关国际民航组织会议决议中规定的承诺。

2. 关于保护国际民用航空免遭非法干扰行为持续政策的综合声明

为适应航空安保形势的发展,在每次国际民航组织大会的会议上,都会通过一项对上次会议"关于航空安保持续政策的综合声明"更新和修订的决议。目前该决议版本为 A40-11,其主要内容包括一般政策、制止非法干扰民用航空行为的国际法律文书及颁布国内立法和缔结相关协定、技术安保措施的实施、国际民航组织普遍安保审计计划、国际民航组织实施支助和发展、理事会关于在世界不同地区的多边和双边合作的行动和在航空安保领域的国际和地区性合作。

3. 普遍安保审计计划

在国际民航组织普遍安保审计计划(Universal Security Audit Programme,USAP)建立之前,各国在自愿基础上评估了对附件 17 的遵守情况,并就任何必要的改进提供建议。这些评估表明,世界范围内的合规性存在严重不足。随着"9·11"事件后公众对全球航空安保水平的日益关注,确定需要减少非法干扰行为并恢复公众对民用航空运输的信心。USAP

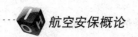

的创建就是为了满足这一需求。根据国际民航组织大会第 33 届会议和航空安保高级别部长级会议的成果,国际民航组织理事会第 166 届会议于 2002 年 6 月通过了《航空安保行动计划》。其中项目 3 规定通过对成员国的审计促进全球航空安保。该计划的实施始于 2002 年 11 月进行的第一次航空安保审计。两轮普遍安保审计结束后,USAP 开始向"普遍安保审计计划—持续监测做法(USAP-CMA)①"转化,从 2015 年 1 月 1 日起,USAP-CMA 开始全面实施,其目标是通过持续审计和监测成员国的航空安保绩效来促进全球航空安保。

三、国际航空运输协会(IATA)的航空安保措施

1919 年,来自丹麦、德国、英国、挪威和瑞典的五家航空运输公司的代表在荷兰的海牙会面,签署一项协议,成立了国际航空业务协会,其最初目标是帮助航空公司做到工作文件和机票的标准化,并比较各自的技术程序。现在的国际航空运输协会(IATA)于 1945 年 4 月 19 日在古巴的哈瓦那成立,是在全球航空业具有较大影响力的非政府间组织,其主要职责包括:国际航空运输规则的统一、业务代理、空运企业间的财务结算、技术合作、参与机场活动、协调国际航空客货运价、航空法律工作以及帮助发展中国家航空公司培训高级和专门人员。目前成员包括来自 120 个国家和地区的约 290 家航空公司。

国际航空运输协会一直积极支持国际民航组织有关安保标准和建议措施的制定并积极提供意见和建议,同时,也持续推进其成员公司对国际民航组织安保文件的遵守和执行。其就航空安保所采取的措施和对策主要包括以下几个方面。

(一)安保管理体系的建立

基于《国际民航公约》附件 17 和国际航空运输协会运行安全审计(IATA Operational Safety Audit,IOSA)的相关内容,国际航协借鉴安全管理体系(Safety Management System,SMS)的思路和架构,建立起了安保管理体系(Security Management System,SeMS),旨在通过该体系的建立将安保转化成航空公司经营的内在核心价值目标,并希望以此增强公司的安保文化、监管协作和资源利用,同时改善公司内部的整体绩效和沟通。该管理体系的内容不仅包含关于建立有效航空安保措施的安保管理指南,还涵盖了一系列其他主题,包括问责制和责任分配、风险评估、安保报告和改进的沟通流程等。为确保相关性和可靠性,国际航空运输协会的 SeMS 手册每年都会更新。

(二)安全风险情报门户的建立

2020 年 6 月,国际航空运输协会推出了"航空安保洞察"的安全风险情报门户,这是一个事件报告工具,可帮助航空公司减轻和管理安全风险。其目的旨在改善航空公司、机场和空中导航服务提供商之间的实时信息共享。航空公司共享的信息将通过开源数据(通知、警告、公告、禁令、媒体报道)进行扩充,以全面了解机场附近的安保、生物安全和运营事件。这将有助于各个航空公司作出明智、实时和基于风险的运营决策,从而有利于安保威胁管理工作的改善。

(三)航空网络安保

随着科技的进步,特别是数字化在民航业的普及和发展,航空网络安保将面临越来越大

---

① CMA 为 Continuous Monitoring Approach 的首字母缩写。

的威胁。鉴于此,国际航空运输协会正着手制定一项全行业的航空网络安全战略,以支持该行业应对这一不断发展的威胁。2021年2月,国际航空运输协会推出了第一版的《航空网络安保指南》,该指南主要包括两个部分:一是与组织网络安保有关的组织文化和态势;二是涉及飞机的网络安全和风险管理。

(四)货运安保

认识到货运安保在全球货物供应链中的重要性,国际航空运输协会成立了货运安保工作组,其工作目标是审查与货运安保有关的所有事项,并就有关托运货物安保声明(Consignment Security Declaration,CSD)及其电子版(e-CSD)的651号决议和国际航空运输协会货运安保建议措施1630的实施向边境货物管理委员会提出建议。

(五)对不循规和扰乱性旅客的措施

在2014年6月举行的第70届国际航空运输协会年度大会上,通过了一套处理不循规旅客行为问题的核心原则。确立了以下策略。首先,加强国际法律威慑力,推广更广泛的惩罚措施,以鼓励执法行动。其次,与航空公司和其他利益相关者合作,防止不守规矩和破坏性的乘客事件。此外,国际航空运输协会还敦促各国加入2014年的《蒙特利尔议定书》,要求加大对不循规和扰乱性旅客造成危害的宣传,提倡更广泛地使用民事和行政处罚,让不守规矩的乘客其不当行为负责。为协助成员航空公司预防和管理此类事件,国际航空运输协会还进行了广泛的指导和培训,例如,防止事件升级的技巧和飞行期间适当的酒类服务。此外,国际航空运输协会还参与国际社会鼓励乘机前控制酒类饮用量的唤醒公众意识的运动。

除以上主要措施外,国际航空运输协会还就航空器运营人安保程序、行为分析、过期通行证件、航空安保的爆炸物检测、内部人员威胁和安保措施互认等方面制定了一系列立场性的文件。

四、部分国家和地区的航空安保措施

(一)美国的航空安保措施

20世纪60年代,美国开始遭遇频繁的劫机事件,大量飞机被劫往古巴。可以说,美国的航空安保便是始于此。除了情报收集和分析系统的建立、可疑活动和威胁的报告制度等措施外,美国在航空安保方面的举措及其发展主要包括以下几个方面。

1. 组织和监管

1958年,美国联邦航空局(Federal Aviation Administration,FAA)成立,1963年,FAA就设立了专门机构负责航空安保工作。此后,FAA一直负责航空安保,直到2002年2月13日美国联邦运输安全管理局(Transportation Security Administration,TSA)接管这些职责。

2001年11月19日,美国制定了《航空和运输安全法》。依据该法,美国联邦政府直接承担了机场安检的职责并成立了TSA,由其负责所有交通类型的安保监管工作。一开始,TSA隶属于交通运输部。2002年11月25日,随着美国《国土安全法》的制定,TSA被划归到国土安全部。TSA旨在监督所有运输方式的安全性。

2018年10月,美国发布了2018年FAA再授权法案,即公法115-254,其中包括TSA现代化法案,标志着自该机构成立以来首次对TSA进行再授权。该法案授权TSA继续作为一个反应迅速和现代的国家安全组织,能够处理对运输系统不断变化的威胁。重新授权

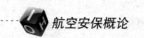

法案授权 TSA 扩大先进安检技术的现场操作测试,增加对嗅爆犬的使用,并加强公共区域的安全。它还将提高客货安全、驾驶舱和客舱安全、地面运输安全和国外机场安全。[①]

2019 年 4 月,地面运输安保咨询委员会(Surface Transportation Security Advisory Committee,STSAC)根据 2018 年 FAA 再授权法案第 1969 条成立。STSAC 由代表地面运输提供商和用户的 35 名有投票权的成员和代表联邦各部门及地面运输监管机构的 14 名无投票权成员组成。14 名无投票权成员被指定为委员会成员提供咨询服务,其成员来自美国国防部、能源部、国土安全部、交通部、联邦调查局和国家运输安全委员会。STSAC 向 TSA 负责人报告,并就地面运输安全事项提供建议,包括政策、计划、倡议、规则制定和安保指导的制定、完善和实施。

2. 航空安保及反恐立法

除有关航空安保和国际反恐公约的签署和批准外,美国也在国内开展了一系列的立法工作。

1961 年 9 月 5 日,肯尼迪总统签署了 1958 年《联邦航空法(修正案)》,将劫持飞机、干扰现役机组人员或在航空母舰上携带危险武器定为犯罪,明确航空器劫持行为可能面临入狱或死刑。

1984 年 10 月 5 日,第 98 届美国国会通过《反飞机破坏法》[②],对联邦刑法和联邦航空法进行了修订,加大了对破坏飞机行为的打击力度。

2001 年 10 月 26 日,布什总统签署了打击恐怖主义的《爱国者法案》[③],并在同年 11 月签署了《航空和运输安全法》,要求联邦官员代替原有的保安公司实施机场安检、100% 的托运行李安检、扩大联邦空警服务并加固驾驶舱门。

此外,美国还制定了一系列的反恐法案和战略。

3. 空中安保措施

(1)驾驶舱保护。"9·11"事件之后,商业航班的前舱洗手间处不再允许旅客聚集。此外,根据《航空和运输安全法》和 2002 年 1 月的一项授权,TSA 与 FAA 及航空公司合作,加固商用飞机的驾驶舱门,以防止入侵、轻武器射击和手榴弹等破片装置,到 2003 年 4 月,所有航空公司都完成了该项工作。

(2)空中安保力量的组建。1961 年 5 月 24 日,在美国联邦调查局和航空公司的要求下,在商业航班上开始派遣武装安保人员,即从美国移民归化局招募的边境巡逻员。首批只有 18 名,主要针对高危航班提供安保支持。1970 年的"九·六"劫机事件让尼克松政府也意识到空中安全的重要性,很快实施了一项包括空警项目在内的反劫机计划。1985 年,发生了震惊世界的美国环球航空 TWA847 航班被黎巴嫩恐怖分子劫持到贝鲁特的事件。自此,恐怖活动成为威胁航空安全的主要因素。面对严峻的形势,里根总统要求国会增加国际航班上的空警数量。随后,国会通过了《国际安全与发展合作法案》,这奠定了空警维持与拓展

---

① 参见 DIVISION K—TRANSPORTATION SECURITY,FAA REAUTHORIZATION ACT OF 2018(PUBLIC LAW 115-254)。

② 参见 S.2623 - Aircraft Sabotage Act。

③ 参见 Public Law 107-56:USA PATRIOT ACT 2001,全称为"Uniting and Strengthening America by Providing Appropriate Tools Required to Intercept and Obstruct Terrorism"。

的法律基础。1987 年,美国空警的数量曾一度达到 400 人,随着美国航空安全水平的提高,2001 年"9·11"事件发生时,美国全国的空警低至 33 人。[1] 截至 2003 年,美国空警人数迅速增加至 5000 人。后来,TSA 还在海外部署联邦空警,以应对不断变化的航空安全威胁。

依据 2002 年 11 月签署的《武装飞行员反恐法案》的要求,2003 年 4 月,TSA 开始了"联邦驾驶舱安全官计划",该计划由联邦空警实际运作,对自愿参加的商业航班飞行员进行射击培训并授权其在航班上使用枪支,以应对类似"9·11"式的恐怖袭击。

4. 机场安检措施

美国是全球最早开展民航安检的国家之一。1970 年 7 月 17 日,新奥尔良国际机场成为首个使用金属探测器和旅客分析技术来保障航空安全的机场。1972 年 11 月 10 日,劫机者威胁要将美国南方航空的 49 号航班撞击核反应堆。之后,美国开始在机场对旅客人身及其随身行李开展强制性安全检查。

"9·11"事件之后,随身行李中禁止携带一切带有锋刃和尖角的物品。2001 年 12 月 20 日,在巴黎飞往迈阿密的航班上,Richard Reid 意图点火引爆其藏在鞋内的爆炸物,因此,交通运输安全局要求开始对旅客的鞋子进行随机抽查。2002 年 12 月起,TSA 通过在全国部署爆炸物检测系统来筛查所有行李中的爆炸物以满足《航空和运输安全法》的要求。2006 年 8 月 10 日,英国挫败了一场涉及用液体炸药炸毁飞机的恐怖阴谋。作为回应,所有的液体、凝胶和气溶胶都被禁止随身携带。在最初的液体禁令实施一个月后,TSA 修改了其关于旅客随身行李中液体的规定,开始实施液体携带的"3-1-1"规则。[2] 2006 年 8 月,根据持续威胁的情报,TSA 要求乘客脱鞋以筛查爆炸物。2008 年 3 月开始,TSA 部署了专门的嗅爆犬队,以帮助对美国客机上的航空货物实施 100％ 的检查。TSA 后来将该计划扩展到包括机场的乘客和行李检查。

(1) 简易爆炸装置(Improvised Explosive Devices,IED)的防范。由于意识到爆炸物可能会藏在手机里,从 2014 年 7 月 7 日开始,安检现场任何无法开启的电子设备都会被没收。

2017 年 7 月,为确保航空公司乘客和美国机场的安全,TSA 开始对随身携带物品实施新的、更强大的国内检查程序,要求旅客将所有比手机大的个人电子产品拿出放在安检托盘中,以便对其进行 X 射线检查。

(2) 旅客"预筛查(Pre-check)"制度。2011 年 12 月,TSA 在麦卡伦国际机场开始实施预先检查项目,这是一项快速筛查计划,可在旅客抵达机场检查站之前对其进行风险评估。它在安全检查站为已知和受信任的旅客提供快速筛查,使 TSA 能够将资源集中在高风险和未知旅客身上。2013 年 12 月,第一个"预筛查"项目应用中心在印第安纳波利斯国际机场开始运行。美国公民和合法永久居民可以通过提供个人简历、指纹、支付以及身份和公民/移民文件来申请。这使得 TSA 能够通过关注未知的高风险个人,以最有效的方式提供最有效的安全性。

(3) 海外机场的安保措施。2017 年 3 月,为了提高全球航空安全的基准,TSA 在直飞

① 张君周.美国空警机上"无令状搜查、逮捕"行为的合宪分析[J].北京航空航天大学学报(社会科学版),2010.6:34-37.

② 指允许旅客将液体、凝胶和气雾剂装入一个容量不超过 3.4 盎司(约 100mL)的容器中,并需要将这些容器统一装入单一、透明、可重新密封的容量不超过 1 夸脱(约 1000mL)的塑料袋中。

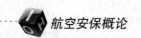

美国的海外机场制定了增强的安检措施。安保措施包括但不限于：加强对个人电子设备的检查；增加有关飞机和乘客区域的安保协议；使用先进技术，扩大嗅爆犬筛查范围，并与海外机场合作建立更多的预先清关地点。

5. 安保新技术的运用

20世纪80年代，因一系列藏在行李箱中的简易爆炸装置被发现，促使美国开发了类似于目前在美国各地机场使用的爆炸物探测系统（Explosive Detection System，EDS）。

鉴于2009年12月发生的"内裤炸弹"事件，2010年3月，TSA开始在美国机场正式安装数百个先进的成像技术装置。这些装置也被称为"全身扫描仪"，旨在检测非金属武器爆炸物和其他威胁，它们可以检测隐藏在衣服层下并可能逃避传统的金属。到2010年年底，全美大约部署了500台这样的机器。

2016年5月，TSA与行业伙伴合作，开始部署先进的自动安检通道。安全增强功能包括附在塑料筐上的独特射频识别标签，以对物品进行额外的确认，这些相机会拍摄行李外部的照片，并将这些照片与行李中物品的X射线图像关联起来。

2018年2月，美国开始进行人脸识别技术测试，TSA和洛杉矶世界机场合作展示了两种在洛杉矶国际机场试行的安全检查站技术。美国海关和边境巡逻队是该试点项目的合作伙伴，该项目使用面部识别技术来自动化身份识别和登机牌验证过程。第二个试点项目采用增强型高级成像技术装置，具有更高的检测能力。

2018年7月，TSA宣布计划在选定的美国机场检查站测试CT扫描仪，这是一种先进的3D技术。随着航空安保基准的不断提高，新技术增强了机场检查站的关键爆炸物和其他威胁物品检测能力。该系统应用复杂的算法来检测爆炸物，并创建一个3D图像，可以在三个轴上查看和旋转，以便TSA官员进行彻底的视觉图像分析。

6. 不循规和扰乱性旅客的应对

根据FAA的数据，从2021年年初至11月9日，机组人员自愿报告了5114起不循规和扰乱性旅客事件，其中与戴口罩有关的有3710起，973起已启动调查，239起已启动案件执法。[①]

2021年1月13日，美国联邦航空局局长史蒂夫·迪克森（Steve Dickson）签署了"FAA合规和执法计划（含变更7）"[②]，宣布启动对不循规和扰乱性旅客"零容忍"的制度，对不守规矩的航空公司乘客采取更严格的执法政策。从历史上看，对不循规和扰乱性旅客事件的处理方式包括从警告和咨询到民事处罚。在"零容忍"政策下，FAA将不会通过警告或咨询来处理这些情况，其将对任何袭击、威胁、恐吓或干扰航空公司机组人员的乘客采取执法行动。FAA可以针对不守规矩的乘客案件每次违规提出最高37000美元罚款的建议。以前，每次违规的最高民事罚款为25000美元，而一次事件可能包含多次违规。

此外，美国政府部门还设置了"禁飞名单"（No Fly List），其主要目的在于对恐怖分子和恐怖活动进行防范与控制，该名单并不对外公布，由政府部门统一纳入专门的数据库管理。

---

① 参见 http://www.faa.gov，其中不包括由TSA负责处理的安全违规事件，最近一次访问在2021年11月12日。
② 参见 2150.3C - FAA Compliance and Enforcement Program w/Change 7。

（二）欧盟的航空安保措施

现在的欧盟（European Union，EU）成立于1993年11月1日，英国脱欧后，目前成员国共有27个。尽管欧盟并不是一个统一的国家，但其已是欧洲地区规模较大的区域性经济合作的国际组织。成员国已将部分国家主权让渡给欧盟（主要是经济方面，如货币、金融政策、内部市场、外贸，也包括外交政策，欧盟各国的外交政策受欧盟委员会约束），加上欧盟委员会（行政权）连同具政治影响力的欧盟理事会、欧洲议会（立法权）和欧洲法院（司法权），令欧盟越来越像联邦制国家。在航空安保法规、政策和措施等方面，欧盟各国在欧洲民航会议的建议和欧盟委员会的规章框架范围内保持了一致。

1.《关于民用航空安保领域通用基准的条例》

2008年3月11日，欧盟通过了《关于民用航空安保领域通用基准的条例》（No.300/2008（EC）），取代2002年12月16日制定的No.2320/2002（EC）条例，而其本身也被以下条例予以补充和修订：2009年4月2日的No.272/2009（EC）[①]、2009年12月18日的No.1254/2009（EU）[②]和2010年1月8日的No.18/2010（EU），这些补充和修订的内容主要涉及以下几个方面：在欧盟机场筛查液体、气溶胶和凝胶的规定；在欧盟机场使用安保扫描仪的规定；允许欧盟成员国低于民用航空安保通用基准运行并采取替代安保措施的标准；有关国家航空安保质量控制方案的规范。《关于民用航空安保领域通用基准的条例》是欧盟航空安保的主要文件。该条例规定了关于航空安全的通用规则和基本标准以及监督其实施的程序，其适用于欧盟的所有民用机场，以及向这些机场提供商品或服务或通过这些机场提供商品或服务的航空公司和其他个人或企业。

该条例主要规定了以下内容。

（1）保护民用航空的通用基本标准。这些标准包括：对旅客和随身行李进行安检，以防止禁止携带的武器和爆炸物等物品登机；托运行李（乘客托运的行李）在装载前也要经过检查；机场安全（例如对机场不同区域的访问控制、工作人员检查和车辆检查以及监控和巡逻以防止未经授权的人员进入这些区域）；在起飞前保护飞机和飞机安全检查或搜查，以确保飞机上没有违禁物品；货物和邮件装上飞机前的安全控制，从2014年7月起，从非欧盟机场将货物运入欧盟的航空承运人应遵守"ACC3计划"，以确保根据欧盟标准对货物进行实际检查，为此，相关成员国的主管当局在第三国机场进行现场检查；机场商品（即打算在免税商店和餐馆出售的商品）和机上用品（例如乘客的食物和饮料）的安全控制；员工招聘和培训；安保设备性能（即用于检查和访问控制的设备符合规定并能够执行相关的安保控制）。

（2）《〈关于民用航空安保领域通用基准的条例〉实施细则》（No.2015/1998〈EU〉）。该条例于2015年11月5日获得通过，它为实施No.300/2008（EC）的安全标准制定了详细的措施，并废除了之前经过20多次修订的No.185/2010（EU）。自通过起至2021年，实施细则No.2015/1998（EU）本身已经过数次修订，当前版本为2021年7月1日的修订版。

这些修正案修改了被认可适用于欧盟国家标准的非欧盟国家名单，并引入了关于以下方面的新规则——机场安检；飞机安全；液体、气溶胶和凝胶的检查、托运行李、货物和邮件、

---

① 该条例又为2010年4月9日的No.297/2010（EU）、2011年7月22日的No.720/2011（EU）、2011年11月10日的No.1141/2011（EU）和2013年3月19日的No.245/2013（EU）所修订。

② 此后为2016年11月30日的No.2016/2096（EU）所修订。

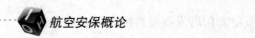

机上用品；员工招聘和培训；安全设备；背景调查以增强安保文化和弹性；性能标准；鞋类爆炸物检测设备和爆炸物蒸气检测设备的使用。

（3）欧盟国家以及机场和运营商的义务。欧盟国家必须做到：指定一个负责航空安保的机构；制定国家航空安保计划，以确定实施共同基本标准的责任；建立国家航空安保质量控制计划，检查航空安保质量。机场、航空公司和各相关实体必须确定和实施安保计划以及确保内部质量控制。

（4）委托检查。欧盟委员会与国家当局合作进行检查，包括对机场、航空公司和其他相关人员或企业的突击检查。任何不足都必须由国家主管部门予以纠正。国家当局负责初级质量控制和执法，因此必须对机场、航空公司和其他相关人员或企业进行审计和检查。

（5）与非欧盟国家航空安保标准的互认。欧盟可以承认非欧盟国家的航空安全标准等同于欧盟标准，以实现"一站式安保"。这意味着，例如，抵达欧盟机场并转机至其他目的地的乘客将不再需要重新安检。这将为旅客带来更快的中转、更低的成本和更大的便利。"一站式安保"是欧盟航空安保立法的目标之一。例如，自2012年6月起，欧盟和美国相互承认对方的航空货运安保制度，无论货物是全货运还是客运航班。因此，在欧盟和美国之间运输货物的航空承运人不需要适用任何额外的欧盟或美国的要求。2018年2月6日，欧盟和新加坡签署了"一站式安保"协议，允许来自新加坡樟宜机场的乘客携带的随身行李和托运行李在转乘欧盟和欧洲经济区机场的转机航班时，无须再次接受安全检查。

2. 其他相关立法文件

为了贯彻实施《关于民用航空安保领域通用基准的条例》(No.300/2008〈EC〉)，2010年1月26通过了《欧盟委员会航空安保检查执行程序》(No.72/2010〈EU〉)，2009年12月18日的委员会条例No.1254/2009(EU)设定了标准，允许成员国降低民用航空安保的共同基本标准并采取替代安保措施。

欧洲航空安保政策基于与成员国和利益攸关方的密切协调。欧盟委员会有效地参与了国际民用航空组织(ICAO)的所有相关活动，并与主要的第三国合作伙伴和地区组织充分接触。

3. 不循规和扰乱性旅客的应对

根据统计，在欧洲航空安全局(European Aviation Safety Agency，EASA)成员国的运营商根据法规No.376/2014(EU)中的定义报告的涉及的不循规和扰乱性旅客的事件中，每3小时，欧盟境内的航班安全就会受到乘客不守规矩或破坏性行为的威胁。这些事件中有72%涉及某种形式的人身攻击行为。事件升级到迫使飞机紧急着陆的情况每月都会发生一次。与2017年相比，2018年报告的事件数量增加了34%。

为此，EASA发起了"not on my flight"的行动，加大了对扰乱性行为违法认知的宣传，同时也加大了对此类行为的打击力度。

（三）我国的航空安保措施

从中华人民共和国成立至20世纪80年代末以前，我国民航归属军方管理，民航规模小、飞机少，航空业并不发达。1980年，全国民航只有140架运输飞机，且载客量仅20～40人，载客量100人以上的中大型飞机只有17架，机场只有79个。因此，在这个时期，航空安保并不是我们必须面对的重要问题，但并不是说当时我们完全不受非法行为的干扰，为了防止驾机叛逃的事件发生,我们提出了确保"空中防线"安全的要求。1957年10月5日,周恩来总理在民航局上报的《中缅通航一周年半的情况报告》上批示:"保证安全第一,改善服务工作,争取飞行正常。"后来,这三句话逐渐成为民航工作的指导方针。

从我国发生过的劫持航空器事件可以看出,20世纪70—80年代,我国发生的劫机数为12起,约占总数的20%不到。90年代以后,我国开始进入非法干扰事件的相对高发期。同时,随着我国民航业的迅速发展,运输量的增大,购买机票不再有各种限制,搭乘飞机的旅客绝对数量大幅上升,各类扰乱行为也逐渐增多。针对各阶段航空安保形势的变化,我国航空安保的应对措施主要包括以下几个方面。

1. 组织和监管①

1981年,我国组建了民航总局公安局,执行公安部业务局权限,主要负责我国的航空安保工作,职责主要有飞机空中的安全保卫,严防劫持、破坏飞机事件的发生和机场工作区域,候机室公共场所的治安管理等。民航总局公安局列入公安部编制序列,受民航总局和公安部双重领导。民航所属各公安处、分处受所在单位党政领导。在公安保卫业务上,受民航总局公安局和所在省、市、自治区公安厅(局)双重领导。

在客舱安保方面,我国最早在飞机上派驻空保人员是在1973年。当时,国务院、中央军委针对20世纪60年代末70年代初国际社会劫机事件频发的状况,决定在国际航班上派遣安全员,组建了航空安全员队伍,执行安全保卫任务。到1982年,国务院批准在国际和国内主要干线航班增配安全员。1982—1983年,我国连续发生了几起社会影响较大的劫机案。1983年,中央根据当时国内治安形势的发展变化和保证空防安全的需要,决定将机上安全员工作改由武警承担。1987年,国务院再次批准民航组建航空安全员队伍。此外,"9·11"事件之后,我国从2002年开始着手成立空警队伍。当时的民航空中警察队伍的组建分两步走:一是一次性录用绝大部分民航现有的空中安全员;二是从各地的公安民警中选调部分人员,最终组成现在的空中警察队伍。2003年10月1日,我国第一批空中警察正式上岗。

在民航安检方面,1992年,原本由武警承担的安检工作转交给民航,由民航运输机场承担。

2001年,我国成立了国家处置劫机事件领导小组,负责航空器劫持事件的协调和处置,并于次年出台了《国家处置劫机事件总体预案》。

2018年12月,依据《行业公安机关管理体制调整工作方案》,按照"警是警、政是政、企是企"的要求,明确对民航公安实行双重领导,以公安部领导为主。

在监管和质量控制等方面,我国主要出台了《国家民用航空安保质量控制计划》《国家民用航空安全保卫方案》《国家民用航空安全保卫培训方案》《民用航空安全保卫审计规则》和

① 组织和监管方面涉及的通知文件主要包括:国务院批转民航总局、公安部关于组建民航公安机构的请示报告(国发〔1981〕109号);中国民用航空局关于民航组建航空安全员队伍若干问题的通知(〔87〕民航局字第104号);中国民用航空局关于下发《民航地区管理局公安局、机场公安分局、航空公司保卫处职责》的通知(民航局发〔1989〕166号);中国民用航空局关于民航机场组建安全检查和消防机构有关问题的规定(民航局发〔1991〕392号);中国民用航空局关于改变机场安全检查工作体制问题的通知(民航局发〔1993〕113号);国务院办公厅、中央军委办公厅关于成立国家处置劫机事件领导小组的通知(国办发〔2001〕19号);民航总局关于成立国家处置劫机事件领导小组办公室及总局公安局机构编制调整的通知(民航人发〔2001〕170号);国务院办公厅、中央军委办公厅关于调整国家处置劫机事件领导小组组成人员的通知(国办发〔2003〕46号)和《空中警察管理规定(试行)》(民航公发〔2005〕78号)等。

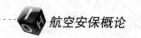

《中国民用航空监察员管理规定》等文件。

2. 民航安全检查的发展①和措施

国内民航组建初期至 20 世纪 70 年代末，由于对于乘机人有较为严格的限制，必须凭介绍信才能购买机票。乘机人的身份比较单纯易判断，不容易发生危害航空安全的事件。因此，在那段时期，我国航空安保的压力并不大。至 70 年代末期，鉴于国际社会的呼吁和我国国内面临的空防安全的压力，公安部与民航总局在 1979 年 5 月联合派出考察团，赴法国、瑞士考察其机场安全检查工作。考察团回国后，分别于 1979 年 6 月 20 日和 6 月 27 日向国务院递交了两份考察报告，详细介绍了外国机场的安全检查设备、方法等，并提出了自己的建议。

1980 年 9 月，国务院批准了公安部、民航总局的报告，同意对国际航班实施安全检查。1980 年 10 月底，公安部边防总局在北京召开了全国 10 个空港边防检查站（10 个有国际航班的机场）的会议，为实施安全检查工作做准备。1981 年 3 月 15 日，公安部发布了关于航空安全检查的通告，并决定自 4 月 1 日起对民航国际航班实施安全检查。11 月 1 日，又开始对民航国内航班实施安全检查，从此中国的安检工作走上了新的发展道路。

由于安全检查工作刚开始，故只是对国际航班实施检查，所以检查工作就由边防检查站负责。从 1981 年 11 月 1 日开始，全面的安全检查工作展开，此项工作就由民航公安保卫部门负责，但这一时期安检工作还不完善。到了 1983 年 7 月，武警安全检查站成立，安检工作由武警部队全面负责，这一时期，安检管理体制逐步形成了。1992 年 4 月，安全检查工作移交民航。迄今为止，我国民航安检工作一直授权给各机场负责具体实施。

在有关旅客随身行李物品或托运行李方面，我们在不同时期提出了不同的要求，目前有关这方面的文件主要是《民航旅客禁止随身携带和托运物品目录》和《民航旅客限制随身携带或托运物品目录》，其中对旅客能够携带和托运的各类物品进行了限制和规范。

在旅客行为分析方面，我国于 2013 年 8 月 5 日发布了《民航安检现场旅客异常行为识别技术指南》(MD-SB-2013-006)。

一直以来，我国还注重安保设备标准的制定和应用，同时注重新技术的采纳。例如，我国对机场的安全保卫设施、X 射线机、安全门和机场安全防范监控系统技术规范等都制定有民航行业标准。为了应对安保形势的变化，我国积极采用新技术和新设备，例如，液态物品检查仪、痕量爆炸物安全检查设备、断层扫描仪和毫米波安全探测门等，将这些设备纳入《民用航空安全检查设备目录》并通过管理文件明确其技术标准，为新技术、新设备的推广使用铺平道路。

此外，我国还努力探索差异化安检的模式。所谓差异化安检，是指安检现场闸机系统通过民航公安情报云平台采集各类相关人员信息，经由系统评估后对旅客进行分类，安检员根据旅客类别采取不同等级的检查标准并进行安全检查。安全信用较好的民航常旅客可分流至"快捷通道"接受安检，从而节省安检时间，提升乘机体验，同时也可以节约资源用于重点旅客的筛查。2018 年年底，深圳机场在我国率先采用差异化安检模式。

---

① 部分内容参见似水清远："中国民航安检发展史"，载于 https://mp.weixin.qq.com/s/Jl9SzQf3qs1ZEsOHz-rqgw，最近一次访问在 2021 年 10 月 20 日。

3. 法律法规和政策的规制

在航空安保几十年的发展过程中,我国逐渐形成了较为完善的航空安保法律法规体系。一方面,我们积极寻求国际合作,参与航空安保国际公约的制定并批准相关公约;另一方面,我国也不断完备国内航空安保法律、法规和规章。我国航空安保法律体系如表 10.1 所示。

表 10.1　我国航空安保法律体系

国际公约	《国际民航公约》《东京公约》《海牙公约》《蒙特利尔公约》及其补充议定书
法律	《中华人民共和国民用航空法》《中华人民共和国安全生产法》《中华人民共和国反恐怖主义法》《中华人民共和国刑法》《中华人民共和国治安管理处罚法》
行政法规	《中华人民共和国民用航空安全保卫条例》
规章	《民用航空安全检查规则》《航空安全员合格审定规则》《公共航空旅客运输飞行中安全保卫工作规则》《公共航空运输企业航空安全保卫规则》《民用航空运输机场航空安全保卫规则》《民用机场航空器活动区道路交通安全管理规则》《外国航空运输企业航空安全保卫规定》等

在积极立法的同时,我国在不同时期也颁布了大量的规范性文件、通知或公告,以加强和指导航空安保工作。

4. 积极参与国际合作

中华人民共和国于 1971 年 10 月恢复了在联合国的合法席位,1974 年 9 月 24 日至 10 月 15 日,我国首次参加国际民航组织大会并当选为理事国。

自参加国际民航组织活动以来,在航空安保及反恐方面,我国先后批准加入了《东京公约》《海牙公约》《蒙特利尔公约》及其补充议定书、《反对劫持人质国际公约》《制止恐怖主义爆炸国际公约》《制止向恐怖主义提供资助的国际公约》《制止核恐怖主义行为国际公约》《打击恐怖主义、分裂主义和极端主义上海公约》。我国作为签署国但尚未批准的有《北京公约》《北京议定书》《蒙特利尔议定书》。《关于注标塑性炸药以便探测的公约》我国尚未批准加入,但在 2001 年 3 月 20 给国际民航组织的通知中,我国明确该公约在 1997 年 7 月 1 日以后仍适用于香港特别行政区。同时,根据该公约第三条,我国政府还希望做出以下声明:香港特别行政区不是塑料炸药的生产区。在上述范围内,对该公约缔约国的国际权利和义务的责任将由中华人民共和国承担。

除批准加入各公约外,我国还积极参加国际民航组织的活动,认真履行国际公约义务,扩大和其他国家之间航空安保和反恐领域的交流与合作,其中包括安全检查措施、技术手段、情报信息、空警执法及培训等。

5. 不循规和扰乱性旅客的应对

对于此类旅客,我国始终贯彻惩罚和教育相结合的原则,一方面加大宣传,另一方面对于扰乱机场和客舱等现场秩序的旅客严格依法依规处理。目前,对这类旅客实施的扰乱行为主要依照《治安管理处罚法》予以行政处罚。

值得一提的是,2015 年 6 月,社会信用体系建设部际联席会议门户网站"信用中国"上线。2015 年,民航局发布了《加强民航法治建设若干意见》,提出依法规范航空运输安全"旅客黑名单"制度,明确列入"旅客黑名单"的事项缘由、条件认证和办理程序。2016 年初,中

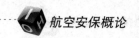

航协发布了《民航旅客不文明行为记录管理办法(试行)》(以下简称《办法》)。同时,国内五大航空公司联合发布《关于共同营造文明乘机大环境的联合声明》,将合力对不文明旅客采取限制措施。但中航协作为行业协会是否能成为"黑名单"确认主体,这一点依然备受争议。2017年1月,国家发改委等五部门发布《关于加强交通出行领域信用建设的指导意见》,其中要求民航部门要推动航空公司和机场严格执行《办法》,对扰乱航空运输秩序且已危及航空安全、造成严重社会不良影响,或依据相关法律、法规、民航规章应予以处罚的行为进行记录。2018年3月,国家发改委等八部门又发布了《关于在一定期限内适当限制特定严重失信人乘坐民用航空器 推动社会信用体系建设的意见》,在中航协《办法》规定的不文明行为的基础上,通过增改,最后确定了9类不文明行为人在被公安机关处以行政处罚或被追究刑事责任的情形下,应被限制乘坐民用航空器。2018年6月,第一期民航限制乘坐民用航空器严重失信人名单在"信用中国"网站公布,现行民航不文明旅客"黑名单"制度("民航限制乘坐民用航空器严重失信人名单")从此正式开始实施。此后,我国开始每月定期公布"黑名单"。被列入名单的旅客在公示期满后的一年之内不能再搭乘民用航空器。仅从2020年4月至2021年3月正在公示的信息看,就有5860人尚在"黑名单"之列。该制度的实施有力地打击了不文明旅客的违法行为,有效地预防了类似行为的反复高发,保证了航空运输的秩序和安全。

需要注意的是,尽管我们在阐述国际组织和部分国家及地区的航空安保应对措施时各有侧重,但鉴于航空活动的国际性及全球化的深入,实际上,自1974年国际民航组织发布附件17以来,各国均把该附件及其指导材料《航空安保手册》(Doc.8973)作为其国内航空安保工作的实施标准,各国在应对航空运输安保威胁时的对策逐渐趋同,关注点也在重合。例如,当前各国除在采取上述措施的同时,也都在密切关注网络安保、无人机监管和陆侧安保等相对新的挑战和威胁,努力加大航空安保文化建设,谋求从过去的被动安全向主动安全和持续安全过渡。

 扩展阅读

国际民航组织

国际民航组织的前身是国际空中航行委员会(International Commission for Air Navigation,ICAN),后者依《空中航行管理公约》(《巴黎公约》)于1919年10月13日创立。第二次世界大战极大地促进了飞机技术的发展,期间建立了庞大的客运和货运网络,但在将这些设施和航线广泛运用于民航方面仍然存在着许多政治和技术方面的障碍。在与主要盟国进行研究和磋商之后,美国政府于1944年邀请了55个国家参加11月1日至12月7日在芝加哥举行的国际民用航空会议。受邀的55个国家中有54个参加了芝加哥会议,到会议结束时,其中52个国家签署了《国际民用航空公约》(又称《芝加哥公约》),为和平的全球空中航行的标准和程序奠定了基础。它将"以安全有序的方式"发展国际民用航空作为其首要目标,从而"在机会均等的基础上建立航空运输服务,并以稳健和经济的方式运营"。《国际民航公约》还正式确立了建立一个专门的国际民用航空组织(ICAO)的期望,以便组织和支持刚刚起步的全球航空运输网络所需要的国际的紧密合作。国际民航组织在1947年4月4日随着《国际民航公约》的生效而正式成立,并于同年成为联合国的专门机构。在正式成立

前,1946 年 6 月 6 日,加拿大蒙特利尔以 27 票被选为该组织的永久总部所在地。

国际民航组织由大会、理事会和秘书处三大机构组成,其当前的战略目标包括航空安全、空中航行能力和效率、航空安保和简化手续、航空运输经济发展和环境保护五个方面。核心任务是帮助各国在民用航空规章、标准、程序和组织方面尽可能实现最高程度的统一。

在迈向现代航空运输时代的这一进程中,《国际民航公约》附件的数量不断在增加和修订,现在已经包括 12000 多项国际标准和建议措施(Standard and Recommended Practices,SARPs),所有这些都得到了国际民航组织 193 个成员的一致同意。这些标准和建议措施,以及在过去几十年中代表航空运输运营商和制造商的巨大技术进步和贡献,已经实现了现在被认为是社会经济发展的关键驱动因素和人类最伟大的合作成就之一——现代国际航空运输网络。

 扩展阅读

欧盟成立简史

1951 年 4 月 18 日,西德、荷兰、比利时、卢森堡、法国、意大利六国签署《巴黎条约》,决定成立欧洲煤钢共同体,合作推动煤与钢铁的生产销售。1952 年 7 月 23 日,该条约生效,欧洲煤钢共同体正式成立。

1957 年 3 月 25 日,六国在罗马签署《罗马条约》。1958 年 1 月 1 日,该条约生效,正式成立欧洲经济共同体和欧洲原子能共同体,旨在创造共同市场,取消会员国间的关税,促进会员国间劳力、商品、资金、服务的自由流通。

1965 年 4 月 8 日,六国签订《布鲁塞尔条约》,决定将煤钢共同体、原子能共同体和经济共同体所属机构加以合并,统称为"欧洲共同体"。1967 年 7 月 1 日,该条约生效,欧洲共同体正式成立。

1992 年 2 月 7 日,《马斯特里赫特条约》签订,设立理事会、委员会、议会,逐步由区域性经济共同开发转型为区域政经整合的发展。

1993 年 11 月 1 日,《马斯特里赫特条约》生效,欧洲联盟正式成立,欧洲三大共同体纳入欧洲联盟,同时发展共同外交及安全政策,并加强司法及内政事务上的合作。

伦敦时间 2020 年 1 月 31 日 23 时,英国正式"脱欧",结束其 47 年的欧盟成员国身份。

第二节 恐怖主义威胁

危害空防安全行为的产生有其深刻的社会原因,宗教矛盾、民族或种族冲突、社会经济发展不平衡以及贫富差距悬殊等都可能是危害空防安全行为产生的深层次的原因,当然,这些也是很多社会犯罪产生的原因。从目前看,危害空防安全行为的来源主要集中在恐怖主义、反社会行为以及法律或安全意识淡薄的群体等。其中尤以恐怖主义为甚,从某种程度而言,当今航空安保的主要任务就是预防和控制恐怖袭击,避免造成人员和财产的重大损失。

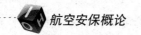

一、恐怖主义溯源

"恐怖主义"一词不是从来就有,但恐怖活动却要远早于"恐怖主义"而存在。有学者认为,世界上最早的恐怖活动可以追溯到古代奴隶制国家的亚述帝国,他们对巴比伦人的残酷杀戮和恐怖统治被认为是最早的国家恐怖主义。早在公元1世纪,为了反抗古罗马帝国的入侵,犹太狂热党(奋锐党)人曾对与古罗马人合作的犹太贵族进行政治暗杀,还在古罗马帝国的水井和粮仓中下毒,甚至破坏耶路撒冷的供水系统。犹太狂热党因此可以被视为世界上最早的恐怖组织。刺杀行为在东西方都存在,西方有公元前44年古罗马凯撒大帝遇刺事件。依《战国策·燕策三》记述,中国也有荆轲刺秦王的刺杀君王行为。此外,司马迁的《史记·刺客列传》也有类似事件的记载。

依据现有的研究,绝大部分学者认为,"恐怖主义"这个概念的产生是在法国大革命时期。1789年7月14日,巴黎起义者攻占了象征君主专制统治的巴士底狱,法国大革命爆发。随着革命形势的发展,巴黎出现了一批革命团体,其中雅各宾俱乐部、科德利埃俱乐部在革命中发挥了巨大的作用。1791年6月20日,路易十六乔装出逃失败,部分激进领袖和民众要求废除王政,实行共和;君主立宪派则主张维持现状,保留王政。7月16日,君主立宪派从雅各宾派中分裂出去,成立了斐扬俱乐部。1791年10月1日,立法议会召开,法国成为君主立宪制国家。在周边的国家组成联军攻打法国之后,法国军队由于战败而使新政权陷入危险局势,以平民为主体的巴黎人民再次掀起共和运动的高潮。雅各宾派领袖罗伯斯庇尔、马拉、丹东领导反君主制运动,于1792年8月10日攻占国王住宅杜伊勒里宫,拘禁了国王、王后,打倒了波旁王朝,推翻了立宪派的统治。之后吉伦特派上台,并于9月22日成立"法兰西第一共和国"。由于吉伦特派对国内投机商哄抬物价的行为过于温和,在和外部联军的战斗中又遭遇失败,很快在巴黎人民的第三次起义中被推翻,雅各宾派开始上台执政。在1793—1794年执政期间,由于局势不稳,政权处于内忧外患之中,雅各宾派决定全民皆兵,采用所谓高压政策稳固政权,通过大量拘捕和处死的方式肃清反对派。雅各宾派在这一时期的专政统治后被称为"恐怖统治"。因为在这一时期,"恐怖主义"并不是一个贬义词,经常被赋予积极的含义,甚至雅各宾派的领导人罗伯斯庇尔还认为,"没有美德,恐怖是有害的;没有恐怖,美德就是无力的"。他还认为,"恐怖就是严厉不可动摇的正义"。

19世纪至20世纪初,受法国大革命影响,有一些反抗专制统治的个人和群体自称为"恐怖主义者"。意大利的共和主义者Carlo Pisacane提出了"以行动做宣传"的口号。后来,反抗者和无政府主义者为了反对政府统治,实施了一系列针对政府官员的暗杀和袭击,他们认为通过这种方式可以迅速推翻政权。然而,事实上,这些行为既无法实现反抗政权、推翻统治的目标,也不能实现所谓的宣传。

20世纪40年代至60年代,殖民地国家争取民族解放和独立的运动兴起,其中也出现了一些激进行为。在西方国家看来,这些暴力行为都是恐怖行为,而在大多数第三世界国家看来,这些实施反抗殖民统治的人都是"自由战士",是弱者反抗强者的不得已的选择。

从20世纪60年代末开始,恐怖主义迅速蔓延,显现出性质多元化、手段多样化和范围国际化等特点。在袭击目标方面也日益扩大,大量的无辜人员成为恐怖分子袭击和杀害的目标。国际社会把恐怖主义称为"20世纪的政治瘟疫"。1972年9月5日,巴勒斯坦激进派组织"黑色九月"进入联邦德国慕尼黑奥运会奥运村的以色列运动员居住的公寓,在现场和之后与西德警方的谈判和枪战中,杀死了11名以色列运动员,引起了国际社会的极大震动。国际社会很快对此做出反应,当年12月18日,联合国大会通过了第3034号决议,组成了"国际恐怖主义问题特设委员会",试图对恐怖主义进行分析和思考,并提出相应的反恐措施。

当前国际社会中基本没有国家会公开声称支持恐怖主义的暴力行径。其实早在20世纪初,列宁就明确表示,不能把恐怖主义作为无产阶级革命的策略和手段。20世纪80年代,阿拉法特领导的巴勒斯坦解放组织也明确宣布摒弃恐怖主义,同时谴责恐怖主义的立场。

1991年年底,苏联解体,"冷战"结束。之后,很多武装组织为了自身的生存和发展开始谋求全球化的策略,恐怖主义在世界范围内进行着网络化的组织构建,恐怖活动发生的地域出现了明显的扩大化趋势。

"9·11"事件发生后,国际社会虽然加强了反恐斗争的力度,在国际合作方面也取得了更大的进展,但恐怖事件仍然时有发生,在目前全球的政治、经济和社会环境下,国际社会似乎还没有找到有效的解决办法,和恐怖主义的斗争仍然"在路上"。

二、恐怖主义的界定

从恐怖主义的演变过程我们可以看出,国际社会很难对"恐怖主义"一词形成一个为世界各国广泛接受的定义。基于不同的民族、宗教和政治立场等,"恐怖主义"在不同的国家和不同的时代都有着不同的内涵。所谓"一个人眼中的恐怖分子却是另一个人眼中的自由斗士",指的便是立场不同导致的判断相悖。国际社会给"恐怖主义"下了很多定义。即便如此,在当前形势下,出于共同打击恐怖主义的目的以及恐怖主义的自身表现,国际社会仍然在恐怖主义的某些基本要素上能够达成一致。

荷兰学者亚里克斯·施密德(Alex Schmidt)曾在《政治恐怖主义》一书中对之前各专业学者给出的109个"恐怖主义"的定义进行了分析,中国学者胡联合在其《当代世界恐怖主义与对策》中也做了类似的统计和研究。通过研究,他们都发现,不同的定义中存在着不少共同的要素,例如,多数定义都包括暴力(威胁)、政治性、恐惧的心理影响以及有计划、有组织等。实际上,恐怖主义界定的难点通常在国家是否能成为恐怖主义行为的主体以及恐怖主义和非恐怖主义暴力如何区别的问题上。

美国国务院在2000年4月发布的1999年《全球恐怖主义模式》的报告定义部分,指出"恐怖主义"一词是指次国家团体或秘密特工对非战斗人员目标实施的有预谋的、有政治动机的暴力,通常目的是影响受众。[①]

2006年俄罗斯的《反恐怖主义法》第一条规定,所谓恐怖主义,是指"以恐吓居民和(或)实施其他暴力违法行为,影响国家权力机关、地方自治机关或国际组织作出决定的暴力思想和行为"。

"恐怖"(terror)一词来源于拉丁语词根terrere,作为一个外来词汇,其为中国人民熟知还是在美国"9·11"事件发生之后。在我国《反恐怖主义法》颁布实施之前,我国国内法中尚无对"恐怖主义"的法定定义。

---

① 参见 *Patterns of Global Terrorism* 1999,载于 http://1997-2001.state.gov/global/terrorism/1999report/patterns.pdf,最近一次访问在2021年10月20日。

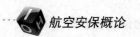

哈萨克斯坦共和国、中华人民共和国、吉尔吉斯共和国、俄罗斯联邦、塔吉克斯坦共和国和乌兹别克斯坦共和国六国于2001年6月15日在上海签署的《打击恐怖主义、分裂主义和极端主义上海公约》第一条中将"恐怖主义"定义为:"1.为本公约附件(以下简称"附件")所列条约①之一所认定并经其定义为犯罪的任何行为;2.致使平民或武装冲突情况下未积极参与军事行动的任何其他人员死亡或对其造成重大人身伤害、对物质目标造成重大损失的任何其他行为,以及组织、策划、共谋、教唆上述活动的行为,而此类行为因其性质或背景可认定为恐吓居民、破坏公共安全或强制政权机关或国际组织以实施或不实施某种行为,并且是依各方国内法应追究刑事责任的任何行为。"

在我国,由于2015年年底《反恐怖主义法》的颁布实施,2011年10月29日通过的《全国人民代表大会常务委员会关于加强反恐怖工作有关问题的决定》自2016年1月1日起废止。因此,有关恐怖主义的相关概念也自然以《反恐怖主义法》为准。

依据《反恐怖主义法》第三条的规定,各定义表述如下。

"恐怖主义,是指通过暴力、破坏、恐吓等手段,制造社会恐慌、危害公共安全、侵犯人身财产,或者胁迫国家机关、国际组织,以实现其政治、意识形态等目的的主张和行为。

恐怖活动,是指恐怖主义性质的下列行为:

(一)组织、策划、准备实施、实施造成或者意图造成人员伤亡、重大财产损失、公共设施损坏、社会秩序混乱等严重社会危害的活动的;

(二)宣扬恐怖主义,煽动实施恐怖活动,或者非法持有宣扬恐怖主义的物品,强制他人在公共场所穿戴宣扬恐怖主义的服饰、标志的;

(三)组织、领导、参加恐怖活动组织的;

(四)为恐怖活动组织、恐怖活动人员、实施恐怖活动或者恐怖活动培训提供信息、资金、物资、劳务、技术、场所等支持、协助、便利的;

(五)其他恐怖活动。

恐怖活动组织,是指三人以上为实施恐怖活动而组成的犯罪组织。

恐怖活动人员,是指实施恐怖活动的人和恐怖活动组织的成员。

恐怖事件,是指正在发生或者已经发生的造成或者可能造成重大社会危害的恐怖活动。"

三、恐怖主义的类型和特征

(一)恐怖主义分类概述

恐怖主义可以从不同的角度进行不同的分类。例如,从实施的主体来看,可以分为国家

---

① 这些条约包括:一、1970年12月16日在海牙签署的《关于制止非法劫持空器的公约》;二、1971年9月23日在蒙特利尔签署的《关于制止危害民用航空安全的非法行为的公约》;三、1973年12月14日联合国大会通过的《关于防止和惩处侵害应受国际保护人员包括外交代表的罪行的公约》;四、1979年12月17日联合国大会通过的《反对劫持人质国际公约》;五、1980年3月3日在维也纳通过的《核材料实物保护公约》;六、1988年2月24日在蒙特利尔签署的作为对《关于制止危害民用航空安全的非法行为的公约》补充的《制止在为国际民用航空服务的机场上的非法暴力行为的议定书》;七、1988年3月10日在罗马签署的《制止危及海上航行安全非法行为公约》;八、1988年3月10日在罗马签署的《制止危及大陆架固定平台安全非法行为议定书》;九、1997年12月15日联合国大会通过的《制止恐怖主义爆炸事件的国际公约》;十、1999年12月9日联合国大会通过的《制止向恐怖主义提供资助的国际公约》。

恐怖主义和次国家团体和个人的恐怖主义；从实施手段和方式的角度看，可以分为爆炸、暗杀、劫持人质、劫持公共交通运输工具、生化核武器攻击、网络攻击和生态恐怖主义[①]等；从恐怖主义的动机出发，可以分为极左型、极右型、民族极端型、宗教极端型等。此外，还有人从政治目标出发，将恐怖主义分为革命型、次革命型和建制型三类。

由于大多数对"恐怖主义"的界定中没有将国家恐怖主义明确纳入其中。因此，目前我们讨论的"恐怖主义"实施主体是指一国政府以外的组织或个人。

随着科技和社会的发展，恐怖主义行为的手段和方式层出不穷，并不断变化和翻新，因此，从手段和方式角度的划分虽然有利于提出具体的应对措施，但弊端也很明显：首先，这种分类难以穷尽所有的方式，必定存在遗漏，缺乏周延性和概括性；其次，手段和方式难以反映其背后真实的内在动机，在"治标"的同时难以"治本"。

基于政治目标的分类中，革命型恐怖主义可以说是最常见的形式。此类恐怖主义的实践者寻求完全废除政治制度并以新结构取而代之。次革命型恐怖主义并不常见，其目的不是为了推翻现有政权，而是为了修正现有的社会政治结构。由于这种修正通常是通过推翻现有政权的威胁来实现的，因此次革命团体更难识别，非洲国民大会和其运动在南非结束种族隔离制度可以算是其中一个例子。建制型恐怖主义，通常被称为国家或国家支持的恐怖主义，由政府——或更常见的是政府内部的派系——利用来反对政府的公民、政府内部的派系或外国政府或团体。

综观我国有关恐怖主义的理论著述，从恐怖主义的动机角度的分类是目前为我国理论界广为接受的一种分类方式。

（二）从动机角度的主要分类

1. 极左型恐怖主义

20 世纪 60—70 年代，在"冷战"期间，由于美苏两国处于严重的对立状态，它们在中东和拉美等地区各自发展自己的势力，扶持反对对方的势力，其中也包括一些极端组织。此外，60 年代中后期，西方一些国家经济增速放缓，一些要求社会变革的激进分子开始组成极左型恐怖主义团体，大肆实施暗杀、爆炸、绑架等活动，希望通过这些极端行为来实现他们所谓"革命"的目的。20 世纪 90 年代初，"冷战"结束，西方各国也开始通过立法、调整政策等手段分化、瓦解和打击极左型恐怖主义组织，加之失去了人民的支持，极左型恐怖主义日渐式微，渐渐趋于销声匿迹。

2. 极右型恐怖主义

极右型恐怖主义也产生于 20 世纪 60—70 年代，在 60 年代初黑人民权运动的背景下，白人至上主义开始抬头，同时，他们也反对社会变革。进入 80 年代以后，大批第三世界国家的移民、难民进入西方国家，这直接引发了种族主义的升级。极右型恐怖主义除主张白人至上，打击犹太人和有色人种，坚持种族排外以外，他们在政治上还趋于保守，反对社会主义，崇尚法西斯主义和极权主义等。极右型恐怖主义组织通过暗杀政府官员、袭击有色人种或者实施针对平民的爆炸等手段来宣传他们的主张和理念。"冷战"结束以后，极右型恐怖主

---

① 生态恐怖主义被用来描述为实现政治目标或战争行为而实施的环境破坏行为，例如，在波斯湾战争期间，伊拉克军队焚烧科威特油井。

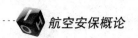

义一度甚嚣尘上,近年来,随着欧洲移民的迅速增加,极右型恐怖主义又有兴盛发展的趋势。

3. 民族极端型恐怖主义

民族极端型恐怖主义通常是指极端化的民族分离主义,他们一方面希望实现民族独立和解放,另一方面也希望分属于不同国家的同一民族从各自国家分裂出来组成单一的民族国家。由于混杂着第二次世界大战后的民族独立和解放运动,因此,对于民族极端型恐怖主义的认识,各国意见并不一致。在民族矛盾和独立需求的基础上,民族极端型恐怖主义往往能获得本民族人民的广泛支持,具有较强的群众基础。同时,这类组织也容易被外国某些势力所利用,作为瓦解特定国家的工具。因此对其的控制和打击相对较难。

4. 宗教极端型恐怖主义

宗教极端型恐怖主义是当今世界危害最为严重的恐怖主义之一。世界上绝大多数正统宗教都是主张和平和善良,但宗教极端型恐怖主义者曲解宗教教义,将清除异教徒、建立单一的宗教国家作为行动的目标。1980 年,伊朗伊斯兰革命被某些学者认为是宗教极端型恐怖主义泛滥的开端。但是,即使在那一年,全球 64 个恐怖组织中只有两个是宗教极端型的,而到 1994 年,49 个国际恐怖组织中就有 1/3 是宗教极端型的。[①] 宗教极端型恐怖主义从过去"不追求更多的人死,只追求更多的人看"逐步转而"既追求更多的人看,也追求更多的人死",他们甚至大量采用自杀性袭击的方式进行破坏,鼓吹自杀性袭击者由此可以得以进入"天堂",其社会危害性大大增强。宗教极端型恐怖主义已成为当今世界最大的恐怖威胁。

5. 其他类型恐怖主义

除了上述四种典型分类外,还有邪教型和政策主张型等类型的恐怖主义,因其所占比重相对较小,因此,我们并未将其作为主要类别在前文列出。

邪教型恐怖主义组织的首脑通常通过一些欺骗的手段蛊惑人们,例如宣扬"世界末日",鼓吹自己是"救世主",并通过严密的组织管理实行精神控制和"洗脑",同时针对政府、公众和个人实施暴力或威胁,以实现某种政治目的。其中典型的代表就是日本的"奥姆真理教",其意图是建立以该教为基础的理想国家"香巴拉",曾于 1995 年 3 月 20 日在东京地铁的五列列车上释放沙林毒气,造成 13 人死亡,约 5500 人中毒,1036 人住院治疗。

政策主张型恐怖主义较为小众,主要体现为一些极端的环保和动物保护组织,他们为了引起社会对他们主张的重视,不惜实施投毒、恐吓等极端手段。这类组织包括英国的"动物解放阵线"和美国的"地球解放阵线"等。

实际上,每种类型的恐怖主义并不总是表现为单一存在,有不少恐怖组织既秉持着民族极端主义,也遵循着宗教极端主义等,它们往往交织在一起,使得消除和控制恐怖主义的工作变得更为复杂。

（三）当代恐怖主义的特征

1. 具有政治目的或意识形态目的

恐怖主义通常都带有政治目的或意识形态目的,其目标或是为了民族分离,或是为了宗

---

① Bruce Hoffman, Inside Terrorism, Columbia University Press,1988, pp.90-91.转引自王逸舟,等.恐怖主义溯源[M].北京：社会科学文献出版社,2010：46.

教建国,或是为了宣扬某种社会意识形态等。这也是恐怖主义区别于其他危害公共安全类刑事案件的最大区别。例如,2001 年河北靳如超爆炸案中,犯罪人虽然使用了近 600kg 的炸药,造成 108 人死亡、38 人受伤,导致 4 栋居民楼的坍塌或损坏,但由于其没有特定的政治目的,所以这起案件只能被认定为危害公共安全类的性质恶劣的刑事案件,而不能被定性为恐怖袭击。

2. 活动的秘密性

恐怖组织虽然可能是一种公开存在,也可能有对恐怖事件的事后认领,但极少有恐怖组织光明正大地从事恐怖活动。无论是资金和物质的获取或保障,还是人员的招募和管理,以及恐怖活动的具体实施,恐怖组织通常都以秘密的方式进行,以防被各国反恐部门发现、控制和剿灭。

3. 攻击目标的任意性

虽然在每一次恐怖活动进行之前,恐怖活动行为人都会选定攻击地点和攻击目标,但在造成具体人员或财产的损害方面,其实并无确定性,因为任何人员或者财产的破坏损害都能达到其宣传的目的,在这方面尤以针对平民的袭击为典型。当然,在针对政府特定人员,如政府首脑的刺杀活动中,目标具有确定性,例如,以色列总理拉宾遇刺身亡事件等,但这并不足以改变恐怖活动攻击目标主要呈现的任意性的特征。

4. 以心理威胁为主

除宗教极端型恐怖主义外,大多数恐怖主义在相较造成更大伤亡上,更倾向于追求恐怖事件的"广而告之",以此来产生他们认为的足够的社会影响,从而影响政府的决策和增加要挟的砝码。当然,不可否认的是,为了产生足够大的心理威胁,他们也以追求更大伤亡的手段来实现恐慌的加剧。一般认为,恐怖组织或个人实施恐怖行为是为了引发广泛的社会恐慌,造成人人自危的局面。当社会普通民众感到在日常生活中难以保证安全时,他们就会给政府施加压力,迫使政府妥协,从而间接达到恐怖主义目的。例如,"9·11"事件的发生导致很多美国人在短时间内不敢搭乘民航班机,甚至还出现过某个航班上只有一名旅客的现象,即便是"9·11"事件已经过去 20 年后的今天,影响依旧很大,对特定民族和宗教抱有怀疑和敌视的态度。据报道,2016 年 4 月 18 日,一名在美国加州大学伯克利分校就读的伊拉克大学生,因为在美国航班上说阿拉伯语而被赶下了飞机。类似的事件在美国还有很多。

5. 实施主体以非国家团体和个人为主

尽管在对"恐怖主义"的界定中,有不少学者认为国家恐怖主义也是类型之一,虽然间接的支持和控制也许存在,但当代社会发生的恐怖事件,却几乎难觅主权国家作为实施者和主导者的身影,也没有任何一个国家愿意背负这样的"骂名"。此外,对内的恐怖统治在当今世界各国中也极为罕见。因此,目前实施恐怖主义的主体通常都是次国家团体或个人。值得注意的是,除既有的恐怖组织外,近些年出现了越来越多的"独狼式"恐怖袭击。例如,2019 年 3 月 15 日,澳大利亚一名"白人至上主义"者、极右翼分子布伦顿·塔兰特持枪进入新西兰基督城的两座清真寺开枪扫射,最终造成 51 人死亡和多人受伤,在大肆杀戮的同时,在社交媒体上进行直播宣传,性质极其恶劣。

6. 扁平化的松散型网络组织形式

随着互联网的发展和普及,全球化的深入,世界人民交流的增多,恐怖组织一改过去"金

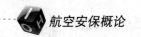

字塔"形的中心式组织模式,借助网络的联系和宣传,逐步向世界蔓延铺开。原有组织模式中的上下级之间不再通过传统手段进行联络,甚至原有的上下级关系已不复存在。在互联网将原有的管理体系进行扁平化压缩的同时,他们越来越注重利用互联网进行意识形态方面的宣传,不断在世界各地发展认同其意识形态的本土恐怖分子,这就使得在某些特定时期或某个特定口号下,相互间无联络的恐怖分子同时实施恐怖行为成为可能。因此,击毙某个首领或破坏某个基地相较于恐怖主义网络来说,只是对其中一个节点的消除,并不能真正撼动整张网,这越发增加了当今世界反恐的难度。

四、航空业成为恐怖袭击目标的原因

从全球范围来看,似乎没有哪个行业像航空业一样受到恐怖主义如此之大的影响,恐怖主义究竟为何选择航空业作为攻击目标呢? 原因主要有以下几点。

(一) 航空运输自身的脆弱性

航空运输的脆弱性主要体现在两个方面:一是航空运输系统的庞大和复杂性决定了其脆弱性。由于航空运输系统涉及的部门和人员众多,因此和这样一个复杂的大系统相伴生的就是危险源的增多,安全防范难度的增大,某一个环节的疏漏就可能酿成灾难性的后果。二是航空器运行过程中本身的脆弱性。虽然航空器的空难发生概率相较于其他交通工具来说并不高,甚至可以说很低,约为四百七十万分之一。然而,这并不能削弱航空器在遭遇攻击时的危险性。航空器在空气空间运行,在发生爆炸或遭到纵火时,由于难以得到地面的援助和人员无法疏散等原因,易发生机毁人亡的事件。

(二) 航空恐怖事件社会影响巨大

航空恐怖事件之所以社会影响巨大,主要由三个因素决定:一是航空器经济价值高,常用的中、大型飞机价格基本都在 1 亿～4 亿美元之间,在恐怖袭击中容易造成较大经济损失;二是机场、客舱内人员集中,袭击容易造成较大伤亡;三是国际机场和国际航班内多国人员混杂,对这些人的攻击容易引起世界各国的关注,能在世界范围内造成影响。以上三个因素都足以产生极大的社会影响,恐怖分子也因此认为,在这种情况下,政府更易屈服,其目标也更易实现。

(三) 航空器的工具性能突出

在恐怖活动中,航空器的工具性主要体现在两个方面:一是利用航空器位移的快速性。高速飞行的航空器可以很快将恐怖分子带至其目标国家和地区,这些目标国家和地区既可能是其准备实施恐怖袭击的地方,也可能是能对其提供庇护的场所。二是在目前大规模杀伤性武器难以获取的前提下,满载燃油的航空器无疑就像重磅炸弹,在袭击预定目标的时候将造成巨大的损失和伤亡。

(四) 目标打击的便捷性

恐怖组织虽然在世界各国发展本土的恐怖分子,但鉴于组织管理上的松散性,同时由于经常遭受恐怖袭击国家的防范意识和手段较强,其自身难以侵入目标国家实施恐怖袭击。在全球化趋势日益加强的前提下,恐怖分子完全可以在世界上其他地区对目标国家的航空器实施攻击,保证其恐怖活动的针对性。

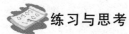练习与思考

（1）国际航空安保公约主要有哪些？

（2）请简述《关于民用航空安保领域通用基准的条例》（No.300/2008〈EC〉）的主要内容。

（3）我国《反恐怖主义法》对恐怖主义的定义是什么？

（4）恐怖主义的特征有哪些？

（5）航空业成为恐怖袭击目标的原因包括哪几个方面？

（6）联合国大会和安理会针对航空安保通过的决议主要有哪些？

（7）国际民航组织在航空安保方面进行了哪些努力？

（8）美国和欧盟分别就航空安保工作采取了哪些措施？

（9）我国的航空安保措施主要有哪些？

（10）从动机角度可以将恐怖主义分为哪几类？其特点分别是什么？

本章配套资源

第十一章
航空安保面临的其他问题和挑战

学习目标：通过本章的学习，使学生了解并掌握通用航空安保、民用无人机的安保管制、航空网络安保和空铁等多式联运模式的特点及其在航空安保中可能存在的问题，理解并掌握航空安保未来的发展趋势，帮助学生扩大航空安保领域的视野，使学生在学习的基础上更深刻地理解航空安保和社会发展的关系，启发学生对航空安保未来的思考。

航空安保始终是一个动态的过程，它必然随着安保形势的变化、安全管理理论的发展和人们对安全需求的不断提升而持续发展。数十年来，国际航空安保体系经受了不断变化的威胁的挑战，并且这种挑战还将长久地持续下去。从近些年对航空安保威胁的评估看，旧的威胁仍然存在，同时，随着政策和科技的变化和发展、新技术的应用及社会大众对出行便捷性要求的提高，新的问题也在产生。本章将针对通用航空的安保以及其中无人机的安保管制、网络安保和空铁等多式联运模式的安保等方面进行阐述。这些问题需要我们在未来的工作中加以足够的重视，在科技创新赋能的基础上，通过制定相应的法律、法规和政策，采取行之有效的措施。这些问题应该能在合理的框架内得到妥善处理，我们的航空安保体系也必能经受住考验。

第一节　通用航空的安保①

一、通用航空概述

（一）通用航空的定义

我国《民用航空法》第一百四十五条规定："通用航空，是指使用民用航空器从事公共航空运输以外的民用航空活动，包括从事工业、农业、林业、渔业和建筑业的作业飞行以及医疗

---

① 本节主要是对有人驾驶通用航空器运行安保的分析，无人驾驶通用航空器将在下一节专节介绍。

卫生、抢险救灾、气象探测、海洋监测、科学实验、教育训练、文化体育等方面的飞行活动。"[①]

值得注意的是,《国际民航公约》附件17在第一章给出的相关定义为:通用航空运行是指除商业航空运输运行或空中作业运行以外的航空器运行。同时,其又对作为通用航空分支的公司航空作了定义:公司为帮助开展本公司业务雇用专业驾驶员驾驶的载运人员或物品的航空器非商业性运行或使用。附件17将空中作业定义为:"使用航空器进行专业服务的航空器运行,如农业、建筑、摄影、测量、观察与巡逻、搜寻与援救、空中广告等。"

由以上定义我们可以看出,国际民航组织对通用航空类型的界定范围要小于我国的定义,其将农业、建筑等专业服务的航空器运行排除在通用航空之外。本书采用我国《民用航空法》中对"通用航空"的定义。

(二)通用航空的发展概况

1. 全球通用航空发展概况

全球通用飞机市场主要集中在美国、加拿大、法国、巴西、德国、英国、澳大利亚国家,其通用航空器存量合计为约36万架,占全球比例约80%,其中美国占到近一半比重。此外,德国、英国、澳大利亚的通用航空发展也较为领先。依据美国联邦航空局的预测,其现役通用航空机队总数将基本保持平稳,从2020年的204980架变化到2041年的208790架(每年小幅增长0.1%)。[②] 通用航空业的服务领域涉及众多领域,包括工业、农业、商业、公共服务、培训、旅游等。服务领域主要是私人和公务飞行,占到56%;其次是飞行培训,占到21%;而作业飞行占15%。[③]

2. 我国通用航空的发展概况[④]

相较于其他发达国家而言,我国通用航空发展起步较晚、规模较小。2016年,国务院办公厅发布了《国务院办公厅关于促进通用航空业发展的指导意见》(国办发〔2016〕38号),此后,随着空域改革等措施的推进,截至2020年年底,我国通用航空获得了一定程度的发展。

(1)通用航空企业数量。截至2020年年底,获得通用航空经营许可证的通用航空企业523家。其中,华北地区111家,东北地区45家,华东地区131家,中南地区120家,西南地区64家,西北地区33家,新疆地区19家。

(2)机队规模。2020年年底,通用航空在册航空器总数达到2892架,其中,教学训练用飞机1018架。

(3)通航机场。2020年,新增通用机场93个,全国在册管理的通用机场数量达到339个。

(4)飞行时数。2020年,全行业完成通用航空生产飞行98.40万小时,比上年下降7.6%。其中,载客类作业完成8.96万小时,比上年下降10.0%;作业类作业完成15.06万小时,比上年下降6.2%;培训类作业完成36.94万小时,比上年下降4.4%;其他类作业完成4.22万小

---

① 与此相似的定义还可参见《国务院关于通用航空管理的暂行规定》(1986年)、《中华人民共和国通用航空飞行管制条例》(2003年)、《通用航空术语》(MH/T 1039—2011)(2012年)和《通用航空经营许可管理规定》(2021年)等。

② 参见美国联邦航空局:FAA Aerospace Forecast Fiscal Years 2021-2041。

③ 参见前瞻网:"2019年全球通用航空发展状况分析 美国占据全球近一半市场存量规模",载于 https://www.qianzhan.com,最近一次访问在2021年12月25日。

④ 参见中国民航局:《2020年民航行业发展统计公报》。

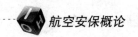

时,比上年下降20.7％;非经营性完成33.21万小时,比上年下降9.0％。[1]

二、通用航空发展给安保带来的挑战

(一)通用航空的特点

(1)通用航空器的差异性较大。通用航空涉及的航空器类型非常多,差异性也很大。除飞机外,还有滑翔机、旋翼机以及热气球和飞艇等轻于空气的航空器。其中使用最多的还是飞机,但通用航空使用的都是小型飞机。一般说来,最大起飞重量在5700千克以上的飞机和最大起飞重量在3180千克以上的直升机可以被称为大型航空器。通用航空所使用的飞机既包括活塞式发动机和涡轮螺旋桨飞机,也包括可以载客近20人的喷气式公务机,各国对不同种类的通用航空器运行的要求和标准都会加以区别,以确保安全并兼顾行业的发展。

(2)通用机场的差异性较大。以我国对通用机场的分类为例,2017年4月17日生效的《通用机场分类管理办法》(民航发〔2017〕46号)(以下简称《办法》)中所称的机场包括跑道型机场、表面直升机场、高架直升机场、船上直升机场、直升机水上平台、滑翔机场、水上机场、有人操纵气球施放场以及其他专供民用航空器起降的划定区域。[2]

依据该《办法》第三条,通用机场根据其是否对公众开放分为A、B两类:A类通用机场是指对公众开放的通用机场,指允许公众进入以获取飞行服务或自行开展飞行活动的通用机场;B类通用机场是指不对公众开放的通用机场,指除A类通用机场以外的通用机场。

A类通用机场分为以下三级:A1级通用机场,即含有使用乘客座位数在10座以上的航空器开展商业载客飞行活动的A类通用机场;A2级通用机场,即含有使用乘客座位数在5～9的航空器开展商业载客飞行活动的A类通用机场;A3级通用机场即指除A1、A2级外的A类通用机场。此处所称商业载客飞行,指面向公众以取酬为目的的载客飞行活动。

实际上,从通用航空的运行来看,通用航空器的活动和停放既可能在专门的通用机场,也有可能在用于公共航空运输的机场内的特定区域。

即便是专门的通用机场,其规模、设施和安保管理要求也差异甚大。有些小的通用机场可能没有本地航空器,也可能缺乏机库或其他建筑和基础设施。例如,由于缺乏机场场区的安全管控措施,2021年11月1日,泰国北部南奔府(Lamphun)一名男子在当地某机场跑道跑步,结果被一架小型飞机撞上,该男子当场死亡。[3] 较大型通用航空机场可能有多条已铺砌好的跑道、数百架本地航空器、大型机库群和其他建筑、商业设施等。

(3)通用航空运营人和所有人的类型复杂多样。全球通用航空飞机中有超过半数为私人所有。以美国为例,其中约2/3的通用航空飞机为私人所有,航空公司、培训机构和各类

---

[1] 各项数据指标下降的原因主要和新冠疫情相关。

[2] 需要注意的是,依据"关于实施《通用机场分类管理办法》有关事项的通知(民航发〔2018〕18号)",《通用机场分类管理办法》中所称的机场不包括临时性起降场地。临时性起降场地是指:只实行目视运行规则,每年连续运行或计划连续运行低于60天且每天运行不超过20个架次的起降场地;或只实行目视运行规则,运行或计划运行低于1年,且任意1周内运行或计划运行时间不超过3天,以及每天运行不超过10个架次的起降场地。

[3] 参见新浪网:"惨剧! 泰国一男子在机场跑道跑步被飞机撞上 身体断成两截",载于http://k.sina.com.cn/article_7285899220_1b245ffd400100uxih.html,最近一次访问在2021年12月25日。

企业合计只占了总数的 1/4 不到,其中还有大量的私人飞机托管和代管业务。

(4)通用航空涉及的领域广、范围大。

通用航空活动涉及工业、农业、林业、渔业、矿业、建筑业的作业飞行和医疗卫生、抢险救灾、气象探测、海洋监测、科学试验、遥感测绘、教育训练、文化体育、旅游观光等方面的飞行以及公务航空等活动。

由此可见,通用航空涉及业务面广、地理位置分散,既有城市的交通出行,也有偏远地区的通程和空中作业等。

(二)通用航空安保面临的挑战

传统观点认为,多数通用航空器,尤其是"低慢小"的航空器对公共安全和公私财产造成重大损害的可能性较小。所谓"低慢小",是指某些通用航空器飞行高度低、飞行速度慢和航空器体积小的特点,一般是指飞行高度在 1000 米以下、飞行速度小于 200 千米/小时、雷达反射面积小于 2 平方米的航空器具,主要包括轻型和超轻型飞机(含轻型和超轻型直升机)、滑翔机、三角翼、动力三角翼、载人气球(热气球)、飞艇、滑翔伞、动力滑翔伞、无人机、航空模型、无人驾驶自由气球、系留气球等 12 类。

然而,需要注意的是,通用航空器的以上特点只是相对于公共航空运输所使用的航空器而言。就对航空安保构成的威胁来看,相比地面交通运输工具,不少类型的通用航空器[①]仍然具有运行高度高、速度快、机动性强和防范难度大等特点,这些特点足以为非法干扰行为人,尤其是恐怖分子利用以实施攻击行为。

除大家普遍认知的攻击行为外,通用航空器中某些专业作业的航空器完全可能被用来实施 2010 年《北京公约》第一条第 1 款第(七)项中规定的行为,即"从使用中的航空器内释放或排放任何生物武器、化学武器和核武器或爆炸性、放射性,或类似物质而其方式造成或可能造成死亡、严重身体伤害或对财产或环境的严重破坏"。

在各国通用航空规模不断发展的基础上,其安保防范难度也在持续增大,其难点主要体现在以下几个方面。

1. 难以制定统一的航空安保措施

由于通用航空器和通用机场之间存在着较大的差异,各国都很难对通用航空制订统一的航空安保规则、实施统一的安保对策。对于很多小型通用航空器和通用机场,要求所有人和运营人实施和大型通用航空器和大型通用机场一样的安保措施显然是不现实的。

2. 面临空防安全和活动经济性的两难选择

如同我们在本书导论"航空安保的内在价值目标"部分所述,航空安保应具备合理性。在谈及通用航空的安保问题时,我们既不能"一刀切"地放任通用航空活动参与人完全依自愿原则来实现安保目标,也不能对所有通用航空活动参与人提出过于严格的安保要求。

尽管各类通用航空活动存在着较大的差异性,但总体而言,其中大部分活动对公共安全和环境造成的威胁不会太大。因此,对通用航空提出过高的或类似公共航空运输的安保标

---

① 例如,由美国湾流宇航公司生产的湾流 G550 公务机(Gulfstream G550),其直航范围能从纽约直达东京,是国际顶级远程喷气式公务机代表机型之一,航程为 11686 千米,最大巡航高度为 15545 米,巡航速度可达 904 千米/小时,载客量可达 14~19 人。

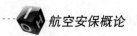

准是不现实,也不经济的,例如活塞式发动机显然比喷气式发动机成本更低、更经济,但却已足以满足运行要求。此外,就通用机场而言,由于缺乏安保基础设施和安保人员,对在通用机场航空器运行区实行通行限制的难度较大。对于大多数通用机场而言,周界围栏的设置、停机坪照明、运行和储存区监视和通行管制相关的费用也都太高。一般而言,在这些机场实施的防止盗窃和破坏行为的现行管制措施,已足以防止航空器被滥用。

综上所述,通用航空的安保在分类分层安保的同时,也同样需要在安全、经济和效率之间找到一个可以为各方接受的平衡点。在这个平衡点上,既要能最大限度地保证空防安全,又要能保障通用航空业的健康发展。

3. 航空安保的监管难度较大

由于通用航空活动的高频率和复杂性,统一的安保措施难以制订,这必然导致民航主管部门对通用航空活动实现有效的监管难度较大。难点主要体现在对于多数通用航空活动很难采取技术上的预防措施,更多的时候是靠制订法律、法规和通过与运营人的合作来实现安保目标,但由于其中牵涉了大量的人的因素,若非自觉遵守的话则很难做到事前的监管和控制。

三、通用航空的安保实践

(一)概述

从目前通用航空的安保实践看,各国基本都采取分级、分类管理和自愿、隔离的原则。对于一些小型的通用航空器和通用机场,更多地采用自愿预防的安保原则。对于最大审定起飞质量超过 5700 千克的空中作业航空器,则要求尽可能遵守大型航空器安保程序的规定和主管当局的要求,制定、实施和保持符合要求的书面运营人安保方案。而当承担公共航空运输职责的机场内同时有通用航空活动开展时,一般都需要遵循"隔离"原则,即将通用航空的乘客、飞行机组与商业航空运输的运营分开来,防止不同等级的安保措施间出现人和物的混同和流动。

总之,通用航空的安保不外乎也是从人的控制、物的控制、环境的控制和管理等方面展开。人的控制包括对相关人员的背景调查和安保意识培训等。物的控制主要指对自己所有或运行的航空器采取防止他人非法入侵或控制等措施。环境的控制包括通用机场场区的安保控制措施。管理则包括安保监管、安保方案的制订、风险和威胁的评估等。

(二)我国的通用航空安保

我国于 2017 年 11 月发布了"关于印发《通用航空安全保卫规则(试行)》的通知"(民航发〔2017〕135 号),在这个试行规则中,对通用航空的安保作了相应的规定。

我国对通用航空也实行了分级、分类的安保管理措施,基本遵循了自愿、隔离等管理原则。

通用航空器运营人承担安保的主体责任,其职责主要如下。

(1)应设立航空安保机构并指定航空安保负责人。

(2)根据需要配备安保设施和设备。

(3)制定并适时修订本单位的航空安保方案。

(4)对相关人员进行背景调查。

（5）对内部人员开展每年不少于 1 次的安保技能和安保意识等培训,并做好台账记录。

（6）做好航空器的安保工作。

对于从事商业客、货运输活动的运营人,还要求其将安保方案提交地区主管部门备案,对相关的人和物进行核验和检查。在运输机场开展通航业务的,则要求其业务涉及的人和物不与公共航空运输业务发生混流,若需混流,则必须按照公共航空运输的安保标准进行管理。

随着我国低空空域改革措施的持续推进,我国通用航空必将会在未来获得较大的发展空间,我国通用航空安保面临的形势也将会变得越发复杂,未雨绸缪在此时显得尤为重要。

总而言之,通用航空器、通用机场和通用航空业务的复杂多样性必然导致其无法达到公共航空运输级别的安保控制水平,通用航空器所有人和运营人的复杂性也使得通用航空安保管理体系中的人的因素得到放大。由于人具有强烈的主观能动性,人的因素始终都是安保管理体系中最难规范和控制的。当传统的航空安保管理措施不足以对通用航空安保形成有效的保障时,在大数据应用和人工智能技术发展的基础上,也许我们能发现通用航空安保的新的途径和方法。

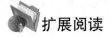 扩展阅读

个头小、种类多的通航飞机[①]

通用航空一般使用小型飞机,所有者及使用者财力大都有限,它要求飞机制造的成本低,能完成特定任务。因此,只使用必要的适用技术。大型飞机不是小型飞机按比例的放大,它们之间的差别是由使用环境不同决定的。小型飞机的飞行高度在 6000 米以下,飞行速度在 400 千米/小时之内。适用于它的最经济的制造技术在 20 世纪 60 年代前便已发展成熟。小型飞机在低空以低速飞行,它使用大面积的平直机翼,需要很好的稳定性。很多小型飞机采用上单翼,有的甚至还是双翼机,飞行速度在 400 千米/小时以下,使用活塞式发动机效率最高,技术最成熟,价格也最便宜。小型飞机绝大多数属于螺旋桨活塞式飞机。因为飞行速度低,空气阻力不大,多数使用固定式起落架。通常多使用气压式仪表,不配置增压座舱,但为了飞行安全起见,机上都要装配无线电通信设备和供氧设备,有的飞机上还装有 GPS 定位系统。

由于用途多样,通用航空飞机种类繁多。20 世纪 70 年代之后,还出现了超轻型飞机、动力滑翔机、伞翼机等超小型航空器。它们的重量在 200 千克以下,飞行高度常常低于 2000米,航程也在 100 千米之内,是航空爱好者初学飞行时的首选机型。这类飞机结构简单,仅有很少的几块仪表,可以用于体育训练活动、休闲娱乐,也可以在面积不大的农田上低空作业。

① 参见中国民航局网站:"个头小、种类多的通航飞机",载于 http://www.caac.gov.cn/GYMH/MHBK/KZJT/201509/t20150923_1914.html,最近一次访问在 2021 年 12 月 25 日。

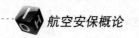

第二节　民用无人机的安保管制①

之所以对民用无人机安保进行阐述,主要原因有两个方面:一是因为近年来,民用无人机的数量和操控员的人数发展都非常迅速,造成了一定的管控难度的增大;二是因为民用无人机的安保和其他通用航空器,尤其是有人驾驶的通用航空器的安保存在着较大的差异。

一、无人机发展概况

(一)无人机的总体发展历程

1. 军用无人机的产生、发展和应用

在无人机发明之前,无人驾驶航空器便已经出现。早在1849年8月22日,奥地利人在攻打意大利威尼斯时,第一次尝试将炸药绑在气球上来对对手实行轰炸,这是无人驾驶航空器在战争中的首次应用。这种气球携带炸药的攻击方式甚至延续到了第二次世界大战期间。1940年至1944年,英国也向德国和德占区施放近10万只气球。这些气球有一半携带燃烧弹,另一半携带钢丝铁线,以破坏敌方电网。1944年11月3日,日本开始施放气球炸弹以谋求对美国本土进行攻击,据估计日本施放的大约9300只气球只有10%成功抵达北美大陆。此后,在冷战期间和巴以冲突中,都曾有过利用气球携带大规模杀伤性武器或燃烧瓶进行攻击的计划或行动。②

虽然气球便宜且容易制作,但缺点是随机性太强、攻击成功率低。在第一次世界大战伊始,英国人便开始研制无线电操控的小型飞机,希望通过这种无人机实现对敌方的轰炸。1916年9月12日,世界上第一架无线电操控的无人机在美国试飞成功。之后至今,无人机都得到了广泛的使用,其用途包括对地攻击、侦察监视、实施干扰、中继通信、校射和训练靶机等。

2. 民用无人机的发展

战争在给世界带来伤痛的同时,客观上也刺激了航空技术的发展。随着军用技术的民用化,从20世纪80年代开始至今,民用无人机迎来了迅猛发展的浪潮。

1983年,日本开发了一种用于喷洒农药的无人直升机,1989年首次试飞成功。2003年,美国NASA成立世界级的无人机应用中心,专门研究装有高分辨率相机传感器无人机的商业应用。之后,美国国家海洋和大气管理局用无人机来追踪热带风暴有关数据。2007年森林大火时,美国曾使用"伊哈纳"无人机评估大火的严重程度。

2006年,欧盟制定并实施民用无人机发展路线图,加快了无人机的民用步伐。

2008年,以色列组建民用无人机及其工作模式的试验委员会,与有关部门合作展开多种民用任务的相关飞行。韩国、印度、澳大利亚和新加坡等国家也先后加快和扩大了无人机

---

① 本节"无人机"主要是指民用无人机。
② 参见武装志:"漂洋过海来炸你,二战中日本轰炸美国本土的气球炸弹",载于https://baijiahao.baidu.com/s?id=1670064984519173769&wfr=spider&for=pc及191农资人论坛:"无人机的黑历史:从一只气球开始的进化之路",载于https://www.191.cn/read.php?tid=471118&ds=1,最近一次访问在2021年12月25日。

在民用领域的发展和应用。

目前,民用无人机的应用已经涉及了物流运输、农业植保、安防救援、地理测绘、新闻报道和影视拍摄等许多领域。至 2020 年,全球无人机市场规模已经达到了 225 亿美元,预计到 2026 年,其市场规模将可能超过 480 亿美元。

(二)我国民用无人机发展现状

我国第一款民用无人机于 1982 年试飞成功,这款无人机是在军用侦察—5 型无人机的基础上开发研制。到 20 世纪 90 年代,我国已经研制出多型号的军民两用系列无人机。民用无人机在我国的快速发展真正始于 21 世纪 10 年代末。2006 年,我国无人机制造的龙头企业大疆科技在深圳成立,其生产的消费级无人机占据了全球较大的市场份额。此后,资本迅速投向民用无人机产业,迄今为止,国内已经诞生了很多实力雄厚的无人机产商。

依据我国民航局发布的《2020 年民航行业发展统计公报》,截至 2020 年年底,全行业无人机拥有者注册用户约 55.8 万个,其中,个人用户约 49.8 万个,企业、事业、机关法人单位用户约 6 万个。全行业注册无人机共 51.7 万架。截至 2020 年年底,全行业无人机有效驾驶员执照达到 88994 本。2020 年,参与民航局无人机云交换系统的无人机飞行共有 183 万小时。随着科技的发展和无人机应用的不断拓展,这些数据在可以预见的将来必定还会出现大幅增长。

二、民用无人机的界定和分类

(一)民用无人机的界定

民用无人机也属于通用航空器的类别之一,且多数属于"低、慢、小"的类型。无人机作为无人驾驶航空器的一种,其和有人驾驶航空器存在着较大的差异。

有不少人对无人机的理解还仅限于一种"机上无人"的状态。实际上,此处的"无人"并非指该类飞机不能载人,而是指飞机上没有驾驶员,无人驾驶的载人飞机依然可以被称为"无人机"。

各国对无人机的定义不尽相同,即便是我国各规范性文件中的定义也存在着差异,但从内容看基本大同小异。需要注意的是,无人机和无人驾驶航空器系统是两个不同的概念。根据我国《民用无人驾驶航空器系统空中交通管理办法》(MD-TM-2016-004),民用无人驾驶航空器系统是指民用无人驾驶航空器及与其安全运行有关的组件,主要包括遥控站、数据链路等。而《民用无人驾驶航空器实名制登记管理规定》(AP-45-AA-2017-03)中,民用无人机是指没有机载驾驶员操纵、自备飞行控制系统,并从事非军事、警察和海关飞行任务的航空器,不包括航空模型、无人驾驶自由气球和系留气球。

(二)民用无人机的分类

参照国家航空器和民用航空器的分类,2018 年《无人驾驶航空器飞行管理暂行条例(征求意见稿)》将无人机分为国家无人机和民用无人机。

民用无人机可以从多种角度进行分类。一般来说,依据用途的不同,民用无人机可以分为专业级无人机和消费级无人机。但这种分类从安全运行和监管的角度而言意义不大。

民用无人机系统分类较多,所适用空域远比有人驾驶航空器广阔,因此有必要对无人机实施分类管理。目前,大多数国家对民用无人机的分类时,主要考虑的还是重量,这样做的

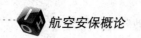

原因在于重量是评估其运行风险及造成的损害的最重要的因素,同时,重量还会对其载荷的大小和动能产生影响。

在中国民航局飞行标准司、适航审定司和空管行业管理办公室联合发布的咨询通告《特定类无人机试运行管理规程(暂行)》(AC-92-2019-01)中,无人机被分成了九类,具体如表 11.1 所示。

表 11.1　我国民用无人机的分类　　　　　　　　　　　单位:千克

分　　类	空机重量	起飞全重
Ⅰ		$0<W\leqslant1.5$
Ⅱ	$1.5<W\leqslant4$	$1.5<W\leqslant4$
Ⅲ	$4<W\leqslant15$	$4<W\leqslant15$
Ⅳ	$7<W\leqslant25$	$7<W\leqslant25$
Ⅴ	植保类无人机	
Ⅵ	无人飞艇	
Ⅶ	超视距运行的Ⅰ、Ⅱ类无人机	
Ⅸ	$116<W\leqslant5700$	$116<W\leqslant5700$
Ⅻ	$W>5700$	

三、无人机管制的实践

目前,各国对无人机的管控主要是从生产商、使用人、无人机运行和无人机本身等方面出发进行监管。

以我国为例,除相关的法律、法规和规章外,还先后下发了很多规范性文件对无人机实行了全方位的管理。从现行有效的规范性文件看,涉及实名登记管理的有《民用无人驾驶航空器实名制登记管理规定》(AP-45-AA-2017-03);涉及运行管理的文件有《民用无人驾驶航空器系统空中交通管理办法》(MD-TM-2016-004)、《轻小无人机运行规定(试行)》(AC-91-FS-2015-31)和《特定类无人机试运行管理规程(暂行)》(AC-92-2019-01)等;涉及无人机操控员的有《民用无人机驾驶员管理规定》(AC-61-FS-2018-20R2),2021 年 12 月 23 日,民航局飞行标准司发布了《民用无人驾驶航空器操控员管理规定(征求意见稿)》,其中将原有的"驾驶员"的称呼改成了"操控员"。

(一)有关实名登记

我国要求最大起飞重量为 250 克以上(含 250 克)的民用无人机必须进行实名登记,即排除了不到 250 克的微型无人机。

1. 民用无人机制造商的义务

民用无人机制造商的义务包括以下四条。

(1) 在"无人机实名登记系统"中填报其产品的名称、型号、最大起飞重量、空机重量、产品类型、无人机购买者姓名和移动电话等信息。

(2) 在产品外包装明显位置和产品说明书中,提醒拥有者在"无人机实名登记系统"中进行实名登记,警示不实名登记擅自飞行的危害。

（3）随产品提供不干胶打印纸，供拥有者打印"无人机登记标志"。

（4）制造商应该登记的内容包括：制造商名称、注册地址和联系方式；产品名称和型号。空机重量和最大起飞重量；产品类别；无人机购买者姓名和移动电话。

2.民用无人机拥有者的义务

（1）在"无人机实名登记系统"进行实名登记。

（2）在其拥有无人机上粘贴登记标志。

（3）必要时在"无人机实名登记系统"上更新无人机的信息。

民用无人机拥有者应该登记的内容包括：拥有者姓名；有效证件号码（如身份证号、护照号等）；移动电话和电子邮箱；产品型号、产品序号；使用目的。若拥有者是单位，也应该做类似的身份识别的登记。

为了推进管理模式的创新，推动无人机管理的智能化，确保登记信息的真实性，2021年12月1日起，中国民航局"民用无人驾驶航空器综合管理平台（UOM）"实名登记系统正式上线运行，至2021年12月底，已完成50071余次人脸校验，实现了"逐人身份核对"，2605家法人单位完成单位信息自动核验，确保了实名信息真实可靠。[①]

（二）有关运行管理

1.《民用无人驾驶航空器系统空中交通管理办法》（MD-TM-2016-004）的规定

民用无人驾驶航空器仅允许在隔离空域内飞行。所谓隔离空域，是指专门分配给无人驾驶航空器系统运行的空域，通过限制其他航空器的进入以规避碰撞风险。民用无人驾驶航空器飞行应当为其单独划设隔离空域，明确水平范围、垂直范围和使用时段。可在民航使用空域内临时为民用无人驾驶航空器划设隔离空域。飞行密集区、人口稠密区、重点地区、繁忙机场周边空域，原则上不划设民用无人驾驶航空器飞行空域。

此外，出于安全运行的要求，对于特定的民用无人驾驶航空器的活动需要进行必要的评审和评估。

2.《轻小无人机运行规定（试行）》（AC-91-FS-2015-31）的规定

该文件对无人机实行了分级分类的管理，要求不同类别或级别的航空器在运行时应遵守不同的规定，其中对电子围栏、无人机云系统和被动反馈系统的安装和接入均作了明确的规定。文件还对民用无人机机长的职责和权限、民用无人机驾驶员资格要求、操作要求和准备工作等都进行了规范。

（1）电子围栏，是指为阻挡即将侵入特定区域的航空器，在相应电子地理范围中画出特定区域，并配合飞行控制系统、保障区域安全的软硬件系统。

（2）无人机云系统（简称无人机云），是指轻小型民用无人机运行动态数据库系统，用于向无人机用户提供航行服务、气象服务等，对民用无人机运行数据（包括运营信息、位置、高度和速度等）进行实时监测。接入系统的无人机应即时上传飞行数据，无人机云系统对侵入电子围栏的无人机具有报警功能。

（3）被动反馈系统，是指航空器被雷达、ADS B 系统、北斗等手段从地面进行监视的系

---

① 参见中国民航网："无人机实名登记系统完成5万余次人脸校验"，载于 http://www.caacnews.com.cn/1/10/202112/t20211230_1337137.html，最近一次访问在 2021 年 12 月 30 日。

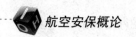

统,该反馈信息不经过运营人。

3.《特定类无人机试运行管理规程(暂行)》(AC-92-2019-01)

(1)文件制定的背景和目标:为了促进民用无人机的广泛应用和发展,需配套建立与之相适应的法规体系。在国际上尚无成熟管理经验的情况下,民航局使用特定运行风险评估(SORA)方法,对安全风险较高的无人机运行进行安全管理,批准实施部分试运行,以便为逐步建立标准和法规体系提供基础。

(2)文件的适用范围:Ⅳ类无人机;Ⅲ类无人机中风险较大的运行种类,局方认为有必要进行试运行审定的;Ⅺ、Ⅻ类无人机中风险较小的,局方认为可以进行试运行审定的。

(三)有关驾驶员(操控员)管理

《民用无人机驾驶员管理规定》(AC-61-FS-2018-20R2)对执照和等级要求、无人机系统驾驶员管理等方面提出了较为细致的要求。

值得注意的是,该文件第5.8条A款规定了执照或等级的申请人在申请时应该提交的材料中包括"相关无犯罪记录文件",这便意味着在对无人机驾驶员的管理中包含了一定的背景调查的内容。

四、无人机的安保管制

无人机在过去的反恐战争中曾发挥过不小的作用。但近年来,恐怖组织也正不断研究并将无人机用于恐怖袭击中。例如,2021年11月7日,伊拉克总理穆斯塔法·卡迪米的住所就遭到利用无人机实施的恐怖袭击。

(一)民用无人机安保威胁形成的原因

民用无人机可能形成安保威胁的主要原因包括以下3个方面:一是通用航空高速发展所带来的人的因素比重加大造成主管部门难以监管和防范;二是一些轻小型无人机难以被雷达侦测,从而造成防范的难度加大;三是很多民用无人机本身特征及其运行优势带来的威胁。这些具有"低、慢、小"特征的无人机中,很多根本不需要专门的起降场地,甚至还具备超视距飞行的能力,这种无接触式的攻击导致行为人被发现的可能性降低,逃脱的可能性上升。

(二)利用民用无人机攻击的类别和战术

民用无人机可能带来的安保威胁主要来源于以下4种可能的攻击类别:一是利用无人机携带易燃、易爆等危险品攻击预定目标,甚至是关键设施;二是单纯利用无人机对高速运行的交通工具(包括但不限于航空器)关键部件进行撞击,造成高速交通工具的损毁,从而危及公共安全;三是利用无人机在人群密集场所散播生化核物质或传染病病原体;四是利用无人机作为破坏或袭击的辅助工具。

利用民用无人机攻击的战术既可能是远程抵近目标的攻击,也可能是远程控制预先安放在安保限制区域内的无人机实行攻击,甚至还可能是自动编队和协同的蜂群攻击等。

(三)民用无人机安保管制的困境

1. 现有运行管理措施难以保障空防安全

目前,对民用无人机的安保管制主要还停留在规章和文件框架内的管理,这种管理的局限性在于其主要集中在事前规范和事后追责的范围内,是以运行安全为目标的管理。按重量对民用无人机进行分类并对之实行分级分类的管理确实可以消除大部分的运行安全隐患,但值得注意的是,无论是适航司、飞标司还是空管部门,其发布的一系列规范性文件主要着力点都是在解决民用无人机的飞行安全问题,对民用无人机可能造成的对空防安全的威胁可能还需要进一步的思考和评估。国内外发生的很多"黑飞"影响到航空安全的事件,由于行为人本身不存在危及航空安全的直接故意,因此都是被当作无人机运行安全的事件来进行规范和处理。然而,若行为人存在袭击的动机和目的,该类事件造成的影响和损害可能会无法估量。

2. 无人机袭击和破坏的行为难以防范

(1) 无人机的工具特性带来的防范难题。由于无人机具有灵活性和机动性强、具备远距离攻击的便利性,传统的划设目标隔离区的方式可能容易被突破,在现有的管理模式下,利用民用无人机实施的攻击行为较难防范。

(2) 无人机易于获取,使用人可能不易查明。无人机,尤其是消费级无人机的获取成本低廉、操作简便且标准开放,很容易被利用作为攻击和袭击的工具。目前的实名登记平台和云系统只能对主动登记的单位和个人起到管理作用,但对于故意突破管理边界的组织和个人则难以做到有效的监管,近年来,对现有公开市场上无人机破解的事件也屡有发生,而破解后的无人机则可能突破电子围栏的限制。

3. 现有的技术措施难以确保安全反制

近年来,干扰民用航空运输的"黑飞"事件屡屡发生,也说明目前对无人机进入特定空域的防范还存在着许多的不足,这些不足产生的原因既可能是当前技防手段存在的漏洞,也可能是设备投入的不足。此外,即便无人机的侦测得以实现,对无人机是否能进行安全的拦截也值得我们认真考虑。例如,有些无人机可能带有自毁装置或者对无人机的物理破坏可能激发其预设的攻击装置等。

(四)民用无人机安保管制的思路

在行业健康有序发展的同时,在做好当前无人机运行的安全管理的基础上,为保障空防安全,我们有必要从以下方面入手,努力提高对民用无人机安保管制的能力和水平。

1. 提升民用无人机安保管制的意识

目前,很多国家对无人机的管制还是停留在运行安全的阶段,对技术不断革新带来的无人机的安保威胁预估不足。因此,提升社会对无人机可能造成的安保威胁的认识,增强社会的安保意识是增强无人机安保管制的前提。

2. 保障重点目标的安保资源配备

对于一些易受袭击且受袭击后易造成严重后果的重点目标,例如机场、核设施、水源地、电厂等,在防范无人机破坏和袭击方面,应保证配备足够的安保资源:一是人员的配备,需要有专人对无人机可能造成的威胁进行防范和反制;二是技术设备的配备和更新,对于重点目标的保护应该尽可能使用最新、有效的技术手段,保证能适当应对不断变化安保威胁;三是经费的保障,除用于人员和设备的保障外,这些经费还应当在相关人员的安保培训方面予以投入。

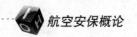
3. 提高安保的技防水平

虽然恐怖组织和个人目前的研发能力有限,目前看来似乎他们很难利用民用无人机造成严重的损害后果,但科技的革新和技术的进步从来都是一把"双刃剑",其既可能提高打击违法犯罪的能力,也能提高对手的攻击水平。在这场博弈中,在既有管理模式可能被蓄意破坏的组织和人员突破的情况下,唯有不断提高技防水平,才能在航空安保工作中取得主动权。我们应当努力提高事中管制的水平,在无人机非法活动的侦测和反制方面取得突破性的技术进步,实现在侦测和反制方面的压倒性优势,才能有效实现安保目标。总之,技防水平的提高是民用无人机安保管制的重中之重。

4. 加强对民用无人机的综合监管

首先,对无人机的生产和改装严格监管。在要求这类企业合法登记备案的同时,制定无人机生产和改装的国家标准和规范并督促企业有效实施。在对无人机进行科学分类和风险评估的基础上,对于非法进行无人机生产和改装的"黑企"进行严厉打击,尽力防止监管系统以外的无人机的存在。

其次,在大数据平台建设的基础上,努力提高无人机登记的便捷性。规定并鼓励更多的无人机持有者和使用者进行实名注册登记,扩大对相关人员的监管范围。

最后,建立特定无人机的回收制度。对于废旧无人机,建立相应的回收制度,鼓励使用人和持有人通过合法渠道对其报废和回收,防止其被用于非法目的。

5. 加强国际合作

随着无人机技术的不断发展,为了降低无人机给航空安保带来的威胁,各国也许需要在法规、政策、标准的统一和技术转让等方面开展更多的国际合作。

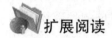扩展阅读

无人机可能被用来作为恐怖袭击武器[①]

如果想要理解 2015 年 2 月一架 400 美元的无人机降落白宫后美国政府为何会大惊失色,你就需要看看四英里以外的弗吉尼亚州阿灵顿(Arlington)的一间小型会议室。就在这个地方,美国军方、国土安全部以及联邦航空委员会(FAA)官员召开了一次国土安全"峰会",讨论了一个令他们苦恼数年的问题:无人机被用作恐怖袭击或暗杀武器的可能性。

此次会议面向平民召开,但禁止媒体入场。一位与会者说真是大开眼界,美国政府官员们播放了低成本无人机发射半自动武器的视频,披露了叙利亚反对派正在进口无人机来发动进攻,并且播放了一批价值 5000 美元的无人机针对装甲车队发动袭击的演习照片(最后无人机取胜)。但最令人大开眼界的是会场外的一个演示台上,一批低成本的无人机被武装成模拟飞行炸弹。其中一架大疆(DJI)Phantom 2 无人机安装了重量为 3 磅的非活性炸弹。

---

① 节选自腾讯科技:"无人机可能被用来作为恐怖袭击武器",载于 https://tech.qq.com/a/20150209/007263.htm,最近一次访问在 2021 年 12 月 25 日。

中国大疆公司生产的无人机经常出现在美国政府构想的袭击场景中。这并不是因为这种无人机有险恶之处,恰恰相反,大疆无人机可以说是无人机领域的"iPad",它价格便宜,操作简单,对于游戏和初学者以及资深的无人机爱好者来说,都非常受欢迎。

由于无人机降落白宫引起广泛的关注,大疆公司觉得有必要采取一些措施。因此,该公司对 Phantom 2 无人机进行了"强制固件升级",禁止无人机飞到距离白宫 15.5 英里半径范围之内。

对于大疆公司来说,这并不是一项新技术。该公司在 2014 年 4 月首次对无人机设置了禁飞区,防止新手把无人机飞到机场上空等限制区域。如果 Phantom 2 用户把无人机飞到距离某大型机场禁飞区 5 英里的地方,无人机的最大飞行高度将不断降低。在距离 1.5 英里的地方,无人机将降落下来,并拒绝再次起飞。小型机场的受保护飞行区面积较小,这同样植入了这种无人机的固件。

对于大疆公司而言,机场禁飞区既是针对 Phantom 2 无人机日渐流行做出的回应,也是针对监管威胁采取的防护。"我们开始看到飞行员队伍逐渐扩大,"公司发言人迈克尔·佩里(Michael Perry)表示,很多用户根本不知道从法律上讲无人机哪里能飞,哪里不能飞。"我敢肯定,在白宫事件中,这名用户肯定不知道在华盛顿特区的市区飞行是违法行为。"大疆公司并没有一味地把学习当地飞行区域规定的责任推到用户身上,而是把这些规定编成代码,同时也为自己的安全添加了一层缓冲区。

大疆公司对用户飞行活动的干预让一些用户感到担忧,但它很可能会减少白宫降落这样的意外事件。但是对于华盛顿官员们来说,这根本不足以消除他们的担忧——袭击者可能会把无人机当作武器。其中一个原因在于,无人机的忠实爱好者很可能成为出色的"修补匠",他们迟早能研究出破解固件封锁的方法并公之于众,这样所有人都可以加以利用。

"目前还不存在任何消除地理围栏或降级固件的黑客行为,"赫伯特说,"但我认为这肯定会出现,人们总能找到方法。"

很显然立法机构和监管机构会受到大疆公司强制升级的启发,在全行业推广地理围栏的做法。到那个时候,破解无人机固件将是违法行为,就像破解汽车程序违法一样。

第三节　航空网络安保

一、航空网络安保概述

航空网络安保并非近几年才出现的新问题,但随着互联网技术、大数据和人工智能的发展,民航行业也将因为信息的互联互通变得更加高效、多元化和更加的优化,与此同时,网络安全威胁造成的影响可能会由目前小规模的干扰演变为复杂的大规模破坏性事件。跨利益攸关方和地理位置的航空系统互联,使得原先局地的航空安保威胁可能上升为全球层面的网络威胁。因此,网络安保的问题将会越来越凸显出来。

民航主要依靠网络技术来提高航空运输的安全性和效率。然而,系统的互联和对技术的依赖却可能带来新的风险。航空业正在使用广泛的基于计算机的互联系统,其中包括空中导航系统、机上飞机控制和通信系统、机场地面系统、飞行信息系统、安全检查和许多日常

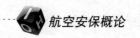

使用的与航空运行有关的其他系统。航空业的趋势是越来越数字化。然而,由于人和系统之间的交互性,数字化将会带来新的更难以预测的风险。

二、国际社会的应对

认识到保护民航业的重要基础设施、信息与通信技术系统和数据免受网络威胁的紧迫性和重要性,国际民航组织正致力于建设一个坚实的航空网络安保的框架体系。

(一)国际民航组织大会第 40-10 号决议

国际民航组织大会第 40 届会议通过了大会第 40-10 号决议"解决民用航空网络安保问题"。该决议通过横向、横向和功能性的方式解决网络安全问题,重申了保护民用航空的重要基础设施系统和数据免受网络威胁的紧迫性和重要性,明确各国需要协同努力为民用航空利害攸关方解决网络安保挑战制定有效和协调的全球框架,并且采取短期行动提高全球航空系统抵御可能危及民用航空安全的网络威胁的应变能力。

在决议中,国际民航组织呼吁各国和行业利害攸关方采取以下行动打击针对民用航空的网络威胁。

(1)实施网络安保战略。

(2)查明可能针对民用航空运行和关键系统的网络事件的威胁和风险,以及这种事件产生的严重后果。

(3)确定国家机构和行业利害攸关方对于民用航空网络安保的责任。

(4)鼓励各成员国之间对网络威胁和风险达成共识,并制定共同的标准确定需要保护的资产和系统的重要性。

(5)鼓励政府及行业在航空网络安保战略、政策和计划以及共享信息方面进行协调,帮助确定需要解决的重大漏洞。

(6)在国内和国际层次制定并参与政府(业界)的合作伙伴关系和机制,系统地共享网络威胁、事件、趋势及缓解措施的信息。

(7)根据对网络威胁和风险的共同理解,采取灵活、基于风险的方法,通过实施网络安保管理系统保护重要的航空系统。

(8)鼓励国家机构内部和整个航空业塑造强有力的全方位网络安保文化。

(9)促进国际标准、战略和最佳做法的制定和实施,保护用于民用航空的关键信息和通信技术系统免受可能危及民用航空安全的干扰。

(10)制定政策并根据需要分配资源,确保关键的航空系统:系统架构设计安保;系统具备抵御能力;数据传输方法安保,确保数据的完整性和保密性;实施系统监控以及事件监测和报告方法;开展网络事件取证分析。

(11)根据涉及空中航行、通信、监视、航空器运行和适航性及其他相关学科的横向、跨部门和职能方法,协作制定国际民航组织的网络安保框架。

(二)《航空网络安保战略》

2019 年 10 月,国际民航组织发布了《航空网络安保战略》(*Aviation Cyber security Strategy*)。其中明确,该战略的目标将通过以下七大支柱为基础建立的框架内的一系列原则、措施和行动予以实现。国际合作;治理;有效立法和规章;网络安保政策;信息共享;事件管理和应急规划;能力建设、培训和网络安保文化。

需要注意的是,人的要素是网络安保的核心所在。至关重要的是,民用航空部门要采取切实步骤,提高对于航空和网络安保两者都合格和熟悉的人员数目,这个目标可以通过提高网络安保意识以及教育、征聘和培训来实现。国家教育框架和相关国际培训方案中应包括与网络安保有关的课程,以及(在实际可行时)各级具体针对航空网络安保的课程。此外,还应采取创新的方式,将传统信息技术和网络职业道路与航空相关的专业人员进行融合和交叉。

(三)《民航网络安保行动计划》

为保障《航空网络安保战略》的实施,提升国际民航系统的安全、安保和可持续性,国际民航组织理事会通过了《民航网络安保行动计划》(*Cybersecurity Action Plan*,CyAP),以帮助建立一个健全的全球网络安保框架。

该计划为各国、民航业、利益攸关方和国际民航组织提供了合作的基础,在此基础上,他们共同努力提升识别、预防、侦测、响应和从可能影响航空操作安全、安保和连续性的网络攻击中恢复的能力。为了《航空网络安保战略》七个支柱目标的实现,该计划还提出了一系列实施的原则、措施和行动,为相关各方的合作建立了一个坚实的框架。

《民航网络安保行动计划》中声明国际社会需在以下方面进行合作和努力:在网络威胁和风险方面达成共识;共享风险评估的结果;在相关措辞和术语上达成一致;确定共同的立场和建议措施;为公众提供清楚易懂的方法;促进各国主管当局和行业之间的合作,以建立协调一致的航空网络安保战略、政策和计划;在民航所有机构推广健全的网络安保文化;推广使用现有的信息安保和网络安保的最佳实践、标准和设计原则,并在必要时予以更新;建立信息共享和沟通的机制和手段,包括威胁识别、实践报告和防御的发展情况等;就与威胁相关的信息进行沟通,以确保对形势的了解;视情况完善最佳实践、操作原则和防御体系。

为了实现以上目标,文件还制定了路线图,明确了短期、中期和长期的具体行动计划。

三、对航空网络安保的预测[①]

时至今日,大多数至关重要的安保的设施设备和系统都是在机场内运行的,而且通常一个机场与另外一个机场运行的网络系统也不一样。据估计,到2040年,会有更多的服务和流程无论是以远程控制或者线上的方式被移出机场以外,这时就需要连接更多的公共和私人的网络。这意味着那些试图潜入或者破坏机场的人将会有更多的机会和方式来攻击和利用这些系统。

对于机场来说,那些试图攻击系统的人通过入侵系统、篡改或者窃取数据、盗窃隐私和故意破坏导致系统中断(包括通过断电或入侵导致系统中断)将继续成为大的挑战。所以,这些问题都会产生直接和间接的后果。

然而,系统本身成也有可能成为一个独立攻击手段或成为计划的一部分。例如,侵入 X

---

① 2019年6月,国际航空运输协会(IATA)在位于布鲁塞尔的欧洲空中管制总部(EUROCONTROL)举办了一个 Blue Skies 行业论坛,将 IATA 的安保战略合作伙伴、成员航空公司、机场、监管机构、制造商、行业专家和学术界人士聚集在一起,开展了对于航空安保战略未来的广泛讨论,以及未来可能面临的威胁和新型的挑战。

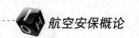

光或闭路电视系统,让人或被禁止的物体在不被感知的情况下通过。甚至可以在这些系统或者设备在生产的时候就被安装一种休眠系统,使内部人员有机会在设备部署之后访问其数据或系统。

空中管制系统和飞机对网络攻击也不是免疫的。天空中会有越来越多的飞机,还有一些新的加入者,如说无人机,这意味着空域的管理会变得更加自主并联系得更加紧密。飞机本身也有可能成为被蓄意攻击的对象,还有 ATC 系统也有可能被黑客入侵来向飞机发送错误的指令从而导致致命的后果。

可以明确的是,网络安全会成为航空安保部门所需要考虑的一个重要问题。现在我们迫切地需要了解实际的风险和导致的影响,以便在将来能制定正确的战略和方案,将可能的风险降到最低水平。

第四节　空铁等多式联运的安保

一、多式联运的发展

(一) 概况

根据国际航空运输协会的预测,未来航空公司可能会在商业模式中加入替代性的运输方式。多式联运早在多年前已经开始实践,例如,法航和 SNCF(法国铁路公司)通过合作实现了使用一张票连接起了点到点的航空和铁路旅行;在中国香港,乘客可以购买多种形式的航空和轮渡合在一起的票。然而,将来最大的变化将不会是航空业接受更多的联运方式,而是多式联运将不仅仅只有简单的空运和陆运两种方式。自动驾驶汽车、无人机、空中巴士和快递服务都将会成为这种连接系统的一个组成部分。由此产生的影响将会是旅客和货物的旅程可能是从家里开始的,导致机场的服务、安检和便利化等环节可能需要在旅客出发前就开始提供了。

随着大众出行便捷性需求的不断提升,综合性的立体交通网络就成了交通出行一直以来追求的目标。航空在和其他交通运输方式联运时,虽然还存在低成本航司的竞争、统一的订票系统等种种问题,但多式联运的交通出行和运输方式一定会不断完善和发展。

多年以来,国内外最为关注的莫过于高速铁路和航空枢纽的联结。20 世纪 90 年代初,时任汉莎航空的总裁亨兹·卢劳就曾预言:欧洲的运输未来就是每座机场下面都有一个火车站,高铁要为航空公司的远程国际航线输送客流。有效的空铁联运既能满足大众的出行需求,又能使两种交通方式得到互补,提高客、货运输的效率。实践证明,高铁的发展有利于航空旅客通过铁路向大型枢纽机场聚集,通过建设大型综合交通枢纽,形成共存互补的市场关系。

(二) 我国的空铁联运

我国幅员辽阔、人口众多,运输需求旺盛,具有广覆盖、高等级的航空网络和高速铁路成网运行的国家,空铁联运有着广阔的发展前景。截至 2019 年年底,民航全行业共完成运输总周转量 1293.25 亿吨公里,连续 15 年位居世界第二,运输机场 238 个,其中旅客吞吐量千万级机场共 39 个;全国铁路营业里程达到 13.9 万公里,其中高速铁路营业里程超过 3.5 万公里,形成了世界上最现代化的铁路网和最发达的高铁。

　　航空运输在远程运输上占有相对优势;高速化铁路和航空运输在中程运输中竞争和合作并存;而在短程运输上,城际化、高速化铁路则可以完全作为"零米高度航空",与航空运输无缝衔接,实现不同行政区域间的双赢,实现航空业、铁路业的双赢。

　　作为国内综合交通运输联运的尝试,上海虹桥综合交通枢纽于 2006 年年底开工,2009年年底工程竣工,其将航空、高速铁路、地铁等多种交通方式结合在一起,实现了多种交通方式的高效衔接。之后,国内越来越多的城市将机场和城际铁路或高铁连通起来。

二、空铁联运的安保问题

　　2004 年 3 月 11 日,在西班牙首都马德里的通勤车地铁系统中发生了一系列有预谋的炸弹袭击,袭击共致死 191 人,伤 1800 多人。2005 年 7 月 7 日早上交通高峰时段,4 名受"基地"组织指使的英国人在伦敦三辆地铁和一辆巴士上引爆自杀式炸弹,造成 52 名乘客遇难,700 多人受伤。这种袭击使铁路面临着和航空一样的恐怖威胁。

　　就货物和邮件的运输而言,铁路运输和航空运输的安保标准差别并不大,统一执行也不会对现有格局造成太大影响。然而,以目前的客运安保措施看,铁路相对开放,且安保要求相对较低,而航空则是一个安保闭环,铁路运输安全难以完全保证。然而,铁路若要实现和航空安保一样的标准,则会造成成本太高、便利性较差等问题。

(一)不同交通系统之间的安保政策差异问题

　　空铁安保体系和规则不同。铁路相对开放,航空则是闭环式管理。尽管有提出在机场安检的方案,但铁路和航空的安保仍相互独立。

　　众所周知,公共航空运输系统的安保标准要高于铁路运输,若是因为空铁联运的便利而降低航空安保的标准,这样的结果显然不会为主管部门和行业接受。

　　对于铁路转航空的旅客,最好的解决办法就是让从铁路到空运的旅客的行李在机场接受标准的航空安全检查,作为适用于所有其他托运行李的同样程序的一部分。行李必须安全地从火车站运送到机场,例如,将其装在锁闭的集装箱中运输,以避免盗窃或其他非法干扰。至于由航空转乘至铁路的乘客,在上车前则无须做进一步的行李检查,首要的是确保行李存放在安全的环境内,以防止失窃,并确保符合规定。

　　然而,上述方法虽然不会影响现有各系统的安保标准的实施,却给旅客的换乘带来了不便,他们不得不拎着大件行李赶火车和飞机,联运的优势在这种模式下并未真正体现。

(二)成本的问题

　　在实践中,推行这类服务并无无法克服的技术困难,但问题可能是成本。航空旅行正变得越来越商品化,公众对航空旅行的价格很敏感。空铁联运中,行李处理和运营的成本很高,从引入这些费用的证据来看,参与的航空公司的商业利益不太可能抵消这些费用。

　　如果在机场统一安检,由于不影响机场安检,因此风险应该最小。机场的系统直接决定机场车站到机场安检这一环节的行李安保难易程度,例如,法兰克福和希思罗机场都在考虑车站到安检的直接闭环式管理。

　　如果在火车站上车时就对托运行李进行和机场相同级别的安检,这就需要将目前相对开放铁路系统改为封闭的安全系统。由于航空标准的安检在火车始发站就已执行,后续至

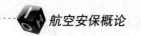
装机的链条过长,容易受到干扰。为此,铁路部门就需要增加相应的安保设备、增设隔离区、人员、封闭容器、专用车厢、监控、审批等。这些工作和行李运输量并没有直接关系,但却会大大增加成本并影响到铁路运输的便利性。

在欧洲各国空铁联运模式中,法国没有行李交运服务,法兰克福和汉莎航空则提供此项服务,西班牙和伦敦曾有过但后来已取消。这项服务并不能左右旅客对航司的选择,但相关航司为此付出的成本却很大,汉莎航空因此将不得不平均为每位旅客支出 10～30 欧元的相关费用,这个成本是大多数航空公司不愿承担的。我国目前的空铁联运也并没有解决安保这方面的矛盾。

总之,在多式联运的发展中,除了商业运营的各项问题外,安保标准的不统一和统一安保执行成本过高的问题会成为影响多式联运安保的重要因素。要化解矛盾、便捷公众出行并防止非法干扰的关键还是在于安全检查技术和设备的进步和创新,在技术和设备能够轻易甄别违禁物品和危险品的基础上,安保标准不统一的问题有望得到解决,商业运营中的成本分摊问题也能通过谈判和建立合理的成本收益分担模式得到解决。

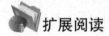扩展阅读

东航、国铁"空铁联运"再下两城 实现"一个订单一次支付"①

2021 年 4 月 22 日,东航集团、国铁集团携手西部机场集团和湖南省机场管理集团,创新推出的"空铁联运"再下两城,落地西安咸阳国际机场和长沙黄花国际机场,实现了经西安至延安、经长沙至韶山两大红色旅游目的地的联程运输。截至目前,旅客可直接购买经由上海虹桥、北京大兴、长春龙嘉、成都双流、郑州新郑、兰州中川、贵阳龙洞堡、海口美兰、三亚凤凰、武汉天河、西安咸阳、长沙黄花等通航枢纽站点,通达全国 200 余个高铁站点的"飞机＋高铁"组合产品。

东航集团、国铁集团于 2019 年 9 月 25 日签订了战略合作协议,双方正式达成全面战略合作伙伴关系;2020 年 8 月 25 日,双方正式推出了适合互联网销售模式的"空铁联运"产品。旅客可通过东方航空 App 或铁路 12306 App 一站式购买东、上航航班与高铁车次的组合联运产品。

"空铁联运"将进一步利用东航干线航线网络与覆盖全国的高铁网络形成国际、国内相衔接的联运网络产品,不断扩容落地枢纽点、拓展空铁多式联运,建立"航空＋铁路"生态圈。以"飞机＋高铁"及"一个订单一次支付"为特征的"空铁联运"产品适用范围更广,组合出行模式愈发便捷,航空"供给侧"创新不仅带动了综合交通枢纽的效能提升,还为广大旅客带来更完善的运输网络,更便捷的出行体验,力争打造一个多式联运的典范。

---

① 参见金融界:"东航、国铁'空铁联运'再下两城 实现'一个订单一次支付'",载于 https://baijiahao.baidu.com/s?id＝1697730174539581754&wfr＝spider&for＝pc,最近一次访问在 2021 年 12 月 25 日。

 扩展阅读

法兰克福机场的空铁联运[1]

法兰克福机场为法兰克福科隆/波恩和斯图加特提供了一个空铁联运服务。从这些车站提供完整的行李托运和值机服务。每年约有170000名乘客使用该服务。列车分配了IATA航班号,信息在汉莎航空预订系统和德国联邦铁路预订系统之间传输。

联运的本意是缓解法兰克福机场时刻饱和的状况,覆盖更多客源地,但收效甚微,只减少了两个航线。

尽管空—铁旅客能有火车座位,但火车上航空特色不明显,没有行李随旅客同一火车的协调机制。

科隆上车至法兰克福机场乘机的流程:携带行李的乘客抵达科隆火车站。旅客及其行李的安全检查,收到旅途中铁路和空中两段的登机牌和汉莎航空运营设施的行李收据。托运行李被显示并放在安全(上锁)的集装箱中,这些集装箱在被装载到列车专用行李舱之前存放在一个保护区内。乘客随即登上火车。列车被分配一个航班号,其目的是让乘客乘坐与他们的行李相同的列车。不过,当局并没有进行检查,以确保乘客乘坐与行李相同的列车,也无特别需要。在抵达机场火车站后,乘客经航站楼前往飞机登机口,并须接受与所有其他离港旅客相同的安全检查。托运行李由法兰克福机场的专职行李处理人员从法兰克福机场火车站的火车上卸下。然后将上锁的集装箱运送到一个特殊的行李室。在这个房间里,打开集装箱,按照德国政府航空标准对行李进行安全检查,并将行李标签连接到机场行李系统数据库,然后将行李输入机场的主要行李处理系统。

抵达法兰克福机场并继续乘坐铁路的旅客,程序如下。乘客乘坐飞机抵达法兰克福机场,携带登机牌从机场前往古龙水火车站。乘客从主要航站楼出发,直接到法兰克福机场火车站,登上列车。行李卸下放在机场的主要行李处理系统中,自动(通过条形码)传送到专用行李室。然后将其装填在安全的集装箱中,然后由专门的工作人员将其送到专用的铁路车厢。在科隆铁路车站,乘客前往汉莎航空行李转盘,保持行李由专用工作人员从火车运送到转盘。乘客领取他们的行李并通过海关。丢失和查找的设施仍位于机场。

空铁以普通航班的形式出现在CRS上,并且可以这样预订。每一列火车都分配了一个航班号,尽管这有时会引起旅行社和乘客的混淆,因为他们希望乘飞机旅行。在某些情况下,由于铁路行车时间较长,这一选择可能不会出现在CRS的第一个屏幕上,因此不会得到旅行社的推广。航空旅行的选择没有出现在汉莎航空公司的网站上,也没有出现在主要的中介机构(如Expedia)上。汉莎航空(Lufthansa)无法在自己的网站上销售辅助铁路车票,因为他们的产量管理系统不承认这一行业是坐火车的,并将其定价为航空旅行。

汉莎航空公司在火车站开设旅客和行李托运柜台,为列车和航班签发汉莎航空公司和其他联盟/代码共享旅客登机牌。

乘客不需要乘坐车票上出现"航班号"的列车,尽管在这种情况下,他们无法保证有座位。在离港机场办理登机手续时,由空运至铁路的乘客可获发坐火车的"登机牌"。

---

[1] 参见 Steer Davies Gleave: AIR AND RAIL COMPETITION AND COMPLEMENTARITY(Final Report)。

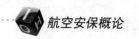

第五节 航空安保的未来发展

未来的航空安保一定和未来的社会发展息息相关。科技发展承载了人类追求更美好生活的梦想,人们希望科技能给人们带来更美好的生活,但如前所述,科技的发展从来都是一把"双刃剑",它在给人们的生活带来舒适、安全、便利的同时,也相伴而生了许多新的风险。在可以预见的未来,航空安保将会面临更多的新的挑战,安保的措施和手段也会发生相应的变化。

一、未来航空安保威胁可能的变化

随着社会的发展,传统的威胁还将继续存在并演化,新型威胁也将会逐渐凸显出来。

(一)网络安保威胁的日益严重

未来的世界是一个"万物互联"的世界。随着航空系统更紧密的互联和自动化的不断发展以及通过网络的航空服务越来越便捷,航空系统中有部分子系统必然会接入公共或私人网络。即便未接入公共网络的专用系统,也可能由于无线传输协议的被破解而陷入危险。届时,不仅是隐私和数据可能会被泄露,对系统的蓄意破坏或中断可能会引发严重的航空安保事件,造成难以估量的损失和灾难性的后果,航空安保将因此面临更多的难以预料和防范的潜在风险。

(二)航空安保的防御范围的大幅扩大

防御范围的大幅扩大可以归因于航空网络系统的高度发达。由于网络的四通八达,破坏和攻击行为可能出现在任何一个节点。机场范围内的安检等安保措施虽然仍将继续存在,但航空安保的防御范围却不再仅限于机场这样的物理空间,在虚拟的网络世界里,航空业也许需要建立专门的安保力量,投入大量的资源。

(三)内部人员的界定和防范难度的加大

内部人员的威胁一直以来是航空安保工作中的重点之一。随着航空运输网络化、自动化和智能化的发展,参与到航空运输系统建设、维护的人越来越多,其中有很多人也许不用接受背景调查和安保控制,内部人员将越来越难以界定,也许一个第三方设计或维护的技术人员就足以形成对航空安保的巨大威胁。然而,若是担心此类事件的发生而要求所有相关人员接受航空安保管制似乎也不太现实。

(四)生化核物质和传染病传播形成的威胁升级

传统武器和简易爆炸装置(IED)会继续对空防安全形成威胁。恐怖分子利用生化核物质,尤其是传染病通过航空运输系统传播和感染公众的威胁也在持续增加。自杀性袭击者也许不再携带炸弹而改为携带生化核物质或传染病病原体,甚至使自己本身成为传播和感染源。此外,无人机也可能被用来作为传播工具。

二、未来航空安保体系可能发生的变化

(一)无感安检技术的发展

随着公众对出行便捷性要求的提高和技术的发展,计算能力的提升和科技的整合会使

物理安检的环节可以实现全部的自动检测和处置,并实现对于多种威胁的零报错率。理想中的安检系统可能就只是一条通道,其中集成了各种先进的安检设备,对于无危险品和违禁品的旅客可以"一气呵成",以正常步速通过即可完成安检。国内外都正在朝这个方向努力着,例如,我国深圳机场在2021年就推出了"无接触式安检"。

(二)被动物理防御变为主动安保

过去的安保主要侧重于对物的检查和预防,较少对旅客和人员进行主动分析。无论是反恐还是现代安保管理体系都要求变被动为主动。在大数据分析技术快速发展的今天,随着航空安保大数据平台建设的加速,主动安保离我们越来越近。基于现代安全管理理念,我们将在搞好航空安保文化建设的基础上,不断增强风险查找和威胁评估的能力,利用大数据分析系统对旅客和航空安保相关人员进行主动分析和筛查,对这些人员实行相应的分级分类,采取不同的安保措施,在保证空防安全的同时提高效率。例如,美国的"Pre-check"政策和我国在2021底推出的"易安检"服务便是这方面的尝试。

(三)航空安保更好地融入国家安全体系

未来的航空安保将不再是航空业一家的工作,航空安保必将和整个社会治安防控以及反恐工作结合得更为紧密。如同航空器的适航管理,很多航空相关产品和服务从设计开始就会有安保控制措施的介入。在未来,航空安保大数据平台和其他国家安全信息平台将会更好地融合,航空安保意识的培养也将会朝整个社会安保意识培养的方向努力。

(四)国际航空安保领域合作的增强

国际合作是航空安保一直要求和建议各国应该采取的措施,但由于种种原因,国际合作始终难以达到理想的状态。由于各国间经济水平的差距持续存在甚至不断扩大,各国的航空安保水平事实上也在不断扩大。经济发达国家可以在航空安保基础设施方面作出巨量投入,而一些经济欠发达的国家和地区却难以跟上航空安保不断加快的步伐。只要世界还能保持足够的连通性,全球化的进程能继续下去,补上安保短板或提高全球安保水平的唯一办法就是继续加强国际合作,真正保证安保信息和数据的共享,帮助相关国家进行航空安保建设,不让一个国家掉队,实现国际社会的共同安全。

扩展阅读

深圳机场的"无接触自助安检"模式①

2021年9月,深圳机场"无接触自助安检"模式开始试运行,成为首家实现该安检模式的国内机场。从深圳机场出发的旅客,可自主进行全流程自助、无接触式安全检查,最快两分钟即可通过安检,享有更高效、便捷、人性的乘机安检体验。

目前"无接触自助安检"模式在深圳机场国内安检区1号安检通道试运行,旅客安检流程与传统安检最大的创新之处在于利用了毫米波人体检查设备、手提行李CT安检设备等民航安检最前沿的科技设备,在增强安全裕度的同时能够完全取代传统的手工人身检查,减

---

① 参见光明网:"最快2分钟通过安检,深圳机场'无接触自助安检'模式来了",载于 https://m.gmw.cn/baijia/2021-09/15/1302579748.html,最近一次访问在2021年12月26日。

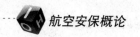

少手提行李开箱检查比例,可实现旅客检查过程与安检人员零接触。

在无接触自助安检模式下,旅客通过闸机自助验证进入1号安检通道后,自主脱下腰带和鞋,并通过手提行李CT安检设备对随身行李进行检查,行李中的笔记本电脑、雨伞等物品无须再单独取出。随后,旅客通过毫米波人体检查设备进行人身检查。检查前,只需将随身物品掏出,仪器若不报警即可快速通行,检查员不再使用手持金属探测器接触旅客,只对报警部位进行安全确认即可放行,改变了传统安检模式中由安检员对旅客进行手工人身检查的方式,正常情况下最快两分钟便能完成所有安检程序,整体过程更高效、快捷。

机场安检站相关负责人介绍:"这种'无接触'安检模式不仅更快捷,还可以避免旅客与安检工作人员的非必要接触,更符合疫情防控需要。"前期,深圳机场安检站进行了反复测试和准备,在确保安全的前提下,通过技术手段,优化旅客过检体验,减少旅客在安检区域的停留时间。

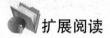 **扩展阅读**

40家民用机场正式开通"易安检"服务①

2021年年底,为进一步方便旅客乘机出行,40家民用机场正式开通"易安检"服务。该项服务是民航局推出的更加安全、便捷、舒适的新型安检模式,其具有查验准、干预少、流程简、速度快、体验新等特点。通过预约该项服务,旅客可使用"易安检"专用通道,体验到较以往更加快捷、高效的安检流程和措施,理想状态下通过安检时间较以往缩短50%以上。

"易安检"服务采取"旅客自愿加入"的方式开展,旅客可通过国家政务服务平台支付宝小程序中的"民航公安服务"进行"易安检"实名注册认证,在航班起飞前48小时内随时预约服务,也可在机场当场注册、即时预约、立等使用"易安检"服务。除支付宝小程序外,微信小程序、航旅纵横等"易安检"服务申请入口也即将上线。

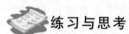 **练习与思考**

(1) 通用航空的定义和特点是什么?

(2) 通用航空给航空安保带来了哪些挑战?

(3) 民用无人机安保威胁形成的原因有哪些?

(4) 你觉得我国民用无人机安保管制方面面临哪些困难和挑战?

(5) 国际民航组织《航空网络安保战略》的七大支柱是什么?

本章配套资源

---

① 参见中华人民共和国中央人民政府网站:"40家民用机场正式开通'易安检'服务",载于 http://www.gov.cn/xinwen/2021-12/29/content_5665097.htm,最近一次访问在2021年12月31日。

参考文献

1. 国际公约及文件

[1] 《国际民用航空公约》

[2] 《国际民用航空公约》附件17(第十一版)

[3] 《关于在航空器内的犯罪和犯有某些其他行为的公约》(1963)

[4] 《关于制止非法劫持航空器的公约》(1970)

[5] 《关于制止危害民用航空安全的非法行为的公约》(1971)

[6] 《制止在用于国际民用航空的机场发生非法暴力行为以补充1971年9月23日订于蒙特利尔的制止危害民用航空安全的非法行为的公约的议定书》(1988)

[7] 《关于注标塑性炸药以便探测的公约》(1991)

[8] 《制止与国际民用航空有关的非法行为的公约》(2010)

[9] 《制止非法劫持航空器公约的补充议定书》(2010)

[10] 《关于修订〈关于在航空器内的犯罪和犯有某些其他行为的公约〉的议定书》(2014)

[11] 《打击恐怖主义、分裂主义和极端主义上海公约》(2001)

[12] 《不循规/扰乱性旅客法律问题指导材料》(Circular 288-LE/1)

[13] 《不循规和扰乱性旅客法律问题手册》(Doc.10117)

[14] ICAO Security Culture Guidance Material

[15] ICAO Aviation Cybersecurity Strategy(2019)

[16] 国际民航组织《大会有效决议(截至2019年10月4日)》

[17] Patterns of Global Terrorism 1999(U.S. Department of State, April 2000)

2. 我国法律、法规、规章和规范性文件

[1] 《中华人民共和国民用航空法》

[2] 《中华人民共和国反恐怖主义法》

[3] 《中华人民共和国民用航空安全保卫条例》

[4] 《民用航空安全检查规则》(CCAR-339-R1)

[5] 《航空安全员合格审定规则》(CCAR-69-R1)

[6] 《公共航空旅客运输飞行中安全保卫工作规则》(CCAR-332-R1)

[7] 《公共航空运输企业航空安全保卫规则》(CCAR-343-R1)

[8] 《民用航空运输机场航空安全保卫规则》(CCAR-329)

[9] 《大型飞机公共航空运输承运人运行合格审定规则》(CCAR-121-R7)

[10] 《民用航空行政检查工作规则》(CCAR-13-R1)

[11] 《民用无人机驾驶员管理规定》(AC-61-FS-2018-20R2)

[12] 《轻小无人机运行规定(试行)》(AC-91-FS-2015-31)

[13] 《民用无人驾驶航空器实名制登记管理规定》(AP-45-AA-2017-03)

[14] 《民航安全隐患排查治理工作指南》(MD-AS-2017-02)

[15] 《航空保安管理体系(SeMS)建设指南》(AC-SB-2009-1)

3. 著作和论文

[1] 贺元骅.航空保安原理[M].北京:中国民航出版社,2009.

[2] 王怀玉,薛煜,薛荣国.航空保安法导论[M].北京:中国民航出版社,2008.

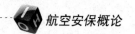

［3］陈宝智,王金波.安全管理［M］.天津：天津大学出版社,1999.

［4］金龙哲,汪澍.安全工程理论与方法［M］.北京：化学工业出版社,2019.

［5］罗云.现代安全管理［M］.3版.北京：化学工业出版社,2016.

［6］林泉.航空恐怖主义犯罪的防范与控制［M］.北京：法律出版社,2015.

［7］阮传胜.恐怖主义犯罪研究［M］.北京：北京大学出版社,2007.

［8］余建华,等.恐怖主义的历史演变［M］.上海：上海世纪出版集团,2015.

［9］王逸舟,等.恐怖主义溯源［M］.北京：社会科学文献出版社,2010.

［10］赵维田.论三个反劫机公约［M］.北京：群众出版社,1985.

［11］周日新.百年航空［M］.北京：化学工业出版社,2015.

［12］查尔斯·利斯特."伊斯兰国"简论［M］.姜奕晖,译.北京：中信出版社,2016.

［13］栾爽.民用无人机法律规制问题研究［M］.北京：法律出版社,2019.

［14］李显臣.试述空防安全的概念［J］.中国民用航空,2000(4)：20-21.

［15］顾怡.民用航空安检效能研究［J］.铁道警察学院学报,2018,28(2)：21-25.

［16］张君周.美国空警机上"无令状搜查、逮捕"行为的合宪分析［J］.北京航空航天大学学报(社会科学版),2010(6)：34-37.

［17］霍志勤.关于我国民航实施安全管理体系的探讨［J］.中国民用航空,2008,96(12)：57-59.

［18］民航局公安局.推进航空安保管理体系建设提高我国民航安保水平［J］.中国民用航空,2011,122(2)：17-18.

［19］Boyle R P. *International Action to Combat Aircraft Hijacking* ［J］. University of Miami Inter-AmericanLaw Review,1972(4)：460-473.

［20］张君周.《东京公约》议定书中不循规行为类别研究［J］.北京航空航天大学学报(社会科学版),2015(28)(6)：32-38.

［21］刘飞,张亮.我国航空安保的现状及优化策略［J］.科技创新导报,2017(27)：27-29.

［22］何昊洋,陈洋,程莉媛.我国通用航空安保法律问题研究［J］.法制与社会,2016(5)：158-160.

［23］林薇薇.中国民航安检发展进程及转变［J］.民航管理,2021(1)：67-69.

［24］宋丽.基于旅客行为分类安检模式探索与构建［J］.民航管理,2018(10)：64-66.

［25］杨骁勇.近十年中国民航飞行中安保措施回顾［J］.中国民用航空,2013,153(5)：56-57.

［26］邱珂.民航不文明旅客"黑名单"制度的思考和完善［J］.中国民用航空,2021,345(5)：71-73.

［27］李国军.民用无人机恐怖袭击风险评估与防御策略研究［J］.中国人民公安大学学报(社会科学版),2017,187(3)：9-14.

［28］孙泽梁.新形势下民用无人机恐怖袭击特征及防控对策探析［J］.北京警察学院学报,2020(2)：51-55.

［29］李丽,胡博.民用无人机违规飞行对空防安全威胁及对策建议［J］.科技视界,2018(11)：198-199.

［30］冯文刚,姜兆,菲璠.基于民航旅客分级分类方法的差异化安检和旅客风险演化研究［J］.数据分析与知识发现,2020,4(12)：105-119.

［31］王赢.国际航空货运安保模式对中国民航的启示［J］.民航管理,2020(8)：88-92.

［32］罗军.借鉴他山之石 发挥协会作用 落实空防责任 构建已知托运人体系［J］.民航管理,2014(2)：85-88.

［33］李大军.航空货运代理行业 航空安保风险隐忧与对策研究［J］.民航管理,2014(3)：53-57.